실패 없는 인생

김서택 목사의 전도서 강해

실패 없는 인생
김서택 지음

초판 1쇄 발행　2011. 11. 15
초판 3쇄 발행　2018. 10. 23

　　　발행처　도서출판 이레서원
　　　발행인　문영이
　　　출판신고　2005년 9월 13일 제2015-000099호
　　　편집장　이혜성
　　　　편집　송혜숙, 오수현
　　　　영업　김정태
　　　　총무　곽현자

　　　　　　경기도 고양시 일산동구 중앙로 1160 오원플라자 801호
　　　　　　전화 02)402-3238, 406-3273 / 팩스 02)401-3387
　　　　　　E-mail: jireh@changjisa.com
　　　　　　Website: jireh.kr facebook.com/jirehpub

　　　　　　값은 표지에 있습니다.

　　　　　　ISBN 978-89-7435-442-8　03230

　　　　　　글 저작권 ©2011 김서택

* 신 저작권법에 의하여 한국 내에서 보호받는 저작물이므로 저작권자의 서면 허락 없이
이 책의 어떠한 부분이라도 전자적인 혹은 기계적인 형태나 방법을 포함하여
그 어떤 형태로든 무단전재와 무단복제 하는 것을 금합니다.

실패 없는 인생

김서택 목사의 전도서 강해

이레서원

서문

허무하기 쉬운 인생 알차게 보내기

우리는 모두 하나밖에 없는 너무나도 소중한 인생을 살아가고 있습니다. 그럼에도 불구하고 우리는 어떻게 하면 실패 없는 성공적인 삶을 살 수 있을지 자신이 없습니다. 우리나라에서 아주 성공적인 삶을 살았다고 생각되고 대기업체의 임원이었던 분도 무엇인가 회사에서 소홀한 대접을 받았을 때 자살하고 말았습니다. 요즘 우리나라는 하루 평균 35명 이상씩 자살을 하고 있습니다. 이제 자살은 더 이상 뉴스거리가 되지 않는다고 말을 합니다. 왜 이렇게도 많은 사람들이 자살이라는 가장 고통스러운 방법으로 자신의 인생을 마치고 있을까요? 그것은 더 이상 이 세상을 살아갈 이유를 느끼지 못하기 때문일 것입니다. 그리고 그것은 사람들이 모두 우리 인생을 너무 쉽고 안일하게 생각했기 때문일 것입니다. 인간은 결코 돈이나 지식, 혹은 사랑으로만 만족할 수 있는 존재가 아닙니다. 인간은 우리 스스로가 생각하는 것보다 훨씬 복잡한 구조로 되어 있습니다. 우리가 자신의 존재 의미를 알려고 하면 이 세상에 있는 지식이나 사랑으로는 절대로 안 됩니다. 인간이 가진 모든 복잡한 문제의 답은 하나님께 있기 때문에 누구든지 어떤 상태에 있든지 자기 혼자 힘으로 하지 말고 하나님께 가지고 나아오면 새 인생을 살 수가 있습니다. 전도서는 이미 오래전에 인간의 문제를 간파하고 가장 적절하면서도 실제적인 방법을 제시했지만 세월이 많이 흐르면서 그

내용을 현대인들은 이해하기 어렵게 되었습니다. 이 책은 가능한 한 옛날 전도자가 전하려고 했던 하나님의 말씀을 오늘 현대적인 상황에서 이해하기 쉽게 설명하는 것이 목적입니다.

이 위대한 말씀이 자신의 인생 길을 찾기 위해 고민하는 많은 분들에게 도움이 되기를 바랍니다. 또한 부족한 설교집을 기꺼이 출판해주신 이레서원 사장님과 편집부 직원들에게 깊은 감사를 드립니다.

대구 수성교 옆에서
김서택 목사

목차

01. 인생의 의미 _전 1:1-11 • 11
　1. 하나님이 없는 허무함
　2. 자연의 원리
　3. 만물의 피곤함

02. 해 아래 모든 것 _전 1:9-18 • 27
　1. 하나님이 없다고 가정할 때
　2. 해 아래는 새 것이 없다
　3. 먹고살기 위하여 수고하는 인생
　4. 해 아래 구부러진 것

03. 진정으로 행복한 사람 _전 2:1-11 • 45
　1. 솔로몬의 행복을 찾는 방황
　2. 육체의 쾌락을 추구하는 인생
　3. 이중적 인생
　4. 세상에 있는 축복들

04. 인간 지혜의 한계 _전 2:9-26 • 61
　1. 사람이 가진 지혜의 힘
　2. 하나님의 도우심
　3. 하나님 앞에서 아름다운 것

05. 성공적인 삶의 비결 _전 3:1-13 • 77

1. 세 가지 프로그램
2. 사람에게 주어진 조건
3. 인간의 수고

06. 인간의 가치 _전 3:14-22 • 95

1. 하나님의 요구
2. 가치 있는 인생
3. 하나님의 판단

07. 아름다운 모습 _전 4:1-16 • 111

1. 학대받는 인생
2. 남들과 어울리지 않는 사람들
3. 아름다운 인생

08. 바른 삶의 원칙 _전 5:1-10 • 127

1. 성전에서 하나님과의 만남
2. 하나님께 나아가는 방법
3. 하나님을 앞서지 말라

09. 재물의 한계 _전 5:11-20 • 145

1. 부자가 누리는 만족감
2. 재물이 주는 부담
3. 부의 상실감
4. 자기 분수에 맞는 삶

10. 후회 없는 인생 _전 6:1-12 • 163

   1. 사용하지 못하는 재물
   2. 사용하지 못하는 인생
   3. 낭비되는 인생

11. 아름다운 이름의 가치 _전 7:1-14 • 179

   1. 아름다운 이름
   2. 초상집에 가는 것
   3. 칭찬과 책망

12. 인생의 본질 _전 7:15-29 • 197

   1. 아집에서 탈피하기
   2. 세상에는 답이 없다
   3. 하나님의 지혜는 얻기 어렵다

13. 지혜로운 인생 _전 8:1-8 • 213

   1. 방향을 아는 지혜
   2. 현실에 적합한 지혜
   3. 인간 능력의 범위

14. 세상의 불의 _전 8:9-17 • 229

   1. 하나님의 방관
   2. 하나님의 간섭하심
   3. 인생의 소중한 것

15. 산 자의 유익 _전 9:1-10 • 245

   1. 인간의 선행
   2. 살아 있는 자의 유익
   3. 하나님의 뜻대로 사는 인생

16. 사람을 살리는 지혜 _전 9:11-18 • 261

    1. 인간의 노력과 결과
    2. 어려운 함정에 빠졌을 때
    3. 지혜로 성을 살림

17. 지혜와 우매의 대결 _전 10:1-11 • 277

    1. 우매가 끼치는 영향
    2. 지혜자와 우매자
    3. 현실적인 오류

18. 훈련된 지도자 _전 10:12-20 • 295

    1. 전체를 볼 수 있는 안목
    2. 하나님의 말씀이 없을 때
    3. 훈련된 지도자

19. 실패하지 않는 인생 _전 11:1-10 • 311

    1. 세상의 주인
    2. 세상의 상태
    3. 후회 없는 인생

20. 창조주께 돌아오라 _전 12:1-14 • 327

    1. 하나님께 돌아오라
    2. 청년의 때에 돌아와야 하는 이유
    3. 인간은 늙으면 약해진다

01 · 인생의 의미

| 전 1:1-11 |

사람들은 마음이 답답해지면 기분을 전환하기 위해 한 번씩 높은 산에 올라갈 때가 있습니다. 누구든지 높은 산을 오르기 시작하면서 다른 사람들은 모두 산 밑에 모여 있는데 자기만 높은 곳에 오르고 있다는 우월감에 빠지게 됩니다. 그러다가 땀을 뻘뻘 흘리면서 산꼭대기까지 올라가게 되면 드디어 모든 어려움을 이기고 목표를 달성했다는 생각에 성취감을 느끼게 됩니다. 그런데 그런 기분도 잠깐이고 더 어두워지기 전에 집으로 돌아오기 위해서 서둘러 산을 내려와야 합니다.

우리는 이 세상을 살아가면서 이런 기분을 느낄 때가 너무나도 많이 있습니다. 즉 남들보다 성공하기 위해서 열심히 공부를 해서 좋은 학교에 들어가기도 하고 좋은 회사에 취직하기도 합니다. 물론 처음에는 내가 원하던 학교나 직장에 들어갔기 때문에 굉장히 마음이 기쁠 것입니다. 그러나 어느 정도 시간이 지난 후에 보면 자기가 남들에 비해 조금 더 높은 위치나 좋은 위치에 있을 뿐이지 결국 자기 자신은 그대로인 것을 알게 됩니다.

　우리가 이 세상을 살면서 많은 노력들을 하는 것은 한마디로 말해서 결국 행복한 인생을 살기 위한 노력이라고 볼 수 있습니다. 즉 조금 더 행복해지기 위해서 학교 다닐 때에는 열심히 공부를 해서 좀 더 좋은 실력을 갖추려고 하고, 또 멋진 사람과 사랑을 해서 행복한 생활을 하려고 하고, 좀 더 좋은 직장에 들어가서 더 좋은 대접을 받으면서 의미 있는 사회생활을 하려고 합니다. 그러나 나이가 들어가면서 생각하게 되는 것은 이런 성공적인 사회생활도 결국 내가 다른 사람들보다는 좀 더 나은 상태에 있다는 것이지 결코 내 자신이 변화된 것은 아니라는 것을 알게 되는 것입니다. 결국 사람들은 언젠가는 자기 자신의 본질에 대하여 생각을 하게 됩니다. 즉 나는 누구이며 어떻게 이 세상을 살았는가 하는 질문을 하게 되는 것입니다.

　사람들이 가장 두려워하는 것이 있다면 아마 다른 사람으로부터 소외되는 것이라고 생각됩니다. 다른 사람들은 다 학교에 다니는데 자기 혼자 집이 가난해서 학교에 가지 못한다든지, 혹은 다른 사람들은 다 친구들과 어울려서 노는데 자기 혼자 몸이 아파서 어울리지 못하고 병실에 있어야 한다든지, 혹은 다른 사람들은 다 직장을 다니며 일을 해서 돈을 버는데 나는 직장을 얻지 못해서 놀고 있어야 한다든지, 혹은 남들은 다 애인이 있어서 사랑을 하면서 사는데 나 혼자 애인이 없다든지 하면 너무나도 고통스러울 것입니다.

　비행기가 추락하든지 배가 파선되어 사람이 혼자 무인도에 살아남았을 때 그 고독감은 말로 표현할 수 없는 고통일 것입니다. 아마 그 사람은 무슨 수를 써서라도 다시 구조되어 인간 세상에 돌아와야 자신의 의미를 되찾을 수 있을 것입니다. 그런데 이상한 것은 그 사람이 구사일생으로 구조가 되어서 인간 사회로 돌아와도 그는 그렇게 큰 만족을 느끼지 못한다는 것입니다. 오히려 혼자 무인도에 있을 때 겪었던 일들을 책으로 출판하면 그 책은 날개가 돋친 듯이 팔립니다. 그러나 실제로 혼자 무인도에서 살아가는 그 생활 자체는 너무나도 고통스러운 것입니다. 여기서 우리가 알게 되는 것은 우리 인간의 문제가 결코 간단하지 않다는 것입니다.

회사에서는 연말이 되면 회사가 일 년 동안 생산하고 이익을 낸 것에 대하여 결산을 하게 됩니다. 마찬가지로 우리 인간들은 언젠가는 자기 자신의 인생에 대하여 진지하게 생각을 할 때가 있습니다. 즉 과연 인생이라고 하는 것이 무엇이며 내 인생은 성공한 인생이었는가 아니면 실패한 인생이었는가 하는 것을 생각하게 됩니다. 물론 회사는 일 년이 다 지나간 후에 결산을 하게 되지만 우리 인생은 다 살고 난 후에 결산을 하게 되면 이미 늦어서 더 이상 새로운 삶을 살 수가 없습니다. 그래서 우리 인생은 젊어서 미리 결산을 해보는 것이 좋습니다. 즉 내가 지금 이런 식으로 살아간다면 내 인생은 어떤 인생이 될 것이며 내 인생이 실패한 인생이 되지 않으려면 지금 어떤 결단을 해야 할 것인가를 생각해야 합니다. 사람들은 나이가 어느 정도 들고 나면 모두 다 자기 인생에 대하여 생각을 하게 됩니다. 그러나 그때는 이미 늙기 시작했을 때이고 인생을 거의 다 마쳐갈 때이기 때문에 후회밖에 남는 것이 없게 됩니다.

많은 사람들이 우리 인생을 적당하게 공부나 하고 사랑이나 하고 돈이나 벌면 되는 것처럼 쉽게 생각합니다. 그러나 우리 인생은 우리가 생각하는 것보다 훨씬 까다롭고 예민하며 어렵습니다. 이 세상에서 자기 인생의 의미를 찾고 아름다운 인생을 산다고 하는 것은 예수님이 말씀하신 것처럼 '낙타가 바늘구멍을 통과하는 것'(눅18:25)보다 더 어려운 일인 것입니다.

솔로몬 때 이스라엘은 전 세계의 여러 나라들과 빈번한 교류를 하고 있었습니다. 그때 전 세계 많은 사람들이 이스라엘에 매력을 느끼고 이스라엘을 찾아오고 있었습니다. 그런데 세계의 많은 사람들이 이스라엘을 찾은 이유는 물질적인 번영이나 건축술에 대한 것이 아니고 하나님에 대한 지식 때문이었습니다. 즉 많은 사람들은 예루살렘에서 하나님의 말씀을 듣는 가운데 소중한 자기 자신의 가치를 찾을 수 있었습니다. 그래서 솔로몬은 이스라엘의 왕이면서도 외국에서 찾아온 방문객들에게 하나님의 지식을 전하는 시간을 가졌습니다. 그것이 바로 오늘의 전도서입니다. 그래서 전도서의 특징이 하나님을 전혀 모르는 사람들을 전제로 말씀하고 있는 것입니다.

전도서는 히브리어로 '코헬렛' 입니다. 코헬렛이라는 말은 전도자라는 뜻도 있고 설교자라는 뜻도 있습니다. 아마도 코헬렛은 예루살렘의 직책 중의 하나였던 것 같습니다. 즉 외국에서 하나님의 진리를 찾아서 예루살렘에 온 방문객들에게 하나님의 지식을 전하는 설교자였던 것입니다.

1. 하나님이 없는 허무함

전도서는 서두에 이 책의 저자를 소개하고 있습니다.

> 1절 "다윗의 아들 예루살렘 왕 전도자의 말씀이라"

여기서 전도자는 자신을 다윗의 아들이라고 하면서 이름을 말하지 않습니다. 그리고 자신을 예루살렘 왕이라고 말하고 있습니다. 보통 어느 나라 왕을 언급할 때에 나라 이름을 이야기하는 것이 통상적입니다. 즉 이스라엘의 왕이면 이스라엘 왕이라고 하든지 모압 왕이면 모압 왕 누구라는 식으로 소개를 할 것입니다. 그러나 국가 대신 수도의 이름으로 왕을 소개하는 것은 대개 비공식적으로 다른 나라 왕과 비교하려고 할 경우입니다. 예를 들어 '서울'의 대통령 어느 누구라고 하든지 '워싱턴'의 대통령 누구라는 식으로 말할 수 있습니다.

이것을 보면 전도서라는 책 자체가 국제적인 감각을 가지고 쓰여진 것을 알 수 있습니다. 즉 전도자는 예루살렘의 왕으로서 다른 나라에서 찾아온 많은 순례자들에게 하나님의 진리를 전해주는 사명을 가지고 있는 자라는 의미인 것입니다. 전도자는 예루살렘을 대표하는 것이 경제적으로 다른 나라보다 잘 산다거나 혹은 군사적으로 강한 것이 아니라 하나님의 말씀을 가지고 사람들에게 인생의 의미를 찾게 해주는 것으로 생각하고 있는 것입니다. 이것은 참으로 놀라운 것입니다. 전도자는 예루살렘이 다른 나라 사람들에게 줄 수 있는 것은 다른 것이 아니고 하나님의 말씀이요 영적인 축복이라고 생각하고 있는 것입니다.

그리고 그는 자신을 다윗의 아들이라고 하면서도 이름을 밝히지 않음으로써 이후의 예루살렘 왕들 역시 이 역할을 감당해야 할 것임을 드러내고 있는 것입니다.

외국에 가면 그 나라는 찾아온 방문객들에게 오래된 궁전이나 사원이나 경치가 좋은 곳을 자랑스럽게 소개할 것입니다. 아마 중국의 북경을 방문한다면 관광객들은 자금성이라든지 만리장성 같은 것을 보게 될 것입니다. 또 일본을 방문한다면 오래된 절이나 성들, 또는 온천들이 있어서 그런 곳들을 보게 될 것입니다. 우리나라를 외국인들에게 소개하고 있는 책자들을 보면 주로 불국사라든지 석굴암 같은 절들을 소개하고 있고 해인사에 있는 팔만대장경 같은 것을 자랑스럽게 생각합니다. 그러나 우리나라가 지금 가장 자랑스럽게 생각해야 하는 것은 부흥이 일어나고 있는 교회의 모습입니다. 특히 우리나라의 많은 청년들이 하나님의 말씀으로 은혜를 받아 열정적으로 기도하고 찬송 부르는 모습이야말로 우리나라의 축복인 것입니다.

예루살렘 왕이 외국의 많은 사람들이 예루살렘을 찾았을 때 자랑하고자 하는 것은 다른 것이 아니라 하나님의 말씀이었습니다. 즉 그는 하나님을 아는 지식을 예루살렘의 가장 중요한 보물로 생각하고 있었습니다.

우리가 예수 믿지 않는 자들과 다른 것이 있다면 무엇일까요? 아마도 우리가 오래전에 헤어졌던 믿지 않는 친구들을 다시 만나게 되었을 때 그들은 그동안 재산을 모은 것이나 외국에서 생활했던 것들을 가지고 자랑스럽게 이야기할 것입니다. 그런데 우리가 그런 사람들에게 이야기해 줄 수 있는 것이 무엇이 있을까요? 우리가 재산을 모은 이야기를 하거나 외국에 돌아다닌 이야기를 해준다면 아마 그 사람들은 시시하다고 하면서 더 이상 들으려고 하지 않을 것입니다. 세상 사람들에게 가장 신기한 이야기는 그동안 우리가 고생을 하면서 하나님을 만난 이야기이며 내 인생이 완전히 변해서 새사람이 된 이야기일 것입니다. 이런 이야기는 이 세상 어느 곳에서도 들을 수 없는 신기한 이야기일 뿐 아니라 사실 세상 사람들이 가장 궁금해하는 이야기이기도 한 것입니다.

전도자는 대단히 충격적인 말로 자신의 설교를 시작하고 있습니다.

> 2~3절 "전도자가 가로되 헛되고 헛되며 헛되고 헛되니 모든 것이 헛되도다 사람이 해 아래서 수고하는 모든 수고가 자기에게 무엇이 유익한고"

여기서 전도자는 하나님의 말씀을 듣고자 하는 자들에게 가장 충격적인 말씀을 가지고 도전하고 있습니다. 그것은 "헛되고 헛되며 모든 것이 헛되다"는 것입니다. 여기서 전도자는 헛되다는 말을 무려 다섯 번이나 하고 있습니다. 그것은 사람들이 이 세상에서 모두 나름대로는 행복하게 살려고 하고 아름답게 살려고 몸부림을 치고 있지만 궁극적으로는 모든 것이 너무나도 허무하다는 것입니다.

아마 어떤 사람들은 이것을 이렇게 받아들일지도 모르겠습니다. 자기는 이 세상에서 모든 일에 만족을 얻지 못해서 결국 하나님의 말씀을 들으려고 왔는데 하나님의 말씀마저 모든 것이 헛되다고 하니까 정말 이 세상은 살 의미가 없는 것 같다고 말입니다. 그러나 우리는 성경을 해석할 때 조심스럽게 접근할 필요가 있습니다.

　여기서 '헛되다'는 것은 히브리어로 '헤벨'이라는 단어인데 '실속이 없다' 혹은 '비어 있다'는 뜻입니다. 즉 인간의 삶은 겉으로 보기에는 무엇인가 대단한 것이 들어 있는 것 같지만 실제로 그 안에 들어가보면 아무것도 없다는 뜻입니다. 다시 말해서 성경에서 '헛되고 헛되다'고 말하는 것은 단순히 인생이 감정적으로 허무하다는 것이 아니라 무엇인가 있어야 할 것이 없다는 뜻입니다. 즉 지금 우리 인간들이 살아가고 있는 인생에는 핵심이 빠져 있는 것입니다. 예를 들어 어떤 오케스트라가 음악을 연주하는데 가장 중요한 악기들이 빠진 채 연주하고 있다면 그것은 있어야 할 것이 없는 것입니다. 허무한 것입니다. 또 어떤 영화나 드라마에서 연기를 하는데 주인공이 빠져 있다면 이것은 허무한 것입니다. 그래서 오늘 본문에서 허무하다고 하는 것은 가장 중요한 핵심만 찾아서 끼워 넣으면 얼마든지 아름답고 알찬 인생이 될 수 있다는 뜻입니다.

　예를 들어 우리 인간들은 모두 나름대로 하나밖에 없는 자신의 인생을 아름답고 성공적으로 살기 위해 열심히 공부도 하고 노력도 합니다. 그런데 사람들은 이것을 왜 해야 하는지 모릅니다. 즉 나는 왜 태어났으며 왜 살아야 하는가 하는 근본적인 문제에 대해서 아무도 가르쳐주는 사람이 없는 것입니다. 이것이 바로 인생의 허무함입니다. 우리 인생은 질문만 잔뜩 있고 답은 어느 곳에도 없는 것입니다.

　그러나 우리 인생에 당장 답이 없다고 해서 그냥 하루하루 먹고사는 일에만 열중한다면 그것은 짐승들이나 다를 바가 없는 것입니다. 즉 진정 인간답게 살려면 다른 어떤 일보다 내 인생에 대한 답을 찾는 일부터 해야 합니다. 그런데 우리나라 사람들은 무조건 좋은 대학에 들어가고 좋은 직장에 들어가야 사람들에게 인정을 받기 때문에 열심히 공부를 해서 좋은 대학에 들어가야 합니다. 그렇게 좋은 대학에 들어가고 좋은 직장에 들어가면 사람들은 성공했다고 말을 합니다. 그러나 그 본인은 여전히 자기 인생에 대한 답을 찾지 못합니다. 그래서 한때 많은 젊은이들은 외국으로 유학을 떠났습니다. 즉 다른 환경에서 공부를 하면 내 인생의 답을 찾지 않겠느냐 하는 것입니다. 물론 외국 생활을 통해 국내에서 느끼지 못한 많은 것을 느끼는 것은 사실이지만 외국 생활이라고 하는 것도 장소만 옮겨놓았을 뿐이지 여전히 인생의 숙제는 남아 있습니다.

몇 년 전에 어떤 부부는 회사를 퇴직한 후 퇴직금을 다 털어서 아이들 셋과 함께 세계 일주 여행을 했습니다. 그들은 여행 중에 겪었던 일들을 인터넷에도 올렸는데 아주 좋은 반응을 얻었다고 합니다. 즉 이 사람들에게는 월급을 좀 더 받고 아이들이 한 학년 올라가는 것보다 더 중요한 것이 넓은 세상을 여행함으로써 인생의 문제를 한번 진지하게 생각해보는 것입니다. 사실 외국 여행을 하면 좁은 자아의 틀에서 벗어날 수 있다는 장점이 있습니다. 그러나 좀 더 있어보면 역시 그 외국도 사람들이 모여서 사는 곳이고 우리가 가지고 있는 문제를 그들도 그대로 다 가지고 있다는 것을 알게 됩니다.

단지 그것을 다른 방식으로 생각하고 다른 방식으로 풀어보려고 노력을 하고 있는 것뿐입니다. 결국 인간들은 하나님의 말씀 앞에 나아와야 자신의 의문이 풀리게 됩니다. 그 이유는 하나님께서 우리를 하나님의 형상으로 만드셨기 때문입니다. 우리의 모든 설계도를 만드신 분이 하나님이신 것입니다. 그래서 인생이 헛되고 헛되다고 하는 것은 우리 인생에서 하나님이 빠져 있을 때 결국 우리는 핵심이 없는 인생을 살게 된다는 뜻인 것입니다.

2. 자연의 원리

전도자는 이 세상의 반복되는 자연 현상을 제시하면서 인간의 가치는 도대체 어디에 있느냐고 질문하고 있습니다.

> 4절 "한 세대는 가고 한 세대는 오되 땅은 영원히 있도다"

우리는 이 세상을 살면서 두 가지 사실을 깨닫게 됩니다. 이것은 사실 너무나 쉬우면서도 중요한 것입니다. 그 하나는 이 세상은 언제나 그대로라는 것입니다. 즉 우리가 살고 있는 이 세상의 자연이나 산천은 언제나 그대로 있습니다. 단지 그 위에 사는 사람들만 태어났다가 죽으면서 바뀌는 것입니다. 물론 우리가 사는 산천도 사람들이 많이 바꾸어놓기 때문에 세월이 지나면서 엄청나게 변하는 것은 사실입니다. 그러나 옛날에도 한강은 있었고 금강산은 있었습니다. 사람의 생명은 유한하기 때문에 한 세대의 사람들이 살다가 죽으면 그다음에는 다른 세대의 사람들이 나타나서 주인 역할을 하다가 또 사라집니다. 한 시대에 이름을 날리던 사람들이 죽으면 다음 세대 사람들이 나타나서 활약을 하다가 죽습니다. 그런데도 자연은 무표정하게 계속적으로 반복되고 있습니다. 이것을 보면 인생이 허무한 것 같습니다.

> 5~7절 "해는 떴다가 지며 그 떴던 곳으로 빨리 돌아가고 바람은 남으로 불다가 북으로 돌이키며 이리 돌며 저리 돌아 불던 곳으로 돌아가고 모든 강물은 다 바다로 흐르되 바다를 채우지 못하며 어느 곳으로 흐르든지 그리로 연하여 흐르느니라"

여기에 보면 자연에는 순환의 법칙이 있는 것을 알 수 있습니다. 즉 자연

현상은 끊임없이 흐르는 것이 그 특징입니다. 해는 떴다가 지고 바람은 이리저리로 불고 강물은 계속 흐릅니다. 강물은 아무리 흘러도 바다를 채우지 못하고 계속 위에서 아래로 흐릅니다. 그동안 한 시대의 사람들은 태어났다가 활동하고 그다음에 죽고 다음 시대 사람들이 활동을 하다가 사라집니다. 여기서 우리는 한 가지 중요한 사실을 알게 됩니다. 그것은 단순히 우리 인간이 이 세상에 사는 것이 '무위자연'이 아니라는 것입니다. 이 세상의 자연은 우리 인간이 살 수 있는 하나의 무대를 제공해주고 있습니다. 즉 인간은 바로 이 자연이나 혹은 사회라는 무대 위에서 자신의 인생을 연기하는 배우들인 것입니다.

예를 들어 예술의 전당이라든지 세종문화회관 같은 건물들은 아주 훌륭한 공연장입니다. 그런데 그 공연장이 존재하는 것은 단순히 건물 때문이 아닙니다. 공연장은 그 건물의 장식이나 의자 때문에 존재하는 것이 아니라 그곳에서 수많은 공연들이 이루어지기 때문에 존재하는 것입니다. 이런 공연장에는 일 년 내내 수준 높은 공연들이 계획되어 있습니다. 그래서 정해진 시간과 날짜에 많은 가수나 배우들이 무대 위에 올라 노래를 부르거나 연기를 하고 내려갑니다. 그동안 수없이 무대가 내려갔다 올라갔다를 반복하며 무대의 조명도 켜고 끄고를 반복했지만 그 무대 자체는 그대로 있는 것입니다. 가수나 배우들은 자기에게 기회가 주어졌을 때 사람들의 마음속에 영원한 감동을 주는 예술을 펼쳐야 하는 것입니다.

어떤 사람들은 외국의 명승지나 경치 좋은 곳을 구경 다니면서 참 좋은 것을 구경했다고 감탄을 하고 만족해합니다. 그러나 더 중요한 것은 우리가 그런 경치나 사회에서 내 인생을 연주해야 하는 배우들이라는 것입니다.

어떤 오페라는 배경으로 쓰이는 무대 장치를 국내에서는 만들지 못해 영국에서부터 비행기로 옮겨 오는 경우가 있었습니다. 그만큼 그 무대 장치는 중요한 것입니다. 그러나 무대 장치보다 훨씬 더 중요한 것은 주연 배우들의 연기인 것입니다.

오늘 우리 인생의 진정한 가치는 어디에 있습니까? 그것은 우리들이 이 세상에 살아 있는 동안 후회 없는 최고로 멋있는 인생을 사는 것입니다. 그러나 거의 대부분의 사람들의 연기가 시원치 않습니다. 그 이유는 자기들이 무엇을 하는 사람들인지 그 존재의 의미조차도 깨닫지 못하고 있기 때문입니다. 예를 들어 연극에서 자기 배역이 무엇인지도 모르는 배우가 있다면 그는 결코 다른 사람들에게 감동을 주는 연기를 할 수 없을 것입니다. 연극이나 드라마에서 다른 사람들에게 감동을 주려면 배우가 극중 인물과 자기 자신을 완전히 동화시켜서 그 역할을 탁월하게 소화를 시켜야 할 것입니다. 마찬가지로 우리가 자신의 배역을 알려면 하나님을 바로 알아야 합니다. 하나님을 모르면 자신의 존재 가치를 알 수 없고 자신이 무엇 때문에 살아야 하는지도 모르는 것입니다. 가장 어리석은 사람이 돈을 모으는 재미로 사는 사람들입니다. 돈을 모으는 자체는 연기가 될 수 없습니다. 이런 것을 위해서 사는 사람은 하나님이 보시기에 시간만 자꾸 흐르지 좋은 배우는 될 수 없습니다.

이 세상에서 가장 위대한 연기는 사랑입니다. 물론 이 세상에서 남녀 간의 사랑도 멋집니다. 그러나 하나님 앞에서 가장 아름다운 연기는 우리가 하나님을 사랑하는 것이고, 자기 자신을 사랑하는 것이고, 사랑의 동기를 가지고 인생을 살아가는 것입니다. 그리고 존재의 의미를 잃은 사람들에게 삶의 의미를 되찾게 해주는 것입니다.

3. 만물의 피곤함

이 세상에 있는 모든 것은 위대한 하나님의 사람들의 공연장이고 무대 장치입니다. 그러나 사람들은 아무것도 모르기 때문에 너무 지루하고 의미 없는 인생을 살아가고 있습니다.

> 8~9절 "만물의 피곤함을 사람이 말로 다 할 수 없나니 눈은 보아도 족함이 없고 귀는 들어도 차지 아니하는도다 이미 있던 것이 후에 다시 있겠고 이미 한 일을 후에 다시 할지니라 해 아래는 새 것이 없나니"

사실 이 세상에 있는 모든 만물들도 인간들의 연기를 보려고 기다리고 있습니다. 그런데 사람들이 하는 것을 보니까 너무 형편없고 지루한 연기만 하는 것입니다. 그래서 만물들이 너무나도 지루해하고 있습니다.

이 세상 사람들이 하는 모든 일은 진부한 것들입니다. 왜냐하면 이 세상 사람들이 하는 일을 가만히 보니까 창의적인 것은 하나도 없고 모두 했던 일을 반복하는 것이기 때문입니다. 즉 이 사람에게 있던 재물이 저 사람에게 가고 또 이 사람에게 있던 권력이 저 사람에게로 갑니다. 그런데 그 사람이 하는 것을 보면 앞의 사람과 다를 바가 아무것도 없습니다. 그 이유가 무엇입니까? 사람들이 가진 생각이 모두 진부하기 때문입니다. 모든 사람들이 생각하는 것이 똑같은데 새로운 것이 나올 수가 없는 것입니다. 그래서 사람들이나 자연이나 모든 것이 하루하루 지루할 수밖에 없습니다.

그래서 만물은 "눈으로 보아도 족함이 없고 귀로 들어도 차지 아니한다"고 말하고 있습니다. 왜냐하면 세상 사람들이 사는 것이 너무 진부하기 때문입니다. 무엇인가 새로운 것이 있다고 해서 관심을 가져보면 그것도 역시 옛날에 했던 것을 재탕하는 것밖에 되지 않습니다. 그래서 해 아래는 새 것이 없습니다. 모든 것이 재탕, 삼탕인 것입니다. 안타까운 것은 한 세대가 있다가 가고 나면 그다음 세대는 앞 세대를 기억하지 않습니다. 왜냐하면 기억할 가치가 없기 때문입니다. 우리는 모두 다 잊히고 마는 것입니다.

세상에 아무것도 할 것이 없는 사람들은 하루하루 살아가는 것이 너무나도 지루할 것입니다. 왜냐하면 일어나서 잠잘 때까지 하는 일이 똑같기 때문입니다. 그래서 이런 사람들은 제발 내일이 오지 않았으면 좋겠다고 생각할 것입니다. 오늘날 너무나도 많은 사람들의 삶이 다람쥐 쳇바퀴 돌듯 반복되기 때문입니다.

그러면 새로운 것이 어디에 있습니까? 이것은 하나님께 있습니다. 결국 이 세상을 새롭게 하고 변화시키는 것은 하나님으로부터 오는 새로운 것입니다. 하나님께는 진부한 것이 없습니다. 항상 모든 것이 새롭습니다. 왜냐하면 하나님은 모든 것을 창조하신 분이시기 때문입니다. 하나님을 알아야 이 세상에서 짧은 인생을 살아도 아름답고 감동적인 삶을 살 수 있습니다. 이 세상에 성령의 바람을 불게 할 수 있는 사람이 에스겔 골짜기의 마른 뼈들을 살아나게 할 것이며, 죽음의 바다 사해에 물고기들이 헤엄치게 할 것입니다.

본문에 '해 아래 있는 것'이라는 말이 있습니다. 물론 이 세상에 있는 것은 모두 해 아래 있는 것입니다. 그러나 전도자가 말하는 '해 아래 있는 것'이란 바로 하나님을 모르는 인생을 말합니다. 하나님을 모르는 자들은 아무리 좋은 무대를 만들어주어도 연기를 할 실력이 되지 못합니다. 이 세상에 있는 많은 것들은 하나님께서 밑천으로 주신 것이지 그것 자체가 축복은 아닙니다. 그러나 하나님을 아는 사람들은 이 세상에 있는 것 외에 다른 것을 알고 있는 자들입니다. 이 세상에 있는 것만 가지고는 절대로 아름다운 것이 나올 수 없습니다. 우리는 하나님으로부터 새로운 것을 받아야 이 세상에 있는 것을 창의적으로 사용할 수 있습니다.

이 세상에 있는 것이 너무 재미가 없다고 해서 술이나 마시고 방탕하게 사는 사람들이 있습니다. 이런 사람들은 자기 인생을 망치는 사람입니다. 또 자기 자신을 위해 많은 것을 긁어모으는 자도 인생을 진부하게 할 따름입니다. 우리가 이 세상에 살게 된 것은 엄청난 기회를 가진 것입니다. 우리가 해야 할 것은 하나님으로부터 능력을 받아서 멋진 믿음의 인생을 사는 것입니다. 하나님의 말씀은 우리 자신을 변하게 합니다. 고난은 우리 자신을 정금으로 만들어놓습니다. 우리는 이것을 가지고 하나님이 연출하시고 우리가 연기하는 멋진 인생을 살 수 있습니다. 이것이야말로 이 허무한 세상을 알차게 살아갈 수 있는 비결입니다.

02 · 해 아래 모든 것

|전 1:9-18|

우리는 때때로 시냇물이 흘러가는 것을 통해 인생을 생각할 때가 있습니다. 상류에서 흐르는 시냇물은 폭이 좁은 곳에서 흐르기 때문에 아주 빠르고 경쾌하게 흘러갑니다. 그리고 이리저리 바위나 돌을 돌아서 빠르게 흘러가는데 거기에는 새들이 지저귀고 꽃잎이 떨어지고 송사리들도 돌아다니기 때문에 지겹지가 않습니다. 특히 상류에서 흐르는 시냇물은 매순간 어디로 흘러갈지 모르기 때문에 변화무쌍합니다. 그러나 시냇물이 하류에 도달하면 아주 천천히 흘러가게 되는데 그때는 변화도 없고 새로운 것도 없고 모든 것이 똑같이 흘러가게 됩니다. 이때는 이미 물 자체도 오염이 되어서 흐리거니와 매일 똑같은 상태에 있기 때문에 물이 신기롭게 보이지 않고 지루하게 느껴집니다.

사람들이 젊었을 때에는 권태라는 것을 잘 모릅니다. 왜냐하면 하루하루 자기 신체가 자라고 매일 경험하는 것이 전에는 해보지 않았던 새로운 것이기 때문에 신기한 것입니다. 엄마가 어린아이들을 데리고 어디에 가자고 하면 아이들은 너무 좋아서 그 자리에서 깡충깡충 뜁니다. 아이들에게는 모든 것이 새로운 경험이기 때문입니다. 그런데 사람이 나이가 많이 들어서 장년기나 노년기에 접어들게 되면 이제는 더 이상 변할 것이 없습니다. 나이가 들면 매일매일 하는 것이 똑같고 변화가 없으니 권태가 찾아오게 되는 것입니다.

우리나라 사람들이 가장 중요하게 생각하는 것 중 하나는 남에게 뒤떨어지지 않는 것이고 다른 하나는 남들보다 안정된 삶을 사는 것입니다. 사람들이 가장 중요하게 생각하는 것이 안정된 직장이요, 늙어 죽을 때까지 먹고살 수 있는 충분한 돈입니다. 그러나 막상 안정된 직장을 가진 분들이나 죽을 때까지 먹고살 만큼 돈이 있는 분들에게 물어보면 그들은 하루하루 살아가는 것이 너무나도 재미가 없다고 말할 것입니다. 왜냐하면 하루하루 생활에 아무 변화가 없이 모든 것이 똑같기 때문입니다. 그래서 사람들은 권태를 이기지 못해서 골프를 치고 등산을 하고 새로운 사람을 사귀려고 합니다. 그러나 무엇인가 새로운 것을 시도하는 것도 젊었을 때 일이지 나이가 들면 모든 것이 결국 시들해지게 됩니다. 왜냐하면 하루하루 생활이 똑같고 안정이 되면 마음속에 열정의 불이 없어지기 때문입니다. 이때 사람들이 가장 쉽게 행복을 느끼고 쉽게 열정의 불을 다시 붙일 수 있는 것이 불륜의 사랑이라고 생각합니다. 그래서 우리나라나 미국이나 일본이나 안정된 생활을 하는 중년 이상의 사람들에게 그렇게 불륜이 많은 것입니다. 한때 우리나라 텔레비전 드라마의 거의 모든 내용이 불륜으로 만들어질 정도로 인간의 권태는 심각한 것입니다.

1. 하나님이 없다고 가정할 때

전도자는 먼저 사람들에게 만일 하나님이 없다고 가정할 때 어떤 일이 일어나게 되는지 질문을 던지고 있습니다. 그 첫째는 허무입니다. 허무라고 하는 것은 가장 중요한 핵심이 빠진 것을 말합니다. 우리 인간들은 하나님 없이도 얼마든지 나름대로 성공적인 삶을 살 수 있습니다. 열심히 노력하면 좋은 학교를 나올 수도 있고 좋은 직장에서 높은 자리에 올라갈 수도 있습니다. 또 좋은 사람을 만나서 결혼을 하고 가정을 이룰 수도 있습니다. 그러나 가장 심각한 문제는 왜 이렇게 살아야 하는지 그 이유를 알지 못하는 것이며 자신의 존재 가치를 알지 못하는 것입니다. 이것이 바로 허무입니다. 그리고 또 다른 하나는 하나님이 없다고 할 때 인간의 안정된 생활에 무시무시한 권태가 찾아오게 됩니다. 인간들은 처음에는 먹고살기 위해서 죽어라고 공부하고 일을 했는데 이제 먹고살 만해지니까 죽어라고 할 일이 없는 것입니다. 사람이 성공하고 나면 이제 더 이상 새로운 것이 없고 변화가 없습니다. 이때 찾아오게 되는 것이 자살 충동이고 죄짓고 싶은 충동인 것입니다.

보통 사무실에 보면 수족관이 있고 그 안에 붕어나 열대어 같은 물고기들이 있습니다. 그 물고기들은 같은 수족관 안에서 매일 똑같이 움직입니다. 이 물고기들은 돌고 또 도는 행동을 반복합니다. 그러다가 어느 한 물고기가 너무 똑같은 반복만 하니까 권태로워서 그 수족관을 탈출하기로 했습니다. 그 물고기가 점프를 해서 수족관 밖으로 튀어나온 결과는 비참한 죽음이었습니다. 인간도 마찬가지입니다. 우리 인간에게 주어진 선택은 어떻게 보면 참으로 가혹한 것입니다. 먹고살기 위해 계속 같은 일을 반복하겠느냐 아니면 한번 신나게 탈선하고 죄에 빠져 죽느냐 하는 것의 선택인 것입니다.

한 교인이 있었습니다. 이분은 비전이 없는 작은 회사에 들어갔는데 용케도 잘 참고 견디는 바람에 10년 이상 그 회사에서 일을 하고 있었습니다. 그분이 다니는 회사는 작았고 비전이 없었기 때문에 오랫동안 일하는 직원들이 없었습니다. 그래서 거의 대부분의 사람들은 입사한 지 얼마 되지 않아서 모두 답답하다고 뛰쳐나가버렸습니다. 그런데 그분에게 무엇 때문에 그 비전 없는 작은 회사에서 옮기지 않고 오래 있느냐고 물어보니까 교회 때문이라고 대답하였습니다. 그분은 비록 회사가 재미있는 것은 아니었지만 자기가 다니는 교회가 너무 재미있고 은혜로워서 10년이 금방 지나가더라는 것이었습니다. 저는 이분의 대답이 아주 중요한 의미를 가지고 있다고 생각합니다. 그 이유는 그분은 이 무서운 권태를 이기는 법을 알고 있었기 때문입니다.

사람이 만든 것은 대개 비슷비슷해서 금방 싫증이 납니다. 그러나 하나님이 만드신 것은 싫증이 나지 않습니다. 왜냐하면 모든 것이 독특하고 개성이 있기 때문입니다. 야생동물들을 보면 하나하나가 모두 독특하게 생긴 것을 볼 수 있습니다. 늑대나 여우, 호랑이, 사자, 하마, 기린 등 모두 독특하게 생겼고 나름대로 개성들을 가지고 있습니다. 그리고 이 모든 짐승들이 자신들의 생존을 위해서 최선을 다해 살아가고 있기 때문에 권태를 느낄 수가 없는 것입니다.

오늘 많은 사람들은 결혼 생활을 하다가 사랑이 식었다는 이야기를 하면서 외도를 합니다. 또 젊은이들도 그렇게 직장을 얻으려고 공부를 하고 시험을 쳐서 교사가 되고 공무원이 되는데 그 후에 쉽게 실망을 합니다. 그 이유는 인간들이 하는 모든 것이 매일 똑같고 변화가 없기 때문입니다. 사람은 변화가 많은 일을 하면 시간 가는 줄 모르고 자신이 늙어가는 줄 모릅니다. 그러나 인간 세상은 안정되기는 한데 결국 안정되고 난 후에는 죽음보다 더 고통스러운 권태가 찾아오는 것입니다.

전도서는 '만일 이 세상에 하나님이 안 계신다면 이 세상은 어떻게 될까?'라는 가정에서부터 말씀을 시작하고 있습니다. 전도자가 말하는 하나님이 계시지 않는다고 전제한 세상이 바로 '해 아래 있는 것' 입니다. 그래서 전도서에서 전도자가 말하는 '해 아래 있는 것' 이라는 표현은 만일 이 세상에 하나님이 안 계시다면 이 세상은 어떻게 되겠는가 하는 것입니다.

이 세상에 하나님이 안 계신 것보다 인간들에게 더 반가운 것이 없습니다. 왜냐하면 우리 인간들이 늘 원하는 것이 하나님이 없는 세상이 되는 것이기 때문입니다. 하나님만 안 계신다면 인간들이 이 세상을 얼마든지 마음대로 주무를 수가 있기 때문입니다. 예를 들어 아이들은 부모님이 출타해 집을 비우면 너무나도 좋아합니다. 왜냐하면 집에 친구들을 데리고 와서 마음대로 놀 수 있기 때문입니다. 그러나 결국 아이들은 자기들끼리 싸우기 시작할 것입니다. 왜냐하면 얼마 있지 않아서 노는 것이 시시해지고 재미가 없어지기 때문입니다. 결국 아이들은 다시 부모를 찾게 되어 있습니다.

우리 인간들은 어떻게 해서든지 하나님이 없는 세상을 만들려고 합니다. 미국이나 소련 같은 강대국이 그렇게 많은 돈을 들여서 우주선을 달에도 보내고 화성에도 보내는 이유는 거기에도 생명체의 흔적이 있다는 것을 증명하기 위해서입니다. 지금 과학자들이 줄기세포를 가지고 사람까지 복제하려고 하는 이유는 생명은 하나님만 만드는 것이 아니고 우리 인간들도 만들 수 있다는 것을 증명하기 위해서입니다. 그런데 전도자는 질문하기를 만약 하나님의 존재를 부정하면 이 세상은 어떻게 되겠느냐 하는 것입니다. 물론 사람들은 자기들이 원하는 대로 마음껏 정욕을 채우면서 살 수 있습니다. 우리 인간들은 하나님의 간섭을 전혀 받지 않고 자신의 욕심대로 모든 것을 차지할 수 있습니다. 그런데 그다음에 인간에게 너무나도 견디기 어려운 것이 찾아오게 되는데 그것은 바로 권태인 것입니다. 하나님을 부정하면 인간의 의미를 찾을 수가 없습니다. 도저히 권태를 이길 수가 없어서 자살을 하고, 불륜에 빠지며, 마약에 손을 대게 되는 것입니다.

2. 해 아래는 새 것이 없다

우리 인간의 삶에 하나님을 인정하지 않을 때 첫 번째 문제되는 것이 이 세상에 새 것이 있느냐는 것입니다. '무엇인가 새로운 것(something new)'이 있느냐 하는 것입니다. 인간의 마음속에는 항상 새로운 것을 찾는 마음이 있습니다. 즉 인간은 새로운 세계를 개척해서 언제나 새로운 것을 가지고 싶어 하는 마음이 있는 것입니다. 물론 우리가 어렸을 때에는 주위에 있는 모든 것이 새로운 것입니다. 그러나 한 번씩 다 겪고 나면 그때부터는 더 이상 새로운 것이 없습니다.

> 9절 "이미 있던 것이 후에 다시 있겠고 이미 한 일을 후에 다시 할지라 해 아래는 새 것이 없나니"

우리가 이 세상을 자세히 살펴보면 모든 것이 똑같은 움직임을 반복하고 있는 것을 볼 수 있습니다. 처음에는 참 신기했던 것도 점차 시간이 지나 익숙해지면 시시해지게 됩니다.

우선 우리 인간들 주위의 모든 것은 반복적으로 움직이고 있는데 사람들은 그 움직임을 바꿀 수가 없습니다. 예를 들어 사람이 시계에 태엽을 감아 놓고 그냥 두면 시계는 계속 움직입니다. 그런데 시계를 모르는 사람이 보면 시계를 누가 만들었는지 그리고 왜 돌아가는지 알 수 없습니다. 그러니까 지겨워지는 것입니다.

우리가 보는 이 세상은 모든 것이 자연적으로 돌아가게 되어 있습니다. 아침이 되면 저녁이 되고 저녁이 되면 다시 아침이 옵니다. 그리고 봄이 되면 여름이 오고 그다음에 가을 그리고 겨울이 반복해서 찾아옵니다. 그런 가운데 사람은 태어나서 자라고 그 후에는 죽습니다. 우리 인간의 몸에는 성장에 대한 프로그램이 입력 되어 있습니다. 사람은 자기가 아무리 어른이 되기 싫어도 시간이 되면 어른이 되고, 늙으면 죽습니다. 자연은 계속 돌아가고 있고 또 그 가운데 인간들은 성장하도록 입력이 되어 있습니다. 그래서 우리 인간들은 자신의 의사와 상관없이 자라고 늙게 됩니다. 우리는 이 똑같은 인생에 대하여 권태를 느끼게 되는 것입니다.

예전에 본 영화 중에 로봇에 대한 영화가 있었습니다. 그런데 그 로봇이 인간에 대해 가장 부러워하는 것이 인간은 늙을 수가 있다는 것입니다. 사람은 변화가 있는데 로봇은 늙지를 않습니다.

그런데 비교적 인생에 권태를 덜 느끼는 사람들이 있는데 이분들은 농사를 짓는 사람들입니다. 이분들은 봄에 씨를 뿌리면 싹이 나고 가을이 되면 식물이 열매를 맺는데 이것 자체가 놀라운 변화이기 때문에 삶의 권태를 덜 느끼게 됩니다. 또 가축을 키우는 사람들도 강아지가 개가 되고 병아리가 닭이 되어서 알을 까는 것 자체가 놀라운 변화이기 때문에 삶이 덜 권태롭습니다.

권태를 가장 심각하게 느끼는 사람들은 도시에 사는 사람들이고 그중에서도 돈을 가지고 있는 사람들입니다. 사람들은 권태를 잊기 위해 아무 생각 없이 닥치는 대로 삽니다. 먹고 싶은 대로 먹고 가지고 싶은 대로 가지려고 합니다. 하지만 결코 이런 유혹에 빠져서는 안 됩니다. 방탕한 삶은 권태를 해결해주지도 못하고 인생의 의미를 깨닫는 데 아무런 도움을 주지 못하기 때문입니다.

우리 인간들은 살아가면서 한 번씩 큰 진통을 겪습니다. 그것은 결혼을 하거나 자식을 낳거나 혹은 병들어 죽는 것입니다. 우리 인간의 몸에는 무시무시한 시한폭탄이 하나씩 있습니다. 그것은 바로 죽음이고 죽음의 고통입니다. 우리 인간들은 이 무시무시한 폭탄이 터지면서 엄청난 고통과 함께 죽는 것입니다. 이것이 바로 인간의 운명입니다.

거기에다가 '새로운 것이 없다' 는 것은 우리 인간들이 이 세상에서 하는 것은 이미 주어진 것을 가공해서 쓰는 것이지 새로운 것을 창조해내지는 못한다는 것입니다. 인간은 무에서 유를 창조해내지 못합니다. 우리가 창조한다고 하는 것은 실제로는 이미 주어진 것을 가공하는 정도에 불과합니다. 예를 들어 콜럼버스가 신대륙을 발견했다고 하지만 실제로 신대륙은 그 전에도 있었고, 이미 인디언들이 살고 있었습니다. 인디언들이 가장 기분 나쁘게 생각하는 것이 서양 사람들이 자기들이 신대륙을 발견했다고 여긴다는 점입니다.

뉴턴이 사과가 떨어지는 것을 보고 만유인력의 법칙을 발견했다고 하지만 사과는 그 전에도 계속 떨어지고 있었습니다. 사과만 떨어지는 것이 아니라 배도 떨어지고 감도 떨어집니다. 단지 뉴턴이 이미 있던 법칙을 알아내었을 뿐입니다. 어떤 요리사가 맛있는 요리를 만들었다고 합시다. 그것은 이미 있는 재료를 잘 배합해서 만든 것이지 전혀 아무것도 없는 데서 새로운 것을 창조한 것은 아닙니다.

그러면 우리 인간은 무엇입니까? 누군가가 주어진 인생을 가공해서 살아가는 것이지 우리가 스스로의 인생을 만들지 못한다는 것입니다. 우리는 누군가가 이미 만들어놓은 것을 이용해서 쓰는 사람들에 불과합니다.

11절 "이전 세대를 기억함이 없으니 장래 세대도 그 후 세대가 기억함이 없으리라"

이것은 모든 인간에게는 각자 고유한 인생이 있기 때문에 어느 누구도 대신 살아줄 수가 없다는 뜻입니다. 물론 자식들은 부모로부터 유산을 물려받기도 하고 사회적 신분을 물려받기도 합니다. 그러나 이 세상의 어느 인간도 다른 사람의 인생을 살아줄 수는 없습니다. 모두 각자가 살아야 하는 인생이 있는 것입니다. 부모는 할 수 있는 대로 자식들이 유리한 조건에서 살도록 하기 위해 무엇이든지 해주려고 합니다. 그렇다고 해서 대신 대학 입학시험을 쳐줄 수 있는 것도 아니고 자식을 대신해서 군대에 갈 수 있는 것도 아닙니다. 엄마가 자식을 대신해서 대학 시험을 쳐줄 수 있으면 얼마나 좋겠습니까? 그렇게 할 수만 있다면 그렇게 하려고 하는 엄마들이 있을 것입니다. 자식들 대신 군에 가라고 하면 군에 갈 엄마들이 있을 것입니다.

'이까짓 것 내가 애도 낳았는데 군대 훈련을 못 받을까 봐서' 라고 할 것입니다. 그러나 엄마는 아들을 대신해서 군에 갈 수 없습니다. 간혹 보면 부모가 자식을 교도소에 보내지 않으려고 죄를 대신 뒤집어쓰는 경우가 있습니다. 그러나 모든 인생은 스스로가 살아야 하며 어느 누구도 다른 사람의 인생을 살아줄 수 없습니다.

그런데 인간은 남들이 자기를 대신해서 살아주는 것을 알아내었습니다. 그것은 크게 두 가지입니다. 하나는 영화나 텔레비전입니다. 내가 할 수 없는 것을 영화나 텔레비전이 다 해주는 것입니다. 사람을 웃겨주기도 하고 울려주기도 하고 죽여주기도 하고 때려주기도 합니다. 그리고 내가 할 수 없는 것들을 운동선수들이 대신합니다. 그래서 사람들은 더욱더 영화나 텔레비전에 매달리고 스포츠에 열광하는 것입니다. 그 이유는 해 아래 있는 권태를 잠시 벗어나기 위해서입니다. 그러나 이런 기쁨도 잠깐입니다. 왜냐하면 그것은 실제가 아니기 때문입니다.

3. 먹고살기 위하여 수고하는 인생

12~13절 "나 전도자는 예루살렘에서 이스라엘 왕이 되어 마음을 다하며 지혜를 써서 하늘 아래서 행하는 모든 일을 궁구하며 살핀즉 이는 괴로운 것이니 하나님이 인생들에게 주사 수고하게 하신 것이라"

전도자는 자기가 이스라엘 왕이 되어서 여러 사람들이 사는 방식을 열심히 관찰해보았다고 말을 하고 있습니다. 여기서 그가 내린 결론은 두 가지였습니다. 하나는 '수고하는 것'이고 다른 하나는 '괴로운 것'입니다.

여기서 중요한 것은 '수고하는 것'이 무엇이며 '괴로운 것'이 무엇이냐는 것입니다. 얼핏 보면 수고하는 것이나 괴로운 것이 같은 것 같습니다. 그러나 이 두 가지는 조금 차이가 있습니다.

우선 여기서 '수고한다'는 것은 인간이 먹고살기 위해 노력하는 것입니다. 사실 인간의 거의 대부분의 노력은 먹고살기 위한 것입니다. 사람들이 아침에 일어나기 힘든 몸을 억지로 일으켜서 만원 버스에 시달리면서 직장에 가서 죽도록 일하는 이유는 다 먹고살 수 있는 돈을 벌기 위해서입니다. 학생들이 새벽부터 일어나 학교에 가서 머리에 들어가지도 않는 지식을 두들겨 넣고 또 방과 후에는 학원까지 가서 밤늦도록 공부하는 이유는 좋은 대학을 나와서 좋은 직장에 들어가기 위해서입니다. 사람들의 거의 대부분의 에너지는 먹고사는 것을 해결하는 데 소모됩니다. 그것이 바로 수고하는 것입니다. 인간의 먹고살기 위한 노력은 마치 밑 빠진 독에 물을 붓는 것과 같습니다. 밑 빠진 독에 아무리 물을 부어봤자 물은 채워지지 않습니다. 마찬가지로 인간들은 아무리 많이 먹어도 배는 여전히 고프며 또다시 먹을 것을 만들어내야 합니다. 만약 인간이 먹지 않아도 살 수 있다면 시간이 너무 많이 남을 것입니다.

여성들은 하루 종일 먹는 것을 준비하느라고 시간을 다 소비합니다. 사실 그 준비한 노력에 비하면 허무할 정도로 사람들은 음식을 빨리 먹어치웁니다. 남자들은 먹고살기 위한 돈을 벌기 위하여 시간과 노력을 다 쓰고 여자들은 음식을 만드느라고 시간을 다 쓰는 것입니다.

그런데 사실 인간이 먹고살기 위해 수고하는 것이 나쁜 것만은 아닙니다. 왜냐하면 먹고사는 일에 시간을 쓰지 않으면 그 많은 시간을 쓸 데가 없기 때문입니다. 부모로부터 많은 유산을 물려받아서 할 일이 없는 사람들이 있습니다. 그 사람들이 하루 종일 하는 일은 골프를 치고, 사우나를 하고, 텔레비전을 보는 일일 것입니다. 그러나 그것도 하루이틀이지 몇 날 며칠을 하면 못해먹겠다는 말이 나오게 됩니다. 젊은 사람들은 직장을 그만두고 쉬면 매일 등산 다니고 자전거를 타겠다고 생각하지만 실제로 없는 시간을 내어서 하는 것과 매일 시간이 남아서 하는 것은 다릅니다. 매일 시간이 남아서 하는 것은 어쩔 수 없어서 하는 것이고 결국 지겨워지게 됩니다.

사람이 아무것도 하지 않고 멍청하게 70년을 살아야 한다면 그것보다 더 무서운 고통은 없을 것입니다. 감옥에 갇혀 있는 죄수들이 가장 두려워하는 것이 독방에 갇히는 것입니다. 독방에 갇히면 시간이 가지 않기 때문입니다. 사람에게 아무것도 하지 않고 멍청하게 하루 종일 벽만 쳐다보면서 살라고 하면 아마 죽는 것보다 더 고통스러울 것입니다. 그래서 어떤 의미에서 인간이 먹고살기 위해 몸부림치는 것은 다행이라고 말할 수 있습니다.

강원도 정선에 가면 카지노를 한다고 돈을 다 날리고 노숙하면서 사는 사람들이 상당히 많다고 합니다. 그 사람들은 올 때는 외제차를 타고 왔지만 돌아갈 때는 카지노에서 돈을 다 털려 집에 갈 차비조차 없다고 합니다. 그래서 경찰서에 가면 차비를 이만 원씩 준답니다. 그래도 가지 않습니다. 왜냐하면 이미 도박에 중독이 되어서 갈 수가 없기 때문입니다. 그래서 어떻게 사느냐 물으니까 공짜로 주는 주스를 먹기도 하고 새로 온 사람들에게 요령을 가르쳐주고 돈을 따면 조금씩 받는 것으로 끼니를 해결한다는 것입니다. 사람에게 시간이 남는 것이 좋은 것이 아닙니다. 사람들이 돈은 많고 할 일이 없으면 미칠 듯이 권태가 찾아오게 됩니다.

또한 여기서 '괴로운 것'이라는 것은 모든 사람들이 억압 아래 있는 것입니다. 어떤 사회든지 계급이 있어서 사람들은 그 질서의 지배를 받을 수밖에 없습니다. 전도자가 전 세계를 조사해보니 이 세상의 어느 나라도 완전히 자유로운 나라는 없었습니다. 특히 옛날에는 거의 대부분의 나라에서 모든 사람들이 왕의 노예로서 살아가고 있었습니다. 왕의 눈 밖에 나면 당장 그날로 파멸이 찾아옵니다. 그렇다고 왕이 마음대로 살 수 있는 것도 아닙니다. 자기보다 더 큰 나라의 신하가 되고 종이 되어야 하는 것입니다.

옛날에는 작은 왕은 큰 왕 앞에 머리를 땅에 부딪치면서 절을 해야 했습니다. 소리가 안 나면 날 때까지 쾅쾅 찧어야 하는 것입니다.

이것이 의미하는 것이 무엇입니까? 이 세상은 그 자체가 거대한 감옥이라는 것입니다. 겉으로 보기에는 자연이 아름답고 춘하추동 변화가 있지만 인간은 절대로 자유롭지 않습니다. 즉 인간은 죄인의 신분으로 태어나서 죄인의 신분으로 살다가 죽는다는 것을 깨닫지 못하는 것입니다.

그래서 우리 삶에 찾아오는 여러 가지 위기들은 인간 세상 이상의 것을 찾아야 할 기회인 것입니다. 우리 인간들은 모두 어항 속에 든 물고기와 같습니다. 어항을 아무리 돌아도 여기서는 새로운 것이 나올 수 없습니다. 세상 어디에도 인생의 문제를 해결할 수 있는 것은 없습니다.

4. 해 아래 구부러진 것

전도자는 세 번째로 이 세상에서 인간의 힘으로 결코 바로잡을 수 없는 것이 있다는 것을 발견했습니다.

> 14~15절 "내가 해 아래서 행하는 모든 일을 본즉 다 헛되어 바람을 잡으려는 것이로다 구부러진 것을 곧게 할 수 없고 이지러진 것을 셀 수 없도다"

이 세상에서 구부러진 것이 무엇일까요? 이 세상에 굽은 것 중에서 사람의 힘으로 똑바르게 할 수 있는 것이 있는가 하면 똑바르게 할 수 없는 것도 있습니다. 예를 들어 고속도로 같은 경우에는 길을 얼마든지 똑바로 만들 수 있습니다. 산이 있으면 터널을 뚫고 계곡이 있으면 다리를 만들면 됩니다. 그러나 인간의 마음은 인간의 힘으로는 똑바르게 할 수 없습니다. 그중에서도 인간의 도덕적으로 타락한 마음은 더욱 그렇습니다. 사람에게 있어서 가장 고민스러운 것이 마음먹은 대로 살아지지 않는다는 것입니다. 사람들은 누구나 마음속으로는 착한 일을 하고 싶은데 실제로는 악하고 이기적인 행동을 하게 됩니다. 사람들은 이것을 수양의 부족이라고 생각합니다. 사람들은 우리가 수양이 부족해서 그렇지 철저하게 수양을 쌓으면 똑바르게 살 수 있다고 생각합니다. 그런데 우리 인간이 바르게 살려고 노력할수록 사람의 비뚤어진 본성은 수양으로 해결될 문제가 아니라는 것을 느끼게 됩니다. 우리 안에 우리 힘으로 다스릴 수 없는 죄의 세력이 있습니다. 인간의 본성이 한 번 자극을 받기만 하면 분노를 일으키거나 발작을 하게 되는데 통제될 수 없는 괴물로 변합니다.

　모든 죄는 중독성을 가지고 있어서 인간의 힘으로 고칠 수가 없습니다.

　사람의 본성은 결코 수양으로 변화되지 않습니다. 죄를 짓지 않은 사람은 근본적으로 선해서 그런 것이 아니라 죄를 지을 여건이 마련되지 않았거나 기회가 주어지지 않은 것뿐입니다. 그 대신 죄를 지어서 인생을 망친 사람들은 불행하게도 죄를 지을 여건에 빠졌고 그런 상황에 빠진 것뿐입니다. 사람들은 누구든지 죄의 자극을 받으면 자기도 모르는 사이에 일을 저지르게 됩니다. 그래서 전도자는 인간들은 하나님 앞에서 마음이 굽어 있다고 말을 합니다. 그러나 이것은 우리 인간이 아무리 두들겨서 바르게 하려고 해도 되지가 않습니다.

　그리고 '이지러진 것'은 밑으로 움푹하게 꺼져 있는 것입니다. 땅이 움푹하게 꺼져 있으면 자꾸 썩은 물이 고입니다. 이것이 인간 사회입니다. 인간 사회는 깨끗할 수가 없습니다. 왜냐하면 각자의 마음속에 있는 썩은 물이 스며 나와서 고이기 때문입니다. 그래서 사회는 항상 썩은 냄새가 나고 악취가 나게 되어 있습니다. 그래서 전도자가 발견한 가장 중요한 문제는 인간의 굽은 마음을 펴고 사회의 꺼져 있는 부분을 바르게 해서 죄를 없애는 것이었습니다. 이것은 사람의 힘으로는 불가능한 일입니다.

많은 사람이 이 세상에서 가장 하고 싶은 것 중 하나가 공부일 것입니다. 누구든지 공부를 많이 하면 아무래도 생각하는 폭이 넓어지기 때문에 보다 현명해질 수가 있습니다. 그래서 공부를 많이 한 사람은 문제를 파악하는 데 아주 빠르고 자신의 의사를 다른 사람에게 분명하게 주장할 수 있기 때문에 똑똑합니다. 우리는 학식이 많은 사람들이 다른 사람들과 논쟁을 하는 것을 보면 얼마나 말을 잘하는지 그저 입이 다물어지지 않습니다.

아마 이 당시에 가장 머리가 좋은 사람은 솔로몬이었을 것입니다. 그는 그 좋은 머리로 많은 지혜를 만나보았습니다. 그리고 내린 결론이 무엇입니까? 이 세상에서 공부를 많이 하는 것은 결국 바람을 잡으려고 하는 것과 같다는 것입니다.

> 16절 "내가 마음 가운데 말하여 이르기를 내가 큰 지혜를 많이 얻었으므로 나보다 먼저 예루살렘에 있던 자보다 낫다 하였나니 곧 내 마음이 지혜와 지식을 많이 만나 보았음이로다"

아마도 솔로몬은 한때 공부를 많이 했던 것 같습니다. 그 좋은 머리로 열심히 공부를 했으니까 얼마나 많은 공부를 했겠습니까? 아마도 솔로몬을 가르치는 선생이 따라가지 못할 정도로 솔로몬은 공부를 잘했던 것 같습니다. 그래서 그는 먼저 예루살렘에 있던 자보다 낫다는 평가를 받았습니다. 그런데 그 솔로몬이 깨달은 것은 공부를 많이 하는 것이 바람을 잡으려는 것과 같다는 것입니다. 즉 처음에 세상적인 지식이 사람을 똑똑하게 하고 지혜롭게 하는 것은 사실입니다. 그러나 무한정으로 할 수 있는 공부는 없습니다. 공부도 어느 정도 하고 나면 모든 것이 다 비슷비슷하고 새로운 것이 없어져서 지겨워지게 되는 것입니다. 왜냐하면 지식은 많은데 써먹을 수 있는 지식이 아니기 때문입니다.

요즘 인터넷의 문제가 무엇입니까? 너무나도 많은 정보가 주어지는데 써먹을 수가 없다는 것입니다. 정보는 어디까지나 정보에 불과하지 결코 자기 지식이 아닙니다. 이 세상에서 써먹을 수 있는 지식은 자기가 찾아내고 만들어낸 지식인 것입니다. 즉 자기만의 독창적인 지식이 이 세상에서 영향력을 나타낼 수 있습니다.

심지어 솔로몬은 사람의 '미친 것과 미련한 것'까지 연구를 했습니다. 인간이 미치는 것이 무엇입니까? 완전히 필름이 끊어져서 자기가 하는 행동이 무엇인지 알지 못하는 것입니다. 미련한 것은 필름이 잘 돌아가지 않는 것입니다. 솔로몬은 연구를 하다가 결국 '왜 인간은 광기를 부리는가?' 하는 문제에까지 도달하게 되었다는 것입니다.

인간을 연구한다고 해서 인간의 문제를 풀 수는 없습니다. 인간의 잠재의식은 마치 거대한 구정물 통과 같습니다. 그 안에 지금까지 살면서 듣고, 보고, 생각한 모든 것이 들어 있기 때문에 한번 휘저으면 온갖 생각이나 온갖 경험이 다 나오게 되는 것입니다. 현대인들은 거의 무한정의 자유를 누리고 있고 말할 수 없는 물질적인 풍요를 누리고 있습니다. 그런데 현대인들은 더 비참하고 고통스럽게 살아가고 있습니다. 그 이유는 바로 권태의 문제가 더욱 심해졌기 때문입니다. 앞으로 인간들은 성적으로 더 타락하고 영화나 스포츠에 더욱 열광을 할 것입니다. 앞으로는 동성애가 더 심해지게 될 것입니다. 왜냐하면 인간들은 이제 해볼 것은 다 해보아서 더 이상 새로운 것이 없기 때문입니다. 이제 인간들은 미칠 수밖에 없습니다. 그리고 의술의 발달로 평균 수명이 엄청나게 길어지게 되었습니다. 그런데 그 대신 할 일은 아무것도 없습니다. 이것은 그야말로 미치는 것입니다. 젊은이들은 혈기가 넘쳐서 미치고, 나이든 사람들은 할 일이 없어서 미치는 것입니다.

그러나 우리가 하나님 앞에 나오면 권태를 이길 수 있습니다. 그 이유는 하나님은 창조자이시기 때문입니다. 하나님은 영원히 계시지만 지루하신 것이 없습니다. 왜냐하면 하나님께는 모든 것이 새롭기 때문입니다. 우리가 세상을 따라가면 권태의 늪에 빠져서 미쳐서 죽을 것입니다. 젊은 시절에 하나님을 만나서 하루하루를 알차고 재미있게 사시기 바랍니다.

03 · 진정으로 행복한 사람

| 전 2:1-11 |

사람은 자라면서 많은 놀이를 합니다. 특히 형제끼리는 어렸을 때 서로 뒹굴면서 씨름을 하기도 하고 장난을 치면서 놀기도 하는데, 장난이 심한 아이들은 물건을 부수기도 하고 어떤 때는 다치기도 하면서 놉니다. 이것은 짐승들의 경우도 마찬가지입니다. 사자나 노루의 새끼들은 모두 엄마 옆에서 다른 형제들과 서로 엎치락뒤치락하면서 뒹굴기도 하고 물기도 하고 잡으러 가거나 도망을 치기도 하는데, 이것은 모두 어른이 되는 훈련을 하고 있는 것입니다. 즉 새끼들은 이런 놀이를 통해 순발력을 키우기도 하고 먹잇감을 사냥하는 준비를 하기도 합니다. 산양 같은 경우에는 새끼 때 아주 불규칙적으로 높이뛰기를 하면서 노는데 이것은 나중에 다른 짐승들의 공격을 받았을 때 도망치는 연습을 하는 것입니다. 그래서 아이들도 어렸을 때 다른 아이들과 잘 어울려서 놀던 아이들이 나중에 커서도 사회성이 있고 활동적인 사람이 될 가능성이 많다고 합니다. 어렸을 때 가장 궁금한 것은 나중에

어른이 되었을 때 과연 어떤 사람이 되어 있을까 하는 것입니다. 그래서 아이들이 어렸을 때 놀이하는 것을 보면 군인 놀이를 하기도 하고 학교 놀이를 하기도 하고 병원 놀이나 심지어는 교회 놀이를 하기도 하는데 이것은 나중에 자기들이 어른이 되었을 때 할 역할들을 미리 연습해보는 것입니다. 또 청소년 때 친구들과 만나서 많은 이야기를 나누는 것도 나름대로 어른 세계에 대한 정보를 교환하는 것입니다. 대개 사람들은 자신의 희망에 대해서 어렸을 때 부모님이나 형을 통해 본 것을 흉내 낼 때가 많습니다. 즉 자식들이 부모님의 직업을 따라가는 것은 가장 쉬운 일이 될 것입니다. 혹은 형이 다니는 학교나 형이 입은 제복을 부러워하다가 결국 자기도 그 길을 가게 될 가능성이 많습니다. 그러나 최근에 와서는 어린아이들이 텔레비전의 영향을 많이 받게 되었습니다. 그래서 청소년들 중에서는 아이돌 가수나 연예인을 희망하는 아이들이 너무나도 많아지게 되었습니다. 그 이유는 결국 아이들이 가장 많이 보는 것이 텔레비전의 연예 프로이기 때문입니다.

누구든지 어렸을 때 학교 선생님이 되면 너무 멋있을 것 같고, 혹은 간호사가 되면 너무 멋있을 것 같고, 기업가가 되어 돈을 많이 벌었으면 좋겠다는 그런 꿈들이 있었지만 어른이 되면 실제와는 너무 거리가 먼 허상이었다는 것을 알게 됩니다. 이제 우리에게 중요한 것은 과연 어떻게 하면 행복한 사람이 될 수 있을까 하는 것입니다. 여기에는 두 가지 내용이 있습니다. 그 중 하나는 내가 과연 어떤 사람이 되면 행복할 수 있을까 하는 것입니다. 즉 이것은 직업에 대한 질문입니다. 내가 어떤 직업을 가진 사람이 되면 행복할 수 있을까 하는 것입니다. 또 다른 하나는 내가 어떤 사람을 만나면 행복할 수 있을까 하는 것입니다. 즉 어떤 사람과 만나서 결혼을 하고 어떤 사람의 영향을 받으면 행복한 사람이 될 수 있을까 하는 것입니다.

어떤 청년은 자기 인생에 대해 이렇게 말을 했습니다. 즉 자기는 30대에 사업을 해서 돈을 많이 벌고 싶다는 것입니다. 그리고 40대에는 대학에서 교수가 되어서 다른 사람들을 가르치는 일을 하고 싶다고 했습니다. 그리고 50대에는 목사가 되어서 다른 사람의 영혼을 건지는 일을 하고 싶다고 했습니다. 아마도 그 사람은 머리가 좋은 사람이어서 마음만 먹으면 그렇게 할 수도 있을 것이라는 생각이 들었습니다.

그러나 저는 그에게 이것저것 여러 가지 인생을 살려고 하지 말고 그냥 한 가지만 잘 할 수 없느냐고 하니까 청년은 자기는 이 세상에서 너무나도 하고 싶은 것이 많아서 도저히 한 사람의 인생으로는 만족할 수가 없다고 했습니다. 그러면서 적어도 몇 사람의 인생을 살아야 스스로 만족할 것 같다는 말을 했습니다.

우리는 모두 하나밖에 없는 소중한 인생을 살아가고 있습니다. 만약 우리 목숨이 여러 개가 있다면 어떤 일을 하다가 잘 안 되면 죽어버리고 다시 시작하고 또 다른 일을 시작하다가 잘 안 되면 또 죽어버리고 다시 시작하면 되겠지만 우리의 목숨은 하나밖에 없습니다. 그리고 우리에게 주어진 인생의 시간도 무한한 것이 아닙니다. 우물쭈물하다보면 이미 나이가 들어서 아무것도 할 수 없는 때가 오는 것입니다. 그러면 우리는 어떻게 해야 이 하나밖에 없는 인생을 낭비하지 않고 가장 아름답고 보람차게 보낼 수가 있을까요? 그것에 대하여 사람들은 몇 가지 생각을 가지고 있습니다.

그중 하나가 자기가 이 세상에서 즐길 수 있는 것은 다 즐기면서 살자는 것입니다. 즉 사람은 어차피 유한한 인생을 사는 것이니까 먹고 싶은 것이 있으면 실컷 먹고, 놀고 싶으면 실컷 놀아보자는 것입니다. 대개 이런 식으로 해서 자기 인생을 망친 사람들이 부잣집 자녀들입니다. 부잣집 자녀들은 집에 돈이 많이 있으니까 그 돈으로 실컷 세상을 즐기는 것입니다. 그러나 사람이 자기 정욕을 채우면서 열심히 산 결과는 완전히 무책임한 난봉꾼이 되어서 쓸모없는 인간이 되는 것입니다. 사람의 욕망은 채워줄수록 행복한 것이 아니라 채우면 채울수록 더 허무하게 되어 있습니다.

그런가 하면 한 가지 목표를 가지고 한 우물만 파는 사람들이 있습니다. 우리 주위에는 이런 식으로 해서 성공을 한 사람들이 있습니다. 예를 들면 바둑이면 바둑, 피겨 스케이트면 피겨 스케이트, 혹은 골프면 골프만 어렸을 때부터 집중해서 연습하는 것입니다. 이런 사람들 중에서 세계 최고의 사람들이 나옵니다. 하지만 본인들에게 과연 이런 식의 성공이 행복한가라고 물어보면 일단 자기 분야에서 성공했고 돈도 많이 벌었기 때문에 기분이 좋다고는 하지만 그들은 다른 삶은 일절 모르는 것입니다. 즉 이런 사람들은 연애를 해본 적도 없고 친구들과 어울려서 놀아본 적도 없고 특히 유명해지고 난 뒤에는 더 개인적인 사생활이 없기 때문에 늘 외롭고 허전한 것입니다. 그 대표적인 사람이 미국의 골프 황제 타이거 우즈라고 말할 수 있을 것입니다. 그는 흑인으로 세계적인 골프 챔피언이 되었지만 정신적인 허무감을 이기지 못해서 여성 스캔들로 많은 어려움을 겪었습니다.

또한 어떤 사람들은 공부를 열심히 해서 모범적인 인생을 살아가기 위해 노력합니다. 이런 사람들은 학교에서 공부를 잘해서 일류 대학을 나오고 좋은 직장에서 근무하는 것을 목표로 삼습니다. 그런데 이런 모범생의 특징은 교과서를 외워서 시험을 치는 것은 잘 하는데 창의성이 없습니다. 즉 이런 우등생들의 특징은 기계적으로 정해진 일들은 잘하는데 공식에서 벗어난 일은 어떻게 해야 할지 모르는 것입니다.

얼마 전에 우리나라의 어느 판사가 자살을 했습니다. 적어도 우리나라에서 판사라고 하면 보통 사람들은 제대로 쳐다볼 수도 없는 높은 자리에 있는 사람입니다. 그러나 그는 매일 똑같은 일을 하는 데 지쳤고 전부 거짓말하는 사람들 사이에서 판단을 해야 하는 데 염증을 느꼈다는 말을 했습니다.

결국 우리에게 궁금한 것은 인간의 행복은 어디에 있을까 하는 것입니다.

1. 솔로몬의 행복을 찾는 방황

아이들을 데리고 장난감이 많은 가게에 가면 처음에는 가지고 놀고 싶은 장난감들이 너무 많아서 정신을 차리지 못할 것입니다. 아이들은 이것도 가지고 놀고 싶고 저것도 가지고 놀고 싶고 솔직한 마음으로는 그 장난감 가게 전체를 사버리고 싶을 것입니다. 그러나 아이들은 몸이 하나밖에 없기 때문에 그 장난감들 중에서 한두 가지를 택해서 놀아야 합니다.

마찬가지로 우리가 욕심의 눈으로 이 세상을 보면 이 세상에는 너무나도 하고 싶은 일이 많을 것입니다. 그러나 우리의 문제는 몸이 하나밖에 없다는 것입니다. 사실 유능한 사람들은 몸이 여러 개였으면 좋을 것입니다. 이런 사람들은 이 세상에서 너무나도 하고 싶은 것이 많기 때문에 이 몸은 회사에서 일을 하고, 저 몸은 유학을 가서 공부를 하고, 또 다른 몸으로 세계여행을 다니면 좋을 것입니다. 그래서 옛날 손오공 같은 경우에는 분신술로 여러 가지 일들을 동시에 할 수 있었습니다. 그러나 사람은 손오공이 될 수 없습니다.

수험생들 중에서 성적이 좋은 학생들은 나름대로 고민을 합니다. 즉 법대에 들어가서 고시 공부도 하고 싶고, 의대에 들어가서 의사도 되고 싶고, 자연대에 들어가서 과학자도 되고 싶은데 그렇게 할 수가 없는 것입니다. 그런데 최근에 미국에서는 머리가 아주 좋은 사람은 동시에 여러 가지 전공으로 대학을 졸업하기도 합니다.

하지만 사람들이 미친 듯이 자기가 하고 싶은 것을 이것저것 한 결과는 하나도 제대로 하지 못하고 몸만 병들고 사람들만 다 잃게 되는 것입니다.

1절 "나는 내 마음에 이르기를 자, 내가 시험적으로 너를 즐겁게 하리니 너는 낙을 누리라 하였으나 본즉 이것도 헛되도다"

여기서 전도자는 시험적으로 낙을 추구하였다고 말하고 있습니다. 그런데 사람은 이 세상에서 시험적으로 낙을 누려볼 수 없습니다. 왜냐하면 우리 인생은 하나밖에 없기 때문입니다. 인생은 시험적으로 살아볼 정도로 길지 못합니다. 그래서 이 일을 해보다가 재미가 없으면 때려 치워버리고 다른 일을 하고 그러다가 시원찮으면 그만두고 다시 새로운 일을 할 수는 없습니다. 그러나 사람들이 젊었을 때에는 정말 자기가 잘 할 수 있는 것을 모르기 때문에 이 일 저 일 사이에서 방황을 할 때가 많이 있습니다. 사실 누구든지 어렸을 때부터 자기가 아주 특별하게 잘 할 수 있는 것이 어떤 것이라는 것을 안다면 죽어라고 그 일만 하면 될 것입니다. 예를 들어 어렸을 때부터 피아노 신동이라든지 혹은 바둑의 천재라든지 미술에 탁월하다든지 하면 그쪽으로 나가면 될 것입니다. 그러나 사람들 중에서 그렇게 할 수 있는 사람은 10만 명에 한 명 있을까 말까 하고 또 그것이 반드시 좋은 것도 아닙니다. 거의 대부분의 사람들은 정말 자기가 무엇을 하면 좋을지 몰라서 이 직장 저 직장 혹은 이 일 저 일을 왔다 갔다 하면서 방황할 때가 많이 있습니다. 어떤 사람은 대학원 공부를 하면서 계속 전공을 바꾸는 사람도 있습니다. 그러나 인생은 유한하기 때문에 언제까지나 이 일 저 일 사이에서 방황하면서 시간을 보낼 수만은 없습니다. 왜냐하면 이 일 저 일을 하다가 어느 순간에 이미 나이가 많이 들어버려서 다른 것을 할 수가 없기 때문입니다.

여기서 솔로몬이 '시험적으로 낙을 누려보았다' 는 것은 자기 나름대로 행복을 찾아서 많은 방황을 해보았다는 뜻 같습니다. 즉 솔로몬도 하나님의 말씀을 무시하고 인간의 욕망을 따라서 이것저것 하고 싶은 것을 따라서 여러 가지 삶을 살아 보았는데 그 결과는 엄청난 시간과 정력의 낭비였다는 것입니다. 그런데 솔로몬에게 다행스러웠던 것은 그가 너무 늦기 전에 정신을 차리고 하나님께 돌아올 수 있게 되었던 것입니다. 만일 그가 너무 오랫동안 방황했거나 욕심을 따라 살았더라면 그는 인생에서 아무것도 건질 수 없었을 것입니다.

사람들 중에서 자기 욕망에 따라 사는 사람은 들 나귀 인생과 비슷합니다. 들 나귀는 길이 들지 않아서 어떤 것에도 만족을 하지 못하고 떠돌아다닙니다. 그러다가 결국 들 나귀는 병들어 죽거나 다른 맹수에게 물려 죽음으로 끝나게 됩니다. 특히 옛날 우리나라가 혼란스러웠을 때에는 자신의 길을 찾지 못하고 한평생을 무위도식하면서 아무것도 하지 않고 술만 마시고 입으로만 잘난 체하면서 사는 사람들이 많이 있었습니다. 그런데 너무 늦기 전에 정신을 차리면 인생을 건질 수가 있습니다. 결국 이것은 하나님의 은혜입니다. 성경은 우리가 할 수 있는 대로 젊어서 고생을 하라고 말씀합니다. 왜냐하면 젊어서 심한 고생을 하는 가운데 '인생 그 자체로는 답이 없고 우리가 하나님께 돌아가야 답을 찾을 수 있다'는 것을 깨달을 수 있기 때문입니다.

욕망을 따라 사는 사람이 모르고 있는 중요한 두 가지가 있습니다. 그 첫째는 우리 인생은 유한하다는 것입니다. 한 번 지나간 인생은 다시는 돌아오지 않습니다. 우리에게 가장 중요한 것은 시간입니다. 한 번 허비한 인생은 되찾을 수가 없습니다. 그리고 두 번째는 인간은 혼자서는 행복할 수가 없다는 것입니다. 우리 인간은 자신의 것을 다른 사람에게 나누어줄 때 최고의 만족함이 있습니다. 그래서 자신의 것을 남에게 주는 법을 배우지 않으면 아무리 이 세상을 돌아다니면서 행복을 찾아도 행복은 오지 않습니다.

2. 육체의 쾌락을 추구하는 인생

사람들은 이 세상을 살면서 고통이 없을 때 행복해합니다. 그래서 아이들은 어렸을 때 부모님으로부터 매를 맞는 것이나 선생님에게 매 맞는 것을 아주 두려워합니다. 왜냐하면 아픈 것은 누구나 다 싫은 일이기 때문입니다. 모든 것이 만족스러울 때 얼굴에 웃음이 나오고 입에서는 웃음소리가 나오게 될 것입니다.

> 2절 "내가 웃음을 논하여 이르기를 미친 것이라 하였고 희락을 논하여 이르기를 저가 무엇을 하는가 하였노라"

사람은 누구든지 고통이나 스트레스 없이 사는 것을 원합니다. 거기에서 한 걸음 더 나아가서 최고의 음식을 먹거나 최고의 서비스를 받으면 행복을 느낄 것입니다. 그런데 솔로몬은 이런 웃음이 미친 짓이라고 말하고 있습니다. 그 이유가 무엇일까요? 바로 이런 행복이 돼지의 행복이기 때문입니다. 돼지가 가장 행복할 때에는 아무도 때리거나 스트레스를 주지 않고 썩은 감자나 고구마를 실컷 먹을 때입니다. 그러나 누군가가 "행복한 돼지보다는 불행한 소크라테스가 되겠다"라고 말을 했듯이 사람은 이 세상에 살면서 고통이나 스트레스가 전혀 없이 살 수는 없습니다. 아마도 그런 사람은 백치든지 생활 무능력자일 것입니다.

어떻게 보면 노숙자들이 가장 속 편할 수 있습니다. 왜냐하면 노숙자들은 집에 있어봐야 자꾸 빚쟁이들이 찾아오고 가족들은 돈을 벌어오라 스트레스를 주는데 집을 나와서 얻어먹으면 그런 스트레스를 전혀 받지 않을 수 있기 때문입니다. 그러나 노숙자들이 잃어버린 것은 인간의 자신감과 책임감입니다. 전도자가 말하는 것은 사람들이 순간순간 이런 기쁨이나 쾌락을 하나님이 주신 선물로 맛보거나 누릴 수는 있지만 이런 쾌락 자체가 목적이 될 때에는 돼지 같은 인생이 되고 만다는 것입니다. 사람이 한 번 인생에 실패한 후 다시 자신감을 되찾는 데 얼마나 시간이 오래 걸리는지 모릅니다. 특히 실패한 후에 찾아오는 그 비참함을 벗어버리고 누구 앞에서나 당당한 사람이 되려면 많은 시간이 필요합니다. 이것은 돈으로 되지 않습니다. 이것은 누군가가 그를 믿어주어야 하고 그를 사랑해주어야 하고 그의 실패를 이해

해주어야 가능한 것입니다. 그래서 솔로몬은 육체의 쾌락을 목적으로 사는 인생은 미친 인생이라고 정의를 내리고 있습니다. 아마도 이것이 미친 인생은 아닐지 몰라도 정말 바람을 잡으려고 하는 것처럼 아무것도 없는 인생인 것입니다. 베짱이가 여름에 노래하고 춤을 추지만 겨울이 오면 얼어서 죽을 수밖에 없는 것과 같습니다.

3. 이중적 인생

거의 대부분의 사람들은 이 세상에서 많은 사람들이 하는 것을 따라서 살아갑니다. 왜냐하면 많은 사람이 하는 것을 따라 하면 가장 안전하다는 생각이 들기 때문입니다. 그랬더니 솔로몬은 이상한 현상을 발견하게 되었습니다.

> 3절 "내 마음에 궁구하기를 내가 어떻게 하여야 내 마음에 지혜로 다스림을 받으면서 술로 내 육신을 즐겁게 할까 또 어떻게 하여야 어리석음을 취하여서 천하 인생의 종신토록 생활함에 어떤 것이 쾌락인지 알까 하여"

여기서 솔로몬은 두 가지를 동시에 추구했다고 말하고 있습니다. 즉 자기 마음은 지혜로 다스림을 받으면서 동시에 육신을 술로 즐겁게 합니다. 솔로몬은 인간이 육체만을 위해서 사는 것이 백치의 인생이고 미친 짓이라면 두 가지 서로 다른 것을 추구해보겠다는 것입니다. 즉 머리로는 지식을 추구하고 육체는 행복을 추구하는 것입니다. 마음은 지혜로 다스림을 받고 육체는 술로 즐겁게 하는 것입니다. 아마 미국의 학생들은 이것을 많이 느낄 것입니다. 즉 학생들이 지적으로는 많은 공부를 합니다. 그러나 그 공부로 인해 생긴 스트레스를 술과 육체적인 쾌락으로 푸는 것입니다. 결국 이것은 '생각

따로 행동 따로'의 생활을 하는 것입니다. 사실 이것은 이방인들의 세계관의 중요한 특징이었습니다. 이것이 결국은 이원론적인 사고방식인 것입니다. 이런 사람들은 동시에 다른 두 가지를 얼마든지 추구할 수 있습니다. 즉 교회에 와서는 은혜를 받지만 세상에 나가서는 얼마든지 쾌락을 추구하고 또 나쁜 짓을 할 수 있다고 생각하는 것입니다.

전에 어떤 미국 드라마를 보니까 유명한 법대 여학생이 그 아름다운 몸을 가지고 대학 등록금을 벌기 위해서 콜걸을 합니다. 비록 창녀 짓을 해서라도 돈을 벌어서 로스쿨을 졸업해서 변호사가 되겠다고 생각하는 것입니다. 그러나 사람의 몸은 절대로 자기 마음대로 되지 않습니다. 왜냐하면 몸에는 죄에 이미 관성이 붙고 습관이 형성이 되기 때문에 죄를 지으면 이미 자기 인격이 더러워지기 때문입니다. 그래서 '생각 따로 행동 따로'라는 것이 실제로 잘 되지 않습니다.

사람들이 우울증에 한 번 걸리면 아무리 불안해하지 않으려고 해도 몸이 말을 듣지 않습니다. 그래서 이것을 치료하려면 상당한 시간과 노력이 필요합니다. 어떤 의미에서 사람의 생각이 할 수 있는 것은 너무나도 적습니다.

사람들이 가장 고민하는 것이 바로 이것입니다. '왜 나는 생각과 행동이 일치하지 않는가?' 이것이 우리 인간의 모순입니다. 여기서부터 문제는 시작되는 것입니다. 어떤 것을 생각했는데 그 뒤에 행동이 따르지 않는 것입니다. 그 이유는 생각하고 말한 후에 생각이 변했거나 아니면 행동할 수 없는 것을 생각한 것입니다.

솔로몬은 이런 미친 생활을 오랫동안 했던 것 같습니다. 즉 그는 지혜로운 사람을 만나면 지혜로운 모습을 가지다가 육체의 쾌락을 일삼는 사람들을 만나면 거기에 또 어울렸습니다. 그러다가 천한 사람들을 만나면 어리석은 생각에 빠져서 또 그렇게 살았습니다. 그렇게 하다 보니까 솔로몬은 자기 자신의 생각은 없고 다른 사람이 하자고 하는 대로 사는 인생을 살게 됩니다.

즉 요즘 식으로 말하면 남들이 유학을 가니까 자기도 유학을 가고, 남들이 결혼을 하라고 하니까 결혼도 합니다. 결국 이런 사람은 다른 사람의 인생을 살아주는 것밖에 되지 않습니다.

어떤 사람은 부모님의 인생을 살아주는 사람도 있습니다. 부모님의 욕심에 부응해서 열심히 공부도 하고 출세도 합니다. 그리고 부모님이 짝지어주는 사람과 결혼도 했습니다. 그런데 나중에 보니까 어느 순간에 자기 인생이 없었습니다. 그래서 자기 인생을 되찾겠다고 탈선을 하게 됩니다. 그런데 그런 탈선은 인생을 되찾는 것이 아니고 더욱 망치는 것입니다.

사람에게 가장 중요한 것은 영혼입니다. 사람의 가치는 모두 이 영혼의 상태에 달려 있습니다. 결국 영혼이 건강한 사람이 행복한 삶을 살 수 있고 영혼이 병든 사람은 아무리 돈이 있고 지식이 있어도 결코 행복하게 살 수가 없습니다. 영혼이 건강한 사람은 이 세상에 있는 돈이나 학식이나 모든 것을 바르게 쓸 수 있기 때문에 효용을 극대화할 수 있습니다.

사도 바울은 자기가 부와 궁핍에도 일체의 비결을 배웠다고 말을 하고 있습니다. 보통 사람들은 돈이 많으면 아무래도 거만하기 쉽고 가난하면 비굴하기 쉽습니다. 그런데 바울은 돈이 많이 있어도 거만하지 않았고 가난해도 비굴하지 않았습니다. 그 이유는 사도 바울이 자기 인생의 가치를 돈에 두지 않았기 때문입니다. 사도 바울은 그리스도를 아는 지식이 고상한 것을 알고 거기에 가치를 두었기 때문에 그의 영혼이 행복할 수 있었고 건강할 수 있었습니다.

4. 세상에 있는 축복들

이 세상에는 사람들이 가지고 싶은 축복들이 너무나도 많이 있습니다. 여기에는 돈을 많이 벌 수 있는 길도 있고 또 높은 지위에 오를 수 있는 길도 있습니다. 그런데 그것들로 인해 힘은 가질 수 있을지 몰라도 자기 자신을 얻지는 못합니다.

> 4~5절 "나의 사업을 크게 하였노라 내가 나를 위하여 집들을 지으며 포도원을 심으며 여러 동산과 과원을 만들고 그 가운데 각종 과목을 심었으며"

솔로몬은 사업을 많이 해서 큰 성공을 거두었습니다. 그가 첫 번째 했던 사업은 과수원 사업이었습니다. 그는 과수원 사업을 아주 크게 하였습니다. 큰돈을 들여서 포도원도 크게 만들고 또 다른 여러 가지 과수원들도 만들어서 농사를 지었습니다. 그 결과가 무엇일까요? 농사의 규모가 커지면서 위험도 더 많아지게 되었습니다. 즉 농사가 잘 되어서 풍년이 들면 큰돈을 벌고 부자가 됩니다. 그러나 만일 태풍이 한 번 오면 과일이 다 떨어져서 농사를 망치게 됩니다. 혹시 병충해가 생기면 과일들을 다 망치게 됩니다. 그러니까 이 사람이 농사를 크게 하면 할수록 위험성이 그만큼 더 커진다는 것을 알게 되었습니다. 그러나 그렇다고 해서 너무 소심하게 기업 경영을 하면 경쟁에서 밀리게 됩니다. 결국 사업을 크게 하면 위험성이 커지고 작게 하면 경쟁에서 밀려버립니다. 이것이 바로 사업하는 사람들의 고민입니다.

그래서 기업이 튼튼하려면 작은 데서부터 조금씩 키워나가서 경쟁력 있는 기술을 가져야 합니다. 그래서 다른 사람이 흉내 낼 수 없는 기술 노하우라든지 경영 노하우가 있어야 경쟁에서 살아남을 수가 있습니다. 한꺼번에 투자를 많이 한다고 해서 반드시 사업에 성공할 수 있는 것이 아닙니다.

> 7절 "노비는 사기도 하였고 집에서 나게도 하였으며 나보다 먼저 예루살렘에 있던 모든 자보다도 소와 양떼의 소유를 많게 하였으며 은금과 왕들의 보배와 여러 도의 보배를 쌓고 또 노래하는 남녀와 인생들의 기뻐하는 처와 첩들을 많이 두었노라"

이 사람은 포도원 농사를 하다가 노예무역도 한 것 같습니다. 그리고 그 다음에는 목축도 크게 했고 나중에는 금은 보물도 많이 가지게 되었습니다.

솔로몬은 왕이기도 하지만 경영에 능력이 있었습니다. 그는 여러 사업들을 통하여 엄청난 부를 모았습니다. 그런데 솔로몬이 이런 사업을 성공하면서 빠지게 된 함정은 만족을 모른다는 것입니다. 그는 사업을 하면서 이미 사업의 확장 자체에 중독이 되어버려서 자꾸자꾸 사업을 벌여야만 했습니다. 그리고 나중에는 점점 더 가속도가 붙게 되었습니다. 그러나 사람은 항상 일이 잘될 때 속도 조절을 할 수 있어야 합니다. 무리를 하면 반드시 심한 후유증이 따르게 되어 있습니다. 그러나 한 번 일에 중독이 된 사람은 이것을 멈출 수가 없습니다. 왜냐하면 쉬면 불안해지기 때문에 쉴 수가 없는 것입니다.

이것은 하나님의 일을 하는 데도 마찬가지입니다. 하나님의 일을 하는 것에 절대적인 가치를 두고 모든 열정을 다 바쳐서 하기를 원합니다. 그러나 우리가 하나님의 음성을 듣지 않고 일만 죽어라고 하게 되면 역시 이것도 일중독에 빠지거나 아니면 자꾸 사업을 키우는 일에 빠지게 됩니다. 하나님은 결코 우리가 하나님의 일만 죽어라고 하는 것을 원치 않습니다. 일만 열심히 하면 결국 자기 감정을 잘 다스리지 못하게 되고 나중에는 죄에 빠질 수 있습니다. 하나님께서는 우리가 하나님의 말씀을 들음으로 하나님의 능력을 공급받기를 원하십니다. 그러나 우리는 그런 것보다는 사람을 만나서 많은 일을 하고 싶어 합니다. 사람이 하나님의 일을 하는 것보다 더 기쁜 일은 없을 것입니다. 그러나 이런 일에도 중독성이 있어서 나중에는 중단이 되지 않습니다.

오늘 여기서 전도자는 아주 중요한 한 가지를 발견하게 됩니다. 그것은 바로 '분복'이라는 것입니다.

10절 "무엇이든지 내 눈이 원하는 것을 내가 금하지 아니하며 무엇이든지 내 마음이 즐거워하는 것을 내가 막지 아니하였으니 이는 나의 모든 수고를 내 마음이 기뻐하였음이라 이것이 나의 수고로 말미암아 얻은 분복[개역개정:몫]이로다"

사실 인생은 어떻게 보면 많은 축복이 있는 것 같으면서도 막상 달려가 보면 아무것도 없는 신기루와 같은 것입니다. 그런데 솔로몬은 드디어 실체를 발견했습니다. 그래서 여기 '내 눈이 원하는 것'이라는 것입니다. 이것은 옛날의 그 욕심으로 원하는 것이 아닙니다. 그가 하나님을 만나고 변화된 새로운 눈으로 원하는 것입니다. 그것은 바로 하나님께서 나에게 주신 '분복'인데 요즘 말로 표현하면 '하나님이 나에게 하라고 주신 것'입니다. 하나님께서는 각자에게 아주 소중한 인생 계획을 가지고 계십니다. 우리가 먼저 하나님을 알게 되고 자기 자신의 가치를 찾고 나면 하나님께서 나에게 하라고 하시는 고유한 일을 발견하게 됩니다. 사실 우리에게 있어서 하나님이 나에게 주시는 일을 찾는 것은 참 어렵습니다. 그러나 하나님께서는 말씀을 통해서 나의 길을 가르쳐주십니다. 우리가 열심히 하나님을 찾고 구할 때 하나님은 우리에게 이 분깃을 주시는데 이것은 참으로 아름답고 가치 있는 것입니다.

인간의 행복은 주관적으로 느끼는 감정에 불과합니다. 어떤 사람은 날씨에 따라서 기분이 좋을 수도 있고 나쁠 수도 있습니다. 그러나 그것은 자신에게는 행복일지 몰라도 다른 사람들에게는 고통이 되기도 합니다. 결국 우리에게 중요한 것은 바른 가치관을 가지고 바르게 사는 것입니다. 그것을 위해서는 먼저 자기 영혼이 치료가 되어야 합니다. 우리가 하나님을 만나면 가장 먼저 발견하는 것이 내가 얼마나 소중한 사람인가 하는 것입니다. 하나님께서는 우리를 위하여 독생자를 주실 정도로 우리가 소중한 존재라고 말씀하십니다. 사람은 죄가 해결될 때 궁극적으로 자신의 소중함을 되찾을 수 있습니다. 그래서 인생이 짧든지 길든지 죄가 해결되지 않고 영혼이 치료되지 않는다면 다른 물질적인 것으로는 결코 완전한 행복을 누릴 수가 없습니다. 우리의 영혼이 치료가 되면 자신의 인생이 너무나도 소중하고 자기에게 주어진 자유가 너무나도 귀하다는 것을 깨닫게 됩니다. 그리고 자기 영혼이 치료가 된 사람은 자기가 소중한 만큼 다른 사람의 인생이 소중한 줄 압니다. 결국 여기서 가치 있는 인생이 나오게 되는 것입니다. 인생의 진정한 행복과 가치 있는 삶은 하나님으로부터 주어지는 것이지 이 세상을 뒤진다고 해서 얻을 수 있는 것이 아닙니다. 이제 인생을 낭비하지 말고 하나님이 주시는 행복을 찾으시기 바랍니다.

04 · 인간 지혜의 한계

|전 2:9-26|

동물의 세계를 보면 동물마다 나름대로 독특한 장점을 가지고 주어진 환경에 적응해서 살아가는 것을 볼 수 있습니다. 예를 들어 사자나 표범은 아주 날쌔게 달려가서 날카로운 이빨로 다른 짐승을 물어뜯는 능력을 가지고 있고 노루 같은 짐승들은 뛰어난 청각과 엄청나게 빨리 달릴 수 있는 능력을 가지고 있습니다. 소 같은 경우에는 뿔이 있고 덩치가 있으며 하마나 악어는 물속에 들어가서 자기 몸을 숨길 수가 있습니다. 그런데 이런 짐승들에 비해 우리 인간은 정말 아무 특징이 없는 것 같습니다. 빨리 달릴 수 있는 것도 아니고 그렇다고 해서 날카로운 이빨을 가진 것도, 덩치가 큰 것도 아닙니다. 게다가 인간들에게 치명적인 것은 몸에 털이 거의 없는 알몸이라는 것입니다. 그러나 인간들에게는 다른 짐승들과는 비교할 수 없는 엄청난 능력이 있습니다. 바로 지혜입니다. 그래서 인간들은 이 지혜 하나를 가지고 모든 불리한 것을 극복하고 가장 강한 존재가 되었습니다.

우선 인간들이 이 세상에서 살아남기 위해 가장 필요한 것은 옷이었습니다. 사람들은 피부 자체가 약하고 또 보온이 되지 않기 때문에 반드시 옷을 만들어야만 했습니다. 하나님께서 인간들의 몸을 알몸으로 만드신 자체가 머리를 써서 모든 불리한 것들을 다 극복하라는 뜻이 있는 것입니다. 그래서 성경의 에덴동산에서도 사람들의 옷 이야기가 나옵니다. 즉 처음에 인간들은 무화과 잎으로 치마를 만들었는데 하나님께서 짐승의 가죽으로 옷을 만들어주셨다고 말씀하고 있습니다. 그래서 인간들이 처음 섬유를 개발하기 전까지는 가죽옷을 입지 않았을까 하는 생각이 듭니다. 또한 고려 시대 문익점이라는 사람이 중국에서 몰래 목화를 가져오는 바람에 우리는 겨울을 따뜻하게 지낼 수 있게 되었습니다. 그러니까 그 전에 우리나라 사람들이 겨울을 얼마나 춥게 지냈을지 알 수 있습니다.

그리고 얼마 있지 않아서 인간들은 불을 발견한 것 같습니다. 인간들이 어떻게 해서 불을 사용하게 되었는지는 알 수 없지만 아마 번개가 숲에 떨어지면서 불을 발견하지 않았을까 하는 생각이 듭니다. 그리스 사람들은 신화에서 프로메테우스가 인간에게 불을 주었고 그 벌로 제우스의 진노를 사서 평생토록 독수리에게 간을 쪼아 먹히는 벌을 받았다고 말을 합니다. 사람들은 이 불로 음식을 요리해서 먹기도 하고 집을 따뜻하게 하기도 하고 나중에는 불로 모든 에너지를 만들어서 사용할 수 있게 되었습니다. 특히 불의 폭발력을 이용해서 살상의 도구로도 사용했습니다. 이런 것을 보면 결국 추위라는 것이 인간들로 하여금 살아남기 위해서 지혜를 쓰게 한 것 같습니다. 그리고 인간들은 집을 지어서 살기 시작했습니다. 처음에는 동굴이나 움막에 살다가 점차 통나무집을 짓게 된 것 같습니다. 지금 인간들은 어마어마한 아파트들을 지어서 거의 에덴동산 같은 환경에서 살고 있습니다.

특히 현대 도시 문명은 인간의 최고 작품입니다. 현대 도시에는 없는 것이 없습니다. 거대한 빌딩도 있고 백화점에 가면 모든 물건들이 다 있습니다.

온갖 차들이 다 다니고, 생활하수는 강을 오염시키고, 도둑도 많고, 깡패들도 많고, 산더미 같은 쓰레기들이 하루에도 수천 톤씩 나오는 곳이 도시 문명입니다. 인간들은 오직 머리 하나로 이 위대한 도시 문명을 건설했습니다. 이것을 보면 우리 인간들의 지혜가 얼마나 대단한지 알 수 있습니다.

그러나 이 좋은 머리로도 할 수 없는 것이 있었습니다. 이것이 바로 인간 지혜의 한계입니다. 우선 우리 인간은 자기 자신이 누구인지 알 수 없습니다. 인간은 아무리 공부를 하고 책을 읽어도 자기가 누구인지 알 수 없습니다. 왜냐하면 인간은 하나님의 형상으로 지어졌기 때문에 하나님께 나아와야 알 수가 있기 때문입니다. 그리고 또 자기 지혜로는 인간의 영원한 운명을 알 수가 없습니다. 즉 이 세상에 수많은 사람들이 태어나서 죽는데 아무도 그 후에 어떻게 되는지 모르는 것입니다. 결국 인간은 이 세상에서 지혜로 많은 것을 만들어서 살면서도 자기가 누구이며 왜 살아야 하는지 모르고 살아가고 있는 것입니다. 즉 운동선수들이 운동 경기를 하면서 그 규칙조차 알지 못하는 것과 같습니다.

1. 사람이 가진 지혜의 힘

사람 자체는 힘이 없지만 인간들은 머리를 사용하고 도구를 사용해서 다른 모든 피조물을 이기고 온 세상을 차지하는 주인공이 되었습니다.

솔로몬은 특히 지혜가 뛰어났던 사람입니다. 그래서 솔로몬은 자기 머리로 자기가 여러 사람의 몫을 해낼 수 있었다고 말하고 있습니다.

> 9~10절 "내가 이같이 창성하여 나보다 먼저 예루살렘에 있던 모든 자보다 지나고 내 지혜도 내게 여전하여 무엇이든지 내 눈이 원하는 것을 내가 금하지 아니하며 무엇이든지 내 마음이 즐거워하는 것을 내가 막지 아니하였으니 이는 나의 모든 수고

를 내 마음이 기뻐하였음이라 이것이 나의 모든 수고로 말미암아 얻은 분복이로다"

지금 우리 사회에서도 역시 머리가 좋은 사람이 성공하고 높은 자리에 올라갈 수 있습니다. 그래서 솔로몬은 남들은 감히 두려워서 시도하지 못하는 것들을 과감하게 해내었고 그렇게 한 것마다 성공을 거두었습니다.

"무엇이든지 내 마음이 즐거워하는 것을 내가 막지 아니하였으니."

사람들은 그 뛰어난 머리를 가지고 미래를 예측하는 능력이 있습니다. 대개 소심한 사람들이나 머리가 뛰어나지 못한 사람들은 미래를 위해서 과감하게 투자를 하지 못합니다. 그런데 머리가 좋은 사람들은 다른 사람들이 알지 못하는 미래 이익을 내다보고 그것을 위해서 과감하게 투자를 해서 성공을 거둘 수 있습니다. 그 대표적인 사람으로 빌 게이츠를 들 수 있을 것입니다. 빌 게이츠는 하버드 대학을 다니던 학생이었는데 그는 컴퓨터 프로그램 안에 있는 무한한 가능성을 보았습니다. 당시 거의 모든 사람들은 컴퓨터 안에 그렇게 어마어마한 미래가 있는 것을 생각하지 못했습니다. 그러나 빌 게이츠는 대학을 자퇴하고 컴퓨터 세계에 뛰어들어 완전히 사람들의 사고나 생활 자체를 바꾸었고 세계 최고의 부자가 되었습니다. 그러나 인간의 이런 지혜들이 늘 성공하는 것만은 아닙니다.

스코틀랜드 과학자들은 양의 유전자를 복제해서 돌리라는 양을 만들어내었습니다. 이것은 엄청난 과학의 성과였습니다. 그러나 얼마 지나지 않아 문제가 발생했습니다. 돌리가 다른 양보다 훨씬 빨리 노쇠현상이 일어나는 것이었습니다. 과학자들이 예측하지 못했던 부작용이 생긴 것입니다. 즉 유전자 복제를 하면 어미의 나이에 이르게 될지도 모른다는 것입니다. 이런 경우는 인간의 지혜가 실패를 한 것입니다.

아마도 솔로몬은 원래부터 머리가 좋은 사람이었을 것입니다. 그런데 솔로몬의 지혜가 더 좋아지게 된 것은 일천번제라고 하는 기도 응답의 결과였습니다.

솔로몬이 이스라엘의 왕이 되었을 때 하나님께 일천번제를 드렸습니다. 솔로몬이 어떻게 일천 번의 번제를 드렸을까 하는 데는 논란이 없는 것은 아니지만 한꺼번에 일천 번의 제사를 드린 것은 아닌 것이 분명합니다. 솔로몬이 하루에 한번 씩 드렸는지 아니면 세 번씩 드렸는지 모르겠지만 일천 번의 번제를 하나님께 드렸습니다. 솔로몬은 왕이 되었을 때 신하들이나 백성들에게 잘 보임으로써 인정을 받으려고 하지 않고 오직 하나님 앞에 기도를 함으로써 하나님의 뜻을 잘 분별할 수 있을까 하는 것을 두고 기도를 드렸습니다. 그런데 솔로몬의 이런 마음 자세가 하나님을 굉장히 기쁘시게 했습니다. 그랬더니 하나님께서 솔로몬에게 나타나서 물으셨습니다.

"네가 원하는 것이 무엇이냐? 나에게 도대체 무엇을 구하느냐?"

이때 솔로몬은 부귀나 영화도 구하지 아니하고 장수의 축복도 구하지 아니했습니다. 단지 이스라엘을 잘 다스릴 수 있는 하나님의 말씀의 능력과 지혜를 구했습니다. 그런데 이것이 또 하나님의 뜻과 일치했습니다. 그래서 하나님께서는 솔로몬이 구하던 지혜도 주시고 부귀와 영화와 장수의 축복도 주셨습니다. 아마 솔로몬은 이 기도 이후에 굉장한 지혜가 생겼던 것 같습니다. 솔로몬은 그때까지 불분명했던 모든 것이 환해지면서 아주 명석한 사람이 되었고 특히 경영에 뛰어난 사람이 되었습니다.

원래 하나님의 지혜는 그냥 주어지는 것이 아니라 우리가 하나님의 말씀을 가지고 죽도록 몸부림을 치는 가운데 몸으로 체득되어지는 것입니다. 예를 들어 우리가 하나님의 말씀을 가지고 그대로 이 세상에 살려고 하면 실패할 때가 많습니다. 왜냐하면 하나님의 말씀과 이 세상 현실 사이에는 너무나도 큰 간격이 있기 때문입니다. 그래서 우리가 이 악한 세상에서 말씀대로 살려고 하면 대개 실패를 하게 됩니다. 어떤 때에는 실패를 해서 인생 밑바닥까지 내려가기도 합니다. 요셉 같은 경우에는 자기가 꾸었던 그 꿈들 때문에 형들의 미움을 받아서 애굽의 노예로 팔려가야만 했습니다. 요셉은 애굽에서도 여주인의 유혹을 거부했다가 악명 높은 시위대 감옥에 들어가기도 했습니다. 그런데 요셉은 하나님의 말씀과 애굽의 노예라는 현실 사이에서 그것을 풀어보려고 몸부림치는 가운데 하나님의 지혜를 얻게 되었습니다.

보통 그리스도인들이 하나님의 지혜를 얻는 과정은 기도해서 한꺼번에 얻는 것이 아니라 하나님의 말씀을 가지고 세상 현실에서 몸부림을 치면서 조금씩 배워나가는 것입니다. 그런데 이 지혜가 악한 마귀의 시험을 이기게도 하고 불가능한 가운데 하나님의 뜻이 이루어지게도 합니다.

그런데 솔로몬의 경우에는 이런 고생 없이 지혜가 기도의 응답으로 주어진 것입니다. 그래서 솔로몬은 그 지혜로 원하는 모든 것을 할 수 있었고 엄청난 부를 긁어모을 수 있었던 것입니다. 솔로몬은 이것을 자신의 분복이라고 생각했습니다. 즉 이것은 자기가 머리가 좋기 때문에 당연히 누릴 복이라는 뜻입니다. 부자라고 해서 모두 다 악하다고 비난해서는 안 됩니다. 왜냐하면 자기 손으로 부지런히 땀을 흘려서 돈을 벌어서 부자가 된 사람은 결코 악한 것이 아니고 열심히 노력한 결과이기 때문입니다.

그런데 솔로몬의 지혜가 문제가 없는 것은 아니었습니다. 왜냐하면 솔로몬의 지혜는 요셉처럼 인생 밑바닥에서부터 말씀으로 살려고 몸부림치면서 얻은 지혜가 아니기 때문에 그는 지혜 자체의 능력을 너무 믿었습니다. 우리가 이 세상에서 많은 고난을 겪으면서 깨달은 지혜는 겸손하고 거룩합니다. 즉 우리가 고난을 통해서 깨달은 진리는 우리 자신을 믿지 않고 하나님을 믿게 합니다. 아무리 머리가 좋다 하더라도 우리 인간은 죄인이기 때문에 절대로 자기 머리를 믿어서는 안 되는 것입니다. 그러나 솔로몬은 한꺼번에 하나님이 지혜를 주셨기 때문에 이 지혜 자체를 너무 믿었습니다. 그래서 솔로몬은 이 지혜로 온갖 일을 다 했습니다. 이 지혜로 엄청난 돈도 벌었고 수많은 연구들도 하고 이 세상의 여러 가지 것들을 다 추구해보았습니다. 그런 가운데서 솔로몬을 위험하게 했던 것은 죄가 조금씩 틈타는 것이었습니다. 모든 죄는 중독성이 있어서 한 번 죄를 지으면 자꾸 빠지게 되어 있고 이것은 지혜로 해결되지 않는 것입니다. 원래 참된 지혜는 죄에 빠지지 않는 것입니다. 그러나 솔로몬은 지혜를 너무 믿었기 때문에 자기가 자꾸 일을 벌이는 동안 자제력을 잃어가고 있다는 것을 알지 못했습니다.

그래서 베드로 사도는 벧후 1:6에 "지식에 절제를"이라고 말씀하고 있습니다. 사람이 머리가 좋으면 다른 사람보다 많은 일을 할 수 있고 돈도 많이 벌 수 있습니다. 그러나 사람은 머리만으로 사는 것이 아닙니다. 왜냐하면 사람에게는 감정이 있기 때문입니다. 요즘 사람들은 머리가 너무 좋습니다. 또 예전에 비해 공부도 많이 했습니다. 그러나 한 번 감정이 병들어버리니까 정상적인 사회생활을 할 수가 없고 많은 사람들이 자살까지 하고 있습니다. 그래서 오늘날에는 머리가 아주 뛰어나지 않아도 감정이 병들지 않은 사람이 더 좋은 사람인 것입니다.

사람들이 자기 머리만 믿고 너무 일에 빠지면 나중에는 도덕적인 판단력이 흐려지게 되어 죄에 빠질 때가 많습니다. 그리고 사람이 너무 지적인 부분을 중요하게 생각하니까 감정이 메말라서 인간미를 전혀 느낄 수가 없게 되는 것입니다. 인간의 머리로 해결할 수 없는 것이 죄의 유혹입니다. 사람이 죄를 이길 수 있는 것은 의지적인 결단으로 되는 것이지 머리로 생각한다고 해서 죄를 이길 수 있는 것은 아닌 것입니다. 결국 솔로몬은 외국 공주들과 결혼을 하는데 나중에는 부인이 1,000명 씩이나 되었습니다. 그것은 거의 본인의 의사로는 통제가 불가능했던 것을 의미합니다. 솔로몬은 결국 자신의 머리를 너무나 믿은 나머지 나중에는 정욕의 노예가 되어버렸던 것입니다.

우리에게 인간의 지혜가 세상에서 성공하는 데 가장 중요한 것은 사실입니다. 또 우리가 학교에서 배우는 것은 전부 지적인 훈련이고 지식입니다. 그러나 인간에게 필요한 것은 지적인 능력만이 아닙니다. 인간에게는 감정도 중요하고 의지도 중요합니다. 그러나 이것을 가르쳐주는 데가 없습니다. 다만 하나님을 믿게 되면 하나님께서는 먼저 우리의 지각을 치료하신 후에 우리의 감정을 새롭게 하십니다. 우리의 모든 의지적인 결단까지 달라지는 것입니다. 우리는 하나님을 믿지 않고 머리만 엄청나게 비대한 사람들과 지식과 감정과 의지가 조화를 이루는 사람 중에 누가 더 아름다운지를 생각해야 합니다.

2. 하나님의 도우심

우리는 지혜를 일종의 좋은 도구라고 말할 수 있습니다. 그런데 이 도구는 어떤 사람의 손에 잡히느냐에 따라서 아주 좋게 사용될 수도 있고, 나쁘게 사용될 수도 있습니다.

> 12절 "내가 돌이켜 지혜와 망령됨과 어리석음을 보았나니 왕의 뒤에 오는 자는 무슨 일을 행할꼬 행한지 오랜 일일 뿐이리라"

솔로몬은 아주 지혜로운 왕이었습니다. 그런데 솔로몬이 깨달은 것은 왕궁에서 한 사람만 똑똑해 가지고는 안 된다는 것입니다. 솔로몬은 지혜와 망령됨과 어리석음도 왕궁에 같이 있는 것을 알게 되었습니다. 즉 솔로몬이 똑똑해서 아무리 훌륭한 이야기를 하고 훌륭한 계획을 세워도 다른 신하들은 우매해서 그것을 알아듣지 못했습니다. 결국 다른 사람들이 솔로몬의 말을 이해하고 알아들을 때까지 솔로몬의 지혜는 쓸모가 없었던 것입니다. 즉 모든 사람들이 다 알아듣고 공감할 수 있을 때 지혜가 지혜가 될 수 있는 것이지 한두 사람이 혼자서 잘났다고 떠들어대는 것은 지혜가 아니고 미친 짓입니다. 솔로몬이 새로운 지혜를 깨달아서 실컷 이야기를 하면 신하들은 지금까지 해왔던 대로 일을 하는 것입니다. 왜냐하면 그들은 솔로몬이 하는 말을 이해할 수 없었기 때문입니다.

결국 알아듣지도 못하는 말을 많이 하는 것은 아무 소용이 없고, 오히려 듣는 사람들을 혼란케 하고 마는 것입니다. 그래서 결국 사람들은 지금까지 해왔던 대로 하는 것이 가장 안전하다는 결론을 내리게 되는 것입니다.

그 대표적인 예가 우리나라 대학 입시 제도일 것입니다. 정부에서 대학 입시를 좀 더 합리적이고 과학적으로 잘 하기 위해서 여러 가지 방법을 생각해 내었습니다. 그런데 그 결과는 너무나도 입시 제도가 복잡하고 어려워져서 도대체 입시 제도가 어떻게 되어 있는지 자체를 이해하기가 쉽지 않습니다. 결국 사람들은 대학 입시 제도가 단순하던 옛날이 더 좋았다는 말을 하게 되는 것입니다. 사람들은 무엇인가 더 완전하게 하려고 하지만 사실은 인간의 본성 자체를 생각하지 못하고 머리로만 생각했을 때 나중에 더 복잡하고 비현실적인 방법을 강요할 때가 많은 것입니다.

더 심각한 하나의 예를 들면 공산주의를 생각할 수 있습니다. 아마 공산주의는 인간이 머리로 생각해낸 가장 이상적인 이론이 아닐까 생각됩니다. 즉 사람들 사이에 빈부의 차이를 없애고 경제 평등을 통해서 이상사회를 건설하자는 것입니다. 그러나 공산주의는 그 이상을 실현하는 과정에서 너무나도 많은 피를 흘렸고 결국 공산주의 사회는 가난으로 인해서 망하게 되었습니다. 그 이유는 인간의 가장 기본적인 욕구를 생각하지 않았기 때문입니다.

그래서 현명한 사람은 자기 혼자 많은 것을 아는 것이 아니라 남이 잘 알아들을 수 있도록 설득해서 공감할 수 있게 하는 사람이며 그가 진짜 지혜로운 사람인 것입니다.

여기서 진짜 지혜와 가짜 지혜가 나누어집니다. 어떤 회의에 가보면 말하는 사람이 달변이어서 그곳에서는 꼭 그것이 옳은 것 같은데 집에 와서 생각해보면 그 사람의 말재주에 넘어간 것을 알게 됩니다. 그 사람은 지혜로운 것이 아니고 혀가 잘 돌아가고 말재간이 좋은 것입니다. 그런데 어떤 사람은 정말 진심으로 사람들을 사랑하는 마음으로 지금의 문제점을 지적하고 바른 대안을 제시해 많은 사람들이 동감을 하게 됩니다. 바로 그것이 지혜의 능력인 것입니다.

그래서 가정이나 교회가 성경적인 공감대를 가지는 것이 가장 중요합니다. 사람들이 서로 생각이 다른 상태에서 아무리 일을 많이 벌여놓아도 나중에는 모래성처럼 주저앉게 됩니다. 왜냐하면 서로 생각하는 것이 다르기 때문입니다. 그래서 가장 중요한 것은 참된 지혜에 기도가 함께 있는 것입니다. 참된 지혜가 있는 사람은 자기 머리를 믿지 않고 기도를 하는 사람입니다. 왜냐하면 계획은 인간의 머리가 해도 이루시는 분은 하나님이시란 것을 알기 때문입니다.

다윗이 압살롬에게 쫓길 때 압살롬 쪽에 있었던 아히도벨은 천재적인 머리를 가진 사람이었습니다. 아히도벨은 압살롬에게 당장 자기에게 군사 1만 5,000명을 주어서 다윗을 추격하게 해달라고 청을 했습니다. 그러나 다윗은 제발 아히도벨의 모략이 성공하지 못하게 해달라고 기도를 했습니다. 만약 그날 압살롬이 아히도벨의 계획을 따랐더라면 그날 밤에 다윗은 꼼짝 못하고 죽었을 것입니다. 그러나 하나님께서는 아히도벨의 계획이 실패하고 그 대신 후새의 전면전의 작전을 압살롬이 듣게 했습니다. 그래서 그날 밤에 다윗은 무사히 기드론 시내를 건널 수 있었습니다. 그날 밤은 다윗에게 최고의 고비였습니다. 그러니까 인간의 지략만으로는 절대로 이길 수가 없습니다. 결국 지혜가 승리하려면 하나님께서 함께해주셔야 합니다. 2차대전 때 독일의 히틀러가 패하고 일본 군국주의가 멸망한 원인은 하나님께서 그들의 손을 들어주시지 않으셨기 때문입니다. 그래서 우리는 좀 미련하지만 하나님께 줄기차게 기도를 해야 합니다. 그러면 이상하게도 가장 중요한 순간에 악한 사람들이 바보 같은 짓을 연달아 하면서 결국 그 세력이 무너지고 마는 것입니다.

아무리 놀라운 지혜라고 하더라도 하나님의 뜻을 거스르고 그것으로 악을 행하려고 하는 지혜는 결코 성공할 수 없습니다. 때로는 조금 미련하더라도 하나님을 의지하고 다른 사람을 돕고 살리려는 생각이 의외로 성공을 거둘 때가 많이 있습니다. 그래서 지혜 있는 자는 반드시 기도하는 자라야 합니다. 그렇지 않으면 결국 자기 꾀에 빠지게 됩니다.

여기서 우리가 알 수 있는 것은 결국 지혜보다 더 중요한 것이 믿음이라는 것입니다. 정직하지 못한 지혜는 위험한 것입니다. 그래서 예수님께서는 제자들에게 "너희는 비둘기같이 순결하고 뱀같이 지혜로워라"라고 말씀하셨습니다.

즉 바른 지혜는 믿음이 함께 있어야 합니다. 믿음이 없는 지혜는 자기도취와 자기 교만에 빠져서 하나님을 대적하다가 결국 자기 스스로 멸망하고 맙니다. 아히도벨은 천재였지만 자기 모략이 성립되지 못하는 것을 보고 고향에 내려가서 목을 매어 자살을 해버립니다. 그래서 하나님께서 함께하시지 않는 지혜는 다른 사람도 망하게 하고 자기도 망하게 됩니다.

발람은 지혜는 있었지만 그 지혜를 가지고 이스라엘 백성들이 모압 여자와 죄짓는 데 사용했다가 결국 여호수아의 칼날에 죽었습니다. 지혜만 가지고는 한순간은 성공할지 몰라도 지속적으로 하나님의 축복을 받을 수 없습니다. 결국 믿음이 있는 지혜가 이 세상을 이길 수 있는 것입니다.

본문을 보면 솔로몬이 자신의 지혜에 대하여 굉장히 후회를 하고 있는 것을 보게 됩니다.

15절 "심중에 이르기를 우매자의 당한 것을 나도 당하리니 내가 어찌하여 지혜가 더하였던고 이에 내가 심중에 이르기를 이것도 헛되도다"

솔로몬은 그 뛰어난 지혜를 가지고 자기가 하고 싶은 것은 다 해보았는데 결국은 후회를 하면서 자기가 한 것은 우매자가 한 것과 별로 다를 것이 없다고 했습니다. 그 이유는 솔로몬의 성공의 본질이 이 세상에 있는 것을 위치만 옮겨놓은 것에 불과하기 때문입니다. 세상의 지혜는 여기에 있는 돈을 저기에 옮겨놓고 여기에 있는 물건을 저기로 옮겨놓은 것에 불과하지 새로운 복이 하늘에서 내린 것은 아닙니다. 솔로몬은 자기 지혜를 너무 믿은 나머지 자기 자신이 부패되는 것을 깨닫지 못했습니다. 결국 솔로몬은 많은 재물을 얻고 또 유명하게 되었지만 다른 지혜 없는 왕과 다를 바가 없었던 것입니다. 왜냐하면 솔로몬은 그 지혜로 하늘의 복을 오게 하지 못했기 때문입니다. 솔로몬이 진짜 지혜 있는 자였다면 그 지혜로 하나님의 말씀을 연구해서 진정한 부흥이 오게 했어야 합니다. 솔로몬이 그렇게 좋은 지혜를 가지고 자기 돈벌이를 하지 않고 하나님의 말씀을 붙들고 기도했더라면 정말 하나님이 기뻐하시는 축복의 사람이 될 수 있었을 것입니다. 그래서 하나님의 사람은 때로는 우직한 것이 좋습니다. 왜냐하면 우직해야 죄를 물리칠 수 있고, 끝까지 하나님의 말씀을 붙들고 사람을 따라가지 않을 수 있기 때문입니다. 솔로몬은 지혜에 있어서는 아버지 다윗을 앞섰지만 그의 믿음은 결코 다윗을 따라가지 못했습니다.

> 18~19절 "내가 해 아래서 나의 수고한 모든 수고를 한하였노니 이는 내 뒤를 이을 자에게 끼치게 됨이라 그 사람이 지혜자일찌 우매자일찌야 누가 알랴마는 내가 해 아래서 내 지혜를 나타내어 수고한 모든 결과를 저가 다 관리하리니 이것도 헛되도다"

우리가 생각하기에 솔로몬이 연구한 것을 자식에게 물려주면 좋을 것 같습니다. 그러나 사실은 부모가 너무 뛰어나면 자식이 훌륭하게 자라기가 어렵습니다. 자식은 어렸을 때부터 모든 면에서 아버지와 비교되기 때문에 자기 자신을 찾기가 더 어렵기 때문입니다. 사람은 지식을 얼마나 배우느냐가 중요한 것이 아니라 얼마나 자신의 것으로 소화를 하느냐가 중요한데 자기 자신을 찾지 못하면 아무리 많이 배워도 자기 것이 되지 않습니다. 그래서 아버지가 유명한 것이 유리할 때도 있지만 불리할 때도 많습니다. 아버지가 너무 뛰어나기 때문에 아무리 잘해도 인정을 받지 못하기 때문입니다. 즉 "너의 아버지는 몇 살 때 이런 것을 다 외웠는데 너는 겨우 이 정도냐" 하는 식입니다.

결국 뛰어난 부모 밑에서 태어난 아이가 부모보다 더 뛰어나면 부모의 후광이 도움이 되겠지만 평범한 아이가 태어나면 그 아이는 완전히 바보취급 당하게 되는 것입니다.

어떻게 보면 솔로몬의 아들 르호보암이 이런 경우에 속하는 것 같습니다. 즉 르호보암도 똑똑한 사람이었지만 솔로몬의 지혜가 너무 뛰어난 바람에 르호보암은 언제나 바보가 될 수밖에 없었던 것입니다.

3. 하나님 앞에서 아름다운 것

솔로몬은 지혜를 힘과 부로 바꾸는 능력이 있는 사람이었습니다. 그런데 그가 나중에 깨달은 것은 주어진 것이 많으면 그만큼 책임이 커진다는 것이었습니다.

> 21절 "어떤 사람은 그 지혜와 지식과 재주를 써서 수고하였어도 그 얻은 것을 수고하지 아니한 자에게 업으로 끼치리니 이것도 헛된 것이라 큰 해로다"

지혜를 얻은 사람은 그렇지 않은 사람보다 책임이 더 큽니다. 이것은 지혜만이 아닙니다. 이 세상에서 다른 사람들보다 많은 것을 가진 사람은 사실 그것을 맡고 있는 것뿐이며 더 큰 책임이 따르게 되는 것입니다.

몇 년 전 미국에서 엔론이라는 큰 회사가 망했습니다. 그 회사는 한때 미국에서 가장 경영을 잘하는 회사라는 소리를 들었는데 석유 가격이 폭락하고 경영을 방만하게 하는 바람에 결국 무너졌습니다. 그런데 수천 명의 실직자가 생겼는데도 고위 경영자들에게만 수천만 달러의 돈을 지급했다고 해서 많은 비난을 받았습니다.

하나님은 공부를 많이 한 사람에게 요구하시는 기준과 공부를 많이 하지 못한 자에게 요구하시는 기준이 다릅니다. 공부를 많이 한 사람은 더 많이 다른 사람을 위해 봉사를 해야 심판을 받지 않습니다. 지혜나 은사는 마치 은행에서 돈을 빌리는 것과 같습니다. 돈을 빌리면 이자를 쳐서 갚아야 하는 것처럼 이 세상에서 많은 것을 받은 사람은 그만큼 이자를 쳐서 갚아야 합니다. 마찬가지로 신학을 전공한 목사는 그렇지 않은 평신도보다 책임이 더 큽니다. 가장 중요한 것은 무한대로 많은 것을 가지려고 하는 것보다 자기에게 맞는 수준을 선택해야 합니다. 그것이 바로 하나님 앞에서 자족하는 신앙입니다.

24절 "사람이 먹고 마시며 수고하는 가운데서 심령으로 낙을 누리게 하는 것보다 나은 것이 없나니 내가 이것도 본 즉 하나님의 손에서 나는 것이로다"

하나님이 나에게 주신 것을 감사하고 만족하며 그것을 잘 누리는 것보다 더 중요한 것은 없습니다. 왜냐하면 하나님이 주신 것에 감사하지 못하고 만족하지 못하면 아무리 많은 것을 받아도 감당하지 못하기 때문입니다. 내가 가지지 못한 한두 가지 때문에 불평하지 말고 이미 하나님이 주신 많은 것으로 기뻐하고 감사해야 합니다. 그러면 하나님께서 우리를 믿으시고 더 풍성하게 주십니다.

26절 "하나님이 그 기뻐하시는 자에게는 지혜와 지식과 희락을 주시나 죄인에게는 노고를 주시고 저로 모아 쌓게 하사 하나님을 기뻐하는 자에게 주게 하시나니 이것도 헛되어 바람을 잡으려는 것이로다"

    결국 전도자가 발견한 것은 지혜도 중요하지만 그 지혜로 무엇을 하느냐 하는 것이 더 중요하다는 사실입니다. 즉 칼이 누구의 손에 잡히느냐에 따라 사람을 죽이는 강도의 칼이 되기도 하고 사람을 수술하는 의사의 칼이 되기도 하는 것입니다.

    솔로몬은 지혜로 자기 아들에게 돈을 물려주거나 무슨 아이디어를 물려주는 것은 소용이 없다는 것을 알았습니다. 왜냐하면 아들은 아들 나름대로 자기 인생이 있고 그는 자기 지혜를 또 고민하면서 얻어야 하기 때문입니다.

    중요한 것은 우리가 세상에 살면서 이 지혜로 얼마나 하나님께 영광을 돌리고 하나님을 기쁘시게 해드릴까 하는 것인데, 그것은 지혜만으로는 안 되고 믿음으로 하나님과 함께 일해야 하는 것입니다.

    솔로몬같이 한꺼번에 머리가 좋아지는 것보다는 하나님의 말씀을 붙들고 고민하는 가운데 지혜를 얻으시기 바랍니다. 그러면 우리는 천국의 복을 열 수 있는 사람이 될 것입니다. 즉 이때 우리는 머리만 큰 사람이 아니라 머리와 가슴이 함께 균형을 이룬 사람이 될 수 있을 것입니다.

    하나님의 말씀이 없으면 너무나도 경직되게 되어 있고 아무것도 두려워서 할 수 없습니다. 그러나 하나님이 주시는 지혜는 유연하면서도 능력이 있는 지혜입니다. 이 지혜는 죄를 이기고 끝까지 하나님께 아름답게 사용되는 지혜가 될 수 있을 것입니다.

05 · 성공적인 삶의 비결

|전 3:1-13|

우리나라 속담에 "말이 태어나면 제주도로 보내고 사람이 태어나면 서울로 보낸다"는 말이 있습니다. 이것은 역시 말은 뛰어난 말들 사이에 있어야 비교가 되기도 하고 자극을 받아서 더 훌륭한 말이 될 수 있다는 뜻입니다. 마찬가지로 사람도 똑똑한 사람들이 있는 곳에 보내야 자극도 받고 더 노력을 해서 성공할 수가 있는 것입니다. 그러나 아무리 많은 말이 모여도 그중에서 특출한 말은 그렇게 많지 않고 오히려 혼자 있어도 훌륭한 말은 소문이 날 수가 있습니다. 또 사람들 역시 아무리 많이 모인다고 해도 그중에 특출한 사람은 몇 명밖에 되지 않고 역시 큰 그릇은 많은 사람들 중에 섞여 있지 않아도 드러날 수가 있습니다. 사람이 성공하기 위해서 중요한 것은 자기 자신을 어떻게 만드느냐 하는 것입니다.

예를 들어 아무리 유명한 화가라고 하더라도 그 사람 앞에 놓여 있는 도화지 자체는 아무 의미가 없습니다. 그 화가가 해야 할 것은 그 하얀 도화지 위에 자신의 혼과 열정을 쏟아부어 그림을 완성하는 것입니다. 그리고 그 그림이 많은 사람들이 보기에도 멋있고 훌륭해야 성공적인 작품으로 인정을 받게 되는 것입니다. 마찬가지로 아무리 유명한 조각가가 있다 하더라도 그 앞에 놓여 있는 돌덩어리나 쇳덩어리만으로는 작품이 될 수 없습니다. 그 돌이나 쇳덩이가 성공적인 작품이 되려면 조각가가 혼신의 힘을 다해서 그 돌과 쇠를 다듬어 의미를 부여해야만 효과가 있는 것입니다. 그래서 우리가 이 세상에서 성공하기 위해서는 마치 흰 도화지나 조각가가 쓰는 돌덩이 같은 우리의 삶을 작품으로 만들어내야 하는 것입니다. 그러나 우리는 처음부터 유명한 조각가도 아니고 화가도 아니기 때문에 나 자신이 어떤 작품을 만든다고 하는 것은 상상할 수가 없는 일입니다. 일부 어려서부터 유명해진 사람은 그 작품이 자신의 작품이 아니고 부모님의 도움을 받은 작품일 때가 있습니다. 그래서 어려서 유명세를 탄 사람들은 성장하면서 엄청난 혼란을 겪을 때가 많습니다. 어렸을 때 인정받았던 작품들은 자기가 만든 작품이 아니기 때문입니다. 그래서 거의 대부분의 사람들은 가장 안전하게 남들이 하는 대로 따라가는 삶을 삽니다. 그러나 남들이 하는 대로 따라가면 절대로 유명한 작품이 나올 수가 없습니다. 누구나 그런 그림이나 작품은 그릴 수가 있기 때문입니다. 그렇다고 해서 우리가 남들이 전혀 하지 않는 인생을 살다가는 자칫 잘못하면 자기 인생 전체를 망치기가 쉽습니다. 우리가 알아야 할 것은 우리가 모두 성공하는 삶을 살기를 원하지만 자신이 어떤 그림을 그릴 것인가 하는 것 자체를 알지 못하고 또 그럴 수 있는 능력이 없다는 사실입니다. 그렇다고 해서 남들과 똑같은 인생을 살아간다면 절대로 나 자신의 인생은 만들어지지 않게 됩니다. 이때 우리가 할 수 있는 것은 하나님으로 하여금 내 인생의 그림을 그리시게 하는 것입니다. 왜냐하면 하나님은 나를 내 자신보다 더 잘 알고 계시며 인생의 그림을 그리는 데 가장 뛰어난 예술가이시기 때문입니다.

흔히 이 세상에서 성공하기 위해서는 기회를 잘 잡아야 한다고 말합니다. 이것을 어떤 사람들은 운이라고 말하기도 하고 어떤 사람들은 평생 한번 올까 말까한 기회라고 말하기도 합니다.

즉 어떤 사람은 때를 잘 만나서 성공하기도 하는데 어떤 사람은 때를 잘 만나지 못해서 재능은 있는데 성공하지 못하는 사람도 많이 있습니다. 또 어떤 사람은 때를 잘 만나는 바람에 사업에 성공해 큰 돈을 벌어서 대기업체의 회장이 되는 사람이 있는가 하면 다른 사람은 같이 시작을 했는데도 운이 나빠서 사업에 실패해서 가난하게 되는 경우도 많이 있습니다. 이것은 하나님께서 우리의 삶에 개입을 하시는 것입니다. 그래서 우리는 하나님의 때를 잘 알아야 하고 심지어는 하나님의 때를 만들어야 성공적인 삶을 살 수 있습니다.

1. 세 가지 프로그램

우리가 이 세상을 지혜롭게 살기 위해서는 하나님의 프로그램을 잘 이해할 필요가 있습니다.

우선 하나님께서는 이 세상에 두 가지 프로그램을 입력시키셨습니다. 그 한 가지는 순환 프로그램입니다. 즉 이 세상의 자연은 모든 것이 순환되게 되어 있습니다. 우선 하루가 순환적입니다. 아침이 되면 낮이 오고 그 후에 저녁이 되면 밤이 오고 그다음에는 또다시 아침이 옵니다. 물론 시간은 계속 흘러가지만 밤과 낮은 순환적으로 반복이 됩니다. 그리고 봄, 여름, 가을, 겨울 역시 순환합니다. 봄이 오면 그다음에는 여름입니다. 그리고 가을이 오고 난 후에는 겨울이 오고 그다음에는 다시 봄이 옵니다. 우리가 살아가고 있는 환경은 모든 것이 순환적으로 입력이 되어 있어서 계속 돌게 되어 있습니다. 거기에 비하여 우리 인간의 생명은 성장 또는 노화 프로그램이 입력이 되어 있습니다. 그래서 사람은 태어나면 자라게 되어 있고 자라면 성인이 되고 성인이 된 후에는 결혼을 해서 가정을 가지고 아이를 키우게 됩니다. 그리고 그 후에는 늙어가게 되는데 어느 정도 늙은 후에는 병이 들거나 혹은 기운이 사라져 죽게 됩니다. 그런데 인간의 삶은 단 한 번만 주어지게 되고 순환되지 않습니다. 즉 사람은 나이가 들었다가 다시 어려지거나 결혼을 했다가 어린아이가 될 수는 없습니다. 사람은 자기가 원하든지 원하지 않든지 자라게 되고 늙어가게 되고 죽게 되어 있습니다. 이것은 하나님께서 사람에게 성장 프로그램 내지 노화 프로그램을 입력시켜 놓으셨기 때문입니다. 이 두 가지 프로그램은 사람이 바꿀 수가 없습니다.

이것 외에 다른 프로그램이 있습니다. 그것은 예측할 수 없는 프로그램인데 바로 '때' 라는 것입니다. 신앙이 없는 사람들은 이것을 '운' 이라고 합니다. 그런데 이 프로그램은 전혀 예측할 수 없는 돌발 프로그램입니다. 예를 들어 어떤 사람은 전혀 생각하지도 않았는데 돈을 벌 수 있는 투자의 기회가 생겨서 갑자기 큰 기업가로 대성하는가 하면 어떤 사람은 비슷한 조건인데도 기회가 좋지 않아서 사업에 큰 실패를 하기도 합니다. 또 어떤 사람은 정치적으로 좋은 기회가 주어져서 국회의원도 되고 장관도 되는가 하면 어떤 사람은 기회가 좋지 않아서 자신의 정치적 신념을 이루지 못하기도 합니다. 사실 이 '때' 라는 프로그램을 우리는 하나님의 주권이라고 부릅니다. 하나님께서는 이런 돌발적인 변수를 통해서 세상 일에 개입하십니다. 하나님은 사람들에게 똑같은 기회를 주시지는 않으십니다. 하나님은 어떤 사람에게는 더 좋은 기회를 주시기도 하고, 어떤 사람에게서는 기회를 빼앗아 가시기도 합니다. 이것을 통해서 하나님께서는 이 세상일에 개입을 하시는 것입니다.

성경에 보면 요셉이 감옥에 있을 때 두 사람의 내시가 감옥 안에 잡혀왔습니다. 하나는 술을 맡은 내시이고 다른 하나는 떡을 맡은 내시였습니다. 두 사람이 동시에 감옥에서 꿈을 꾸었는데 두 꿈이 달랐습니다. 그 꿈을 요셉이 풀어주었는데 술을 맡은 내시는 복직이 되고 떡을 맡은 내시는 처형이 된다는 것입니다. 거기에 무슨 특별한 이유가 없었습니다. 그리고 그 다음 날 이 두 내시는 요셉이 말한 그대로 되었습니다. 술 맡은 내시는 복직이 되었고 떡을 맡은 내시는 처형을 당했습니다. 이것을 요셉은 하나님의 주권으로 보았습니다. 하나님께서는 어떤 사람은 얼마든지 높여주실 수도 있고 또 어떤 사람은 얼마든지 망하게 하실 수도 있으십니다. 왜냐하면 하나님은 주권자이시기 때문입니다. 요셉은 그 하나님의 주권을 알았던 것입니다.

우리 생각에 이 세상은 내가 능력만 있으면 마음대로 모든 것을 할 수 있을 것 같습니다. 그러나 이 세상에는 마음대로 되지 않는 것들이 너무나도 많이 있습니다. 그중에서 우리가 살고 죽는 것은 내 마음대로 되지 않습니다. 빨리 죽고 싶은데도 오래 사는 사람이 있는가 하면 오래 살고 싶은데도 원치 않는 사고나 병으로 빨리 죽는 분들도 있습니다. 그래서 믿지 않는 사람들의 말에 의하면 사람의 흥망도 운이 따라주어야지 자기 마음대로 되지 않는다는 것입니다. 이 모든 것이 의미하는 것은 우리 눈에 보이지는 않지만 하나님은 우리의 삶에 개입을 하고 계신다는 사실입니다. 이미 우리의 삶에는 내가 원하든지 원하지 않든지 눈에 보이지 않는 말뚝이 박혀 있습니다. 이 눈에 보이지 않는 말뚝이 바로 하나님의 주권입니다.

1절 "천하에 범사가 기한이 있고 모든 목적이 이룰 때가 있나니"

전도자는 중요한 두 가지를 말씀하고 있습니다. 하나는 이 세상의 모든 일에 기한이 있다는 것입니다. 즉 인생이나 모든 피조물들에게는 무한정의 기회나 시간이 주어져 있는 것이 아니라 단 한 번 살게 되어 있고 그것도 자기가 의도하지 못하는 상황들이 많이 발생한다는 사실입니다. 그리고 또 다른 하나는 이 세상에 있는 것들은 무엇이든지 그것이 지향해야 하는 목적이 있다는 것입니다. 그러니까 성경의 인생관에서 중요하게 생각하는 두 가지는 '때' 와 '목적' 입니다. 사람은 주어진 때 안에서만 살아야 하며 그동안 주어진 목적을 찾아야 한다는 것입니다.

그래서 그리스도인의 인생관은 운동 경기와 비슷합니다. 주어진 시간에 최선을 다해서 경기를 할 뿐입니다. 시간이 지나면 게임을 하고 싶어도 더 이상 할 수가 없습니다.

그러나 우리 인생에게는 아주 어려운 문제가 있습니다. 그것은 우리는 선수인데 자기가 무슨 게임을 해야 하는지, 그리고 그 게임의 법칙이 무엇인지 아무도 가르쳐주는 사람이 없다는 것입니다. 이것은 자기가 이 세상을 살면서 빨리 알아내야 하는 것입니다. 즉 내가 무엇 때문에 이 세상에 살아야 하는지 가르쳐주는 사람이 아무도 없습니다. 그리고 어떻게 하는 것이 자신에게 최선인지도 자기 스스로가 알아내야 합니다. 우리 인생은 축구 선수로 게임에 임하는 것이 아닙니다. 무지의 상태에서 공만 하나 들고 경기장에 던져진 것과 같습니다. 거기서 이 모든 것을 알아내야 하는 것입니다. 즉 자기가 들고 있는 것이 축구공이며 축구는 상대방의 골문에 공을 차 넣어야 하며 어떻게 하는 것이 반칙이 아닌지 알아내야 합니다. 그런데 무엇을 좀 알 만하면 경기가 끝나는 것입니다.

하나님은 우리에게 미리 아무것도 말씀해주시지 않습니다. 오직 자기 스스로가 자신의 인생의 목적을 찾아내야 하고 최선을 다해 경기를 해야 합니다. 그래서 우리 인간들에게 중요한 것은 이 세상에서 눈에 띄는 좋은 것들을 많이 차지하는 것이 아니라 하나님의 룰을 빨리 찾아 내는 것입니다. 즉 하나님께서 우리 인생들에게 원하시는 것이 무엇이며 어떻게 살아야 하나님의 뜻대로 사는 것인지, 그것을 가장 먼저 알아야 인생에 실패하지 않습니다. 물론 우리가 사람인 이상 완전히 처음부터 바른 목적을 향해 달려갈 수는 없습니다. 어떤 선수는 공을 몰고 자기 골대를 향해 돌진해서 자살골을

넣을 수도 있습니다. 그러나 우리는 할 수 있는 한 빨리 하나님의 룰을 배워야 합니다. 결국 하나님의 뜻을 스스로 찾아내 그것을 이루어드리는 삶을 사는 인생이 성공적인 인생인 것입니다.

사람들은 대개 인생의 목적을 찾으려고 하지 않습니다. 남들이 많이 하는 인생을 따라가든지 아니면 이 세상에 있는 것을 많이 가지는 것을 목적으로 합니다. 그런데 그것이 세상에서는 성공적인 삶이 될 수 있을지 몰라도 하나님 앞에서는 절대로 성공적인 삶이 될 수가 없습니다.

2. 사람에게 주어진 조건

이 세상에는 인간이 마음대로 할 수 없는 것이 있습니다. 그것은 눈에 보이지 않는 하나님의 말뚝입니다. 우리는 그 말뚝 안에서 살 수밖에 없습니다. 전도자는 이미 하나님께서 정하신 때와 기한에 대하여 무려 열네 가지나 반복해서 말씀하고 있습니다. 이것은 사람이 좋든 싫든 자기에게 주어진 것으로 받아들이고 시작해야 하는 것입니다.

그 첫 번째가 생명입니다. 생명은 사람이 자기 마음대로 주장할 수 없습니다.

> 2절 "날 때가 있고 죽을 때가 있으며 심을 때가 있고 심은 것을 뽑을 때가 있으며"

여기서 하나는 사람 같은 동물의 생명이고 다른 하나는 식물의 생명입니다. '날 때와 죽을 때' 라는 것은 사람이나 동물의 생명을 말하는 것입니다. 그리고 '심을 때와 뽑을 때' 라는 것은 식물의 생명입니다. 사람이나 식물의 생명 프로그램은 순환적이지 않습니다. 그래서 일단 한 번 태어나면 자라게 되고 나중에는 늙게 됩니다. 물론 잘 자라느냐 못 자라느냐 하는 문제는 있지만 과거의 어린 시절로 돌아갈 수가 없습니다.

얼마 전 '엄마가 어렸을 때' 라는 인형전이 수십만 명의 인파를 모았습니다. 그 인형들은 저희 세대가 어렸을 때의 생활을 보여주는 것이었습니다. 우물가에서 등목하는 것이라든지 엿장수 옆으로 아이들이 몰려드는데 간이 큰 아이가 집의 무쇠솥을 새끼줄로 끌고 오는 모습들이 전시되었습니다. 사람들이 그것을 보고 향수에 젖을 수는 있지만 과거가 돌아오는 것은 아닙니다. 남북 이산가족 중에 부부가 50년 만에 만나는 경우가 있습니다. 그들이 서로 만나기 전에는 50년 전의 젊은 모습이 머릿속에 있겠지만 실제로 눈앞에 있는 사람은 이미 다 늙어버린 노인인 것입니다.

물론 본문의 '태어난다' 는 것에는 많은 것이 포함됩니다. 즉 태어나면서 고정되는 것이 있습니다. 남녀의 성은 주어진 것입니다. 남자로 태어나고 싶다고 남자가 되는 것도 아니고 여자로 태어나고 싶다고 여자가 될 수 있는 것도 아닙니다. 피부색도 자기가 정할 수 없습니다. 흑인이든 백인이든 주어진 것을 가지고 살아야 합니다. 마이클 잭슨은 가수로서 성공하자 피부 이식을 해서 백인 피부를 가지게 되었습니다. 그러나 그의 피부는 햇빛에 변형이 되기 때문에 비가 오든지 오지 않든지 우산을 써야 했습니다. 흑인들은 피부색 하나 때문에 많은 차별을 받지만 그것을 이겨내야 합니다. 사회적인 신분도 정해진 것입니다. 그러나 요즘은 피부색이나 남녀의 성은 극복이 되는 것 같습니다. 미국에서는 성공한 흑인들도 많이 있습니다. 그리고 요즘은 여성들 가운데 남성 이상으로 능력을 발휘하는 사람들도 많이 있습니다. 그러나 여성이 남자가 될 수는 없습니다. 물론 요즘은 성전환 수술을 하는 경우도 많이 있고 동성애를 하는 사람도 많아지고 있지만 정상적인 인생은 아닌 것입니다. 식물의 경우도 이미 주어진 조건을 타고나는 것을 보게 됩니다. 많은 사람들이 모이는 곳을 장식하는 장미나 백합 같은 꽃도 있지만 아무도 봐주지 않는 곳에 몰래 피었다 지는 야생화도 있습니다. 하지만 하나님 앞에서는 다 아름다운 것입니다. 우리는 남의 역할을 빼앗으려고 할 필요가 없습니다. 나에게 주어진 나만의 아름다움이 있기 때문입니다.

> 3절 "죽일 때가 있고 치료시킬 때가 있으며 헐 때가 있고 세울 때가 있으며"

두 번째는 흥망성쇠입니다.

'죽이고 치료하는 것'은 사람이나 동물의 경우이고 '헐고 세우는 것'은 집의 비유입니다. 물론 병든 사람은 의사가 치료를 합니다. 그러나 의사가 아무리 살리고 싶어도 살릴 수 없는 환자들도 있습니다. 그럴 때에는 어쩔 수가 없습니다. 생명의 불씨가 꺼져가는 환자는 현대 의학으로도 고칠 수가 없습니다. 그때 의사들은 "저희들이 의학적으로 할 수 있는 것은 다 했습니다"라고 합니다. 이제는 신앙의 문제이고 하나님께 달렸다는 뜻입니다. 이것은 하나님이 하시는 것입니다. 어떤 사람은 죽을 사람인데 하나님께서 살리셔서 다시 한 번 기회를 주시는 경우가 있습니다. 히스기야의 경우는 죽을 인생인데 하나님께서 다시 한 번 살 수 있는 기회를 주셨습니다. 우리가 주님을 위해서나 다른 사람을 위하여 한 번 더 섬길 수 있는 기회를 얻는 것은 정말 복입니다. 그러나 어떤 사람은 아무리 한 번 더 살 기회를 달라고 애원을 해도 하나님이 기회를 주시지 않으십니다. 그것은 하나님 마음에 달렸습니다. 쓸모가 있는 집은 부수지 않습니다. 그러나 아무 쓸모없는 집은 부수어서 다시 새로운 집을 지을 것입니다. 그러니까 집이라고 하는 것은 집 자체는 소용이 없고 사람에게 쓸모가 있어야 합니다. 우리 인간들도 중요한 것은 하나님 앞에 쓸모 있는 사람이 되는 것입니다. 그러면 하나님께서 자꾸 기회를 주십니다.

> 4절 "울 때가 있고 웃을 때가 있으며 슬퍼할 때가 있고 춤출 때가 있으며"

세 번째는 기쁨과 슬픔입니다. 이것도 자기가 웃고 싶어서 웃는 것이 아닙니다. 하나님께서 웃게 해주셔야 웃을 수 있습니다.

울 때와 웃을 때는 자기가 결정하는 것이 아닙니다. 이것은 하나님이 주시는 선물입니다. 하나님이 좋은 것을 주셔야 웃을 수 있고 춤출 수 있습니다.

그 때문에 인간은 하나님께 의존적일 수밖에 없습니다. 하지만 우리에게 항상 좋은 일만 일어날 수는 없습니다. 이 세상을 살다 보면 좋은 일도 있을 수 있고 슬픈 일도 있을 수 있습니다. 그래서 지혜로운 사람은 언제나 이 두 가지를 대비하고 있어야 합니다. 좋은 일이 있을 때에도 좋지 않은 일에 대비를 하고 있어야 하나님을 원망하지 않게 됩니다. 그리고 좋지 않을 때에도 하나님의 위로를 기대해야 합니다. 그래야 너무 슬픔의 감정에 빠지지 않고 소망을 가지게 됩니다. 우리는 언제나 좋은 쪽과 좋지 않은 쪽 모두의 가능성을 열어두고 있어야 하나님을 원망하지 않게 됩니다. 시험을 쳤을 때에 붙을 수도 있고 떨어질 수도 있습니다. 중병에 걸렸을 때에는 죽을 수도 있고 살 수도 있습니다. 어느 한쪽만을 생각하면 내 생각과 다른 방향으로 결과가 나타날 때 피조물인 우리는 하나님을 원망하게 될 것입니다. 왜 하나님은 내 생각대로 안 해주시느냐는 것입니다. 이것은 죄를 짓는 것입니다.

> 5절 "돌을 던져 버릴 때가 있고 돌을 거둘 때가 있으며 안을 때가 있고 안는 일을 멀리 할 때가 있으며"

네 번째는 용도입니다. 즉 필요할 때와 필요하지 않을 때입니다.

여기서 '돌을 던지거나 거두는 것'은 집을 짓는 것과 관계가 있습니다. 사람이 집을 지을 때에는 돌이 필요합니다. 그래서 심지어는 아주 먼 곳까지 가서 돌을 구해 옵니다. 그러나 집을 지을 일이 없을 때에는 있는 돌도 던져버립니다. 그러니까 돌이라고 하는 것은 따로 필요한 것이 아니고 주인의 건축 의도에 따라 필요할 수도 있고 필요하지 않을 수도 있습니다. 예를 들어 정부나 기업체가 필요로 하면 생각지도 못한 취업의 기회가 생기는데 필요로 하지 않으면 아무리 시험을 준비해도 기회는 오지 않습니다. 하나님의 계획에 필요한 사람이 되면 그 사람은 많은 노력을 하지 않아도 하나님이 필요하니까 쓰십니다.

다른 사람이 필요로 하는 사람이 되어야지 자기가 남에게 써달라고 하면 일이 안 됩니다. 남이 아쉬워서 모셔갈 정도가 되어야 큰소리를 칠 수 있는 것입니다. 그래서 그리스도인들은 세상 사람들의 생각을 따라가면 안 됩니다. 그런데 다른 사람들에게 꼭 필요한 것이 무엇인지 우리는 잘 모릅니다. 더욱이 10년이나 20년 후에 무엇이 필요할지 어떻게 압니까? 그러니까 하나님의 지혜를 따라가야 합니다. 그리고 '품에 안는다' 는 것은 사랑을 받는다는 뜻입니다. 다른 사람에게 존귀한 대접을 받는 것입니다. 어떤 사람은 회사가 필요하니까 최고의 대접으로 스카우트를 해가는데 필요하지 않은 사람은 이력서를 수십 통을 써서 보내도 쳐다보지도 않는 것입니다. 사랑받고 존경받는 사람이 되려면 어떻게 해야 할까요? 물론 선천적으로 잘 생기고 좋은 성격을 가지면 좋을 것입니다. 그러나 진정한 그리스도인은 누구나 다 필요로 하게 되어 있습니다. 왜냐하면 그들은 빛이고 소금이기 때문입니다. 그러나 좀 갈고 닦아야 합니다. 왜냐하면 원석 그대로는 너무 거칠어서 다른 사람이 좋아하지 않기 때문입니다.

6절 "찾을 때가 있고 잃을 때가 있으며 지킬 때가 있고 버릴 때가 있으며"

다섯 번째는 찾고 잃는 것입니다.

여기서 찾는 것은 사람이나 물건 같은 것이며 지키는 것은 약속이나 의리 같은 것입니다. 즉 새로운 것을 찾아서 기쁠 때가 있는가 하면 소중한 옛것을 잃어서 슬플 때도 있습니다. 서로 신의를 지켜서 기쁠 때가 있는가 하면 배반당한 아픔을 느껴야 할 때도 있습니다. 때문에 영원한 나의 것은 존재하지 않습니다. 모두 다 하나님의 것이며 우리는 일시적으로 하나님의 것을 빌려 쓰고 있을 뿐입니다. 그러다가 하나님의 때가 되면 아무리 아쉬워도 반납을 해야 합니다. 나중에 사람들의 마음이 나를 떠날 때 배신감을 느낄 것입니다. 특히 그렇게 사랑했고 믿었던 사람이 나를 떠나면 얼마나 마음이 아픈지 모릅니다. 그러나 결국 그것이 인생입니다. 사람들은 언젠가는 다 떠나게 되어 있고 그것을 언제나 염두에 두고 살아야 합니다.

7절 "찢을 때가 있고 꿰맬 때가 있으며 잠잠할 때가 있고 말할 때가 있으며"

여섯 번째도 비슷한 것입니다.

'찢는 것'은 쓸모없는 종이나 옷 같은 것을 찢는 것입니다. 하지만 낡은 것이라도 자기가 필요하면 기워서 다시 씁니다. 어떤 경우에는 쓰레기통에 버렸던 것도 다시 주워서 재활용을 하는 것입니다. '말'도 마찬가지입니다. 말하는 것이 유리할 때가 있는가 하면 입을 다무는 것이 더 좋을 때가 있습니다. 그런데 요즘은 너도나도 떠드는 바람에 너무나도 소음이 많습니다. 하나님은 그렇게 일하시지 않습니다. 하나님은 언제나 침묵의 시간을 사용하십니다. 우리도 항상 일하는 것만이 중요한 것이 아닙니다. 조용하게 명상을 하는 시간이 그리스도인들에게 노동의 시간 이상으로 중요합니다. 방향도 모르면서 무작정 달리면 무슨 소용이 있습니까?

8절 "사랑할 때가 있고 미워할 때가 있으며 전쟁할 때가 있고 평화할 때가 있느니라"

생사만큼이나 중요한 것이 사랑하는 것입니다. 사랑과 미움 그리고 전쟁과 평화입니다.

사람은 자기 마음이나 생각대로 사랑하게 되지 않습니다. 인간의 마음은 스스로 통제할 수 없습니다. 사랑하려면 하나님이 도와주셔야 하며 하나님께서 사랑할 수 있는 마음을 주셔야 합니다. 그리고 하나님께서 지켜주시지 않으면 평화는 없습니다. 사람들은 하나님께서 은혜로 지켜주시지 않으면 바로 전쟁 상태로 돌입하게 될 것입니다. 그러므로 하나님께서 눈에 보이지 않게 우리를 많이 도와주십니다. 인간들은 마치 온실 안의 화초처럼 살아가고 있습니다. 만약 이 하나님의 은혜의 비닐을 치워버리면 한순간에 재앙이 찾아오는 것입니다.

3. 인간의 수고

9~10절 "일하는 자가 그 수고로 말미암아 무슨 이익이 있으랴 하나님이 인생들에게 노고를 주사 애쓰게 하신 것을 내가 보았노라"

우리 인간들은 일을 통해 우리의 삶을 만들어갑니다. 즉 일을 통해 새로운 것을 만들어내기도 하고, 사회적인 인정을 받기도 하고, 또 먹고살 수 있는 돈을 벌기도 합니다. 아마 인간들이 일을 하지 않는다면 모두 가난하게 될 것이고 굶어 죽게 될 것입니다. 그러나 사람들은 노동을 통하여 새로운 것을 만들어내는 것이 아니라 하나님께서 이미 만들어놓은 것을 거두어들이는 일을 합니다. 물고기를 잡는다는 것도 이미 있는 물고기를 그냥 공짜로 잡아서 가격을 매겨 파는 것입니다. 식물도 저절로 자라는 것을 따서 팔거나 먹습니다. 광물들도 땅 속에 이미 있는 것을 찾아내어 가공해서 사용합니다. 그러니까 인간의 노동이라는 것은 하나님이 만드신 것을 캐내거나 가공하는 정도입니다. 사람들은 이런 노동을 통하여 하나님의 창조를 배우게 됩니다. 그리고 자연을 알아가고 살아가는 보람을 느낄 수 있습니다. 그러나 이것이 인간을 완전히 만족하게 하는 것은 아닙니다. 사람에게는 그 이상의 욕구가 있습니다. 그것은 바로 영원을 사모하는 마음입니다.

여기서 우리가 알아야 할 것이 무엇입니까?

하나님의 '때'는 두 가지 역할을 합니다. 우선 신앙이 없는 사람들에게는 이 세상에서 성공할 수 있는 기회입니다. 그래서 하나님은 아무에게나 그런 기회를 주셔서 출세도 하게 하시고 성공해서 돈을 많이 벌게도 하십니다. 그러나 그 사람이 잘 나서 그런 것이 아니라 그에게 그런 축복을 통해서 이 세상에서 다른 사람을 잘 섬길 수 있도록 기회를 주는 것입니다. 정치인들은 대통령이나 장관이 되어서 남을 잘 도와주라는 것입니다. 그리고 기업가들은 모은 재물로 많은 사람들의 직장을 지켜주고 가정들을 잘 지켜주라는 것입니다. 그래서 기업가들은 직원들의 일터를 지켜주는 것이 큰 사명입니다.

그러나 그리스도인들에게는 좀 복잡합니다. 하나님께서는 우선 그리스도인들에게는 다른 사람에게 주어지는 '때'도 주시지 않습니다. 그 대신 더 힘들고 어렵게 하셔서 결국 하나님을 믿게 하십니다. 그래서 그리스도인들에게 중요한 것은 하나님을 인격적으로 믿는 기회입니다. 이것이 가장 중요합니다. 그리고 나서는 믿음의 사람으로 연단되는 기간이 있습니다. 그래서 세상 사람들이 생각하는 '때'와 그리스도인의 때는 전혀 다릅니다. 하나님께서는 그리스도인들 속에 있는 교만과 거짓이 모두 빠져나가서 그들이 완전히 하나님의 손에 붙잡히는 도구가 되게 하십니다.

그리고 난 후에 새로운 삶을 주시는데 그것은 두 가지로 볼 수 있습니다. 하나는 교회 안에서 다른 사람을 섬기는 은사이고 다른 하나는 세상에서 직업이나 사업을 통하여 하나님의 뜻을 이루는 은사입니다. 그런데 우리는 나에 대한 하나님의 뜻을 찾기가 너무나도 어렵습니다. 세상적으로 성공했다고 해서 그 사람이 자신의 길을 다 찾았다고는 말할 수 없습니다. 진정으로 성공한 사람이 되기 위해서는 교회 안에서 다른 사람들을 섬기는 것으로 나타나야 합니다.

> 11절 "하나님이 모든 것을 지으시되 때를 따라 아름답게 하셨고 또 사람에게 영원을 사모하는 마음을 주셨느니라 그러나 하나님이 하시는 일의 시종을 사람으로 측량할 수 없게 하셨도다"

이 모든 것들은 하나님이 만들어놓으신 나침반이요, 지도입니다. 우리는 그것을 따라가며 하나님을 찾아야 하는 것입니다. 하나님께서 사람에게 주신 최고의 숙제는 바로 하나님을 인격적으로 만나는 것입니다. 그것이 영원을 사모하는 마음입니다. 사람은 비록 죄 가운데 있지만 무엇인가 절대적이고 영원한 가치를 추구하는 희미한 기억이나 본능이 있습니다. 그것이 바로 종교성이요, 하나님을 알 만한 것입니다. 결국 이 세상의 모든 것을 통해서 하나님을 찾아가야 합니다. 그러나 우리가 찾아갈 수 없습니다. 하나님께서 시종을 알 수 없게 하셨습니다. 왜냐하면 하나님이 찾아오셔야 하기 때문입니다.

하나님을 만난 후에야 비로소 우리는 제대로 의미 있는 삶을 살게 됩니다. 그것이 무엇입니까?

> 12절 "사람이 사는 동안에 기뻐하며 선을 행하는 것보다 나은 것이 없는 줄을 내가 알았고"

바로 이것입니다. 우리 인간의 답이 바로 여기에 있습니다. 일단 하나님을 바로 아는 것이 중요하고 그다음에는 하나님이 주신 인생을 살면서 기뻐하며 선을 행하는 것입니다. 주어진 영역에서 최선을 다하여 하나님이 기뻐하시는 선한 일을 열심히 하는 것입니다. 우리는 내가 무엇을 하고 싶다고 해서 할 수 있는 것이 아닙니다. 다른 사람이 나를 필요로 해야 하고 더 중요한 것은 하나님께서 나를 필요로 하셔야 합니다. 하나님께서 필요로 하는 사람은 하나님의 손에 훈련받은 사람입니다. 그리고 하나님을 기뻐하며 하나님의 뜻에 자신을 맞추는 사람입니다. 이것이 최선의 삶이고 하나님이 기뻐하시는 삶입니다.

06 · 인간의 가치

|전 3:14-22|

제가 어렸을 때 아버님께서는 늘 입버릇처럼 "호랑이는 죽어서 가죽을 남기고 사람은 죽어서 이름을 남긴다"고 말씀하셨습니다. 그래서 사람들은 나이가 들어서 죽을 때가 되면 그 전에 어떻게 해서든지 '회고록' 같은 것을 써서 자기 자신에 대한 글을 남겨두려고 하는 것 같습니다. 그 이유는 일단 사람이 죽어서 땅에 파묻히면 남는 것이 아무것도 없기 때문입니다. 사람은 살아 있을 때에는 너무나도 놀라운 존재입니다. 총기도 있고 능력도 있고 많은 일을 하기도 합니다. 그러나 일단 죽어서 땅에 파묻히면 말이나 개와 같은 짐승들과 다른 것이 아무것도 없게 됩니다. 여기서 전도자는 도대체 인간이 사는 것이 무엇이냐 하는 질문을 하고 있습니다. 즉 우리 인간이 그 높은 지능과 영혼을 가지고 이 세상에 살면서 다른 짐승들과 다른 점이 무엇인가 하는 질문을 하고 있는 것입니다. 예를 들어 우리 인간들은 공부를 해서 지식을 가지고 그것으로 취직을 해서 돈을 법니다. 그리고 자기 마음에 드는

사람과 결혼을 하고 아이를 낳습니다. 또한 누군가가 자기 행복을 빼앗아 가려고 하면 대항해서 자기 행복을 지킵니다. 그런데 이런 것은 이 세상의 어떤 짐승들도 할 수 있는 일입니다. 즉 짐승들도 먹이를 구하고 사랑을 하고 새끼를 낳아서 키우는 일을 합니다. 어떤 짐승들은 자기 영역을 표시해서 다른 짐승들이 자기 영역을 침범하지 못하도록 경계하기도 합니다. 그렇다면 사람이나 짐승들이나 수준만 다를 뿐이지 결국 태어나서 사랑하고 번식하고 먹고 사는 것은 다 똑같다는 이야기가 나오게 되는 것입니다. 과연 인간은 이 세상에 태어나서 살면서 짐승과 다른 점이 무엇일까요? 사실 이것이 우리 인간들에게 있어 가장 궁금하면서 풀리지 않는 문제인 것입니다.

한때 유럽 사람들은 자신들이야말로 이 지상에서 가장 문명화된 족속들이기 때문에 미개인들을 개화시켜야 한다고 생각했습니다. 그러나 결국 문명이라고 하는 것은 생활하는 방식을 조금 더 위생적이고 편리하게 하는 것뿐이지 인간 자체를 바꾸는 것은 아닙니다. 예를 들어 옛날 재래식 화장실에 비해 요즘 수세식 화장실은 거의 환상적이라는 생각이 들 정도로 깨끗하고 위생적입니다. 많은 화장실에 비데도 설치되어 있고 앉는 곳에 불을 넣어서 겨울에도 따뜻하게 앉아서 일을 볼 수 있게 해줍니다. 그렇다고 해서 인간이 배설 자체를 안 하는 것은 아닙니다. 영국 사람들은 평소에는 너무나도 예의 바르고 다른 사람에 대한 배려도 잘 해주는 것 같습니다. 예를 들어 자동차를 운전하다가 끼어들기를 하면 전부 다 양보를 하고 끼어들게 해줍니다. 그러나 영국인들이 축구 경기장에 들어가면 야만족으로 변합니다. 어떤 때는 축구 경기장에서 난동이 일어나서 수십 명씩 깔려죽는 일도 생깁니다. 그래서 우리에게 생기는 의문은 결국 인간들이 잘 살고 문명화되었다고 하는 것이 단지 본능적인 것을 좀 더 세련되게 수식한 것에 불과한 것이 아닌가 하는 것입니다.

인간들의 이 모든 의문들은 결국 우리 인간이 하나님의 형상으로 만들어졌다는 데서 풀리게 됩니다. 인간들의 몸은 흙으로 만들어졌기 때문에 모든 동물들이 가지는 본능을 다 가지고 있습니다. 그러나 우리 영혼은 하나님의 형상으로 만들어졌기 때문에 하나님을 알아야 하고 하나님의 은혜를 받을 때 인생의 가치가 살아나게 되는 것입니다. 그래서 인간들이 아무리 이 세상에서 성공적으로 살았다 하더라도 하나님을 모르고 하나님의 사랑을 받지 못하면 그 인생은 허무한 인생이 될 수밖에 없는 것입니다.

그래서 우리가 하나님을 아느냐 알지 못하느냐 하는 것은 우리 인생 전체가 가치 있는 인생이 되느냐 아니면 그냥 짐승들 같은 본능적인 인생에 그치느냐 하는 것을 결정하는 아주 중요한 문제인 것입니다.

전도자가 인생의 의미를 찾기 위해 예루살렘까지 온 많은 순례자들을 향해서 첫마디로 한 말이 "헛되고 헛되고 헛되고 헛되다"라는 말이었습니다. 즉 "인생이 해 아래서 하는 모든 수고가 헛되다"고 말하고 있습니다. 그런데 여기에 '해 아래서'라고 하는 것은 '하나님이 없는 세상'을 지칭하는 말입니다. 즉 전도자는 이 세상에 하나님이 없다고 가정할 때 우리가 어떻게 되는지 말을 하고 있습니다. 그것은 바로 '헛된 것' 밖에 없습니다. 여기서 '헛되다'는 것은 인생이 방향을 잃고 표류하는 것을 말합니다. 배가 바다에 나갔으면 목표를 가지고 가야 하는데 엔진이 꺼져서 방황하고 있는 것입니다. 대체 어디로 가야 할지 몰라서 방황하게 됩니다.

여기서 '헛되다'는 것은 인생의 의미를 찾지 못하는 것을 말합니다. 사람들은 하나님을 모를 때 이 세상에서 많은 것을 가지며 많은 것을 누리고 살지만 자기가 무엇을 위해 살아야 하는지 알지 못합니다.

사람들은 모두 할 수만 있으면 자기 인생에서 하나님의 존재를 부정하고 자기 마음대로 살려고 합니다. 하지만 인생들이 하나님을 인정하지 않고 자기 멋대로 산 결과는 모두 허무한 것이었습니다. 그래서 하나님을 모른 채 이 세상에 사는 것보다 더 처절한 것이 없습니다. 중요한 것은 하나님을 인정하는 것입니다. 그렇지 않으면 세상에서 모든 부귀와 영화와 성공을 거두었다 하더라도 짐승들의 삶과 다를 바가 없는 것입니다.

1. 하나님의 요구

성경이 말씀하는 놀라운 사실은 하나님께서는 우리 모든 인간들에 대하여 어떤 기준을 가지고 계신다는 것입니다. 중요한 것은 하나님께서 우리 인간들에게 요구하시는 기준이 무엇이냐 하는 것입니다.

> 14절 "무릇 하나님의 행하시는 것은 영원히 있을 것이라 더 할 수도 없고 덜 할 수도 없나니 하나님이 이같이 행하심은 사람으로 그 앞에서 경외하게 하려 하심인 줄을 내가 알았도다"

만약 하나님께서 우리 인간들에게 요구하시는 것이 부모에 대한 효도나 국가에 대한 충성이라면 유교적인 기준을 가지고 사는 사람이 성공적인 삶을 산 사람이 될 것입니다. 이순신 장군 같은 사람이 성공적인 삶을 산 사람일 것입니다. 만약 많은 것을 정복하는 것이 성공적인 삶의 기준이라면 칭기즈칸이나 알렉산더 대왕 같은 사람이 성공적인 삶을 살았다고 할 수 있을 것입니다. 중요한 것은 하나님께서 우리 인간들에게 기대하는 성공적인 삶이 무엇이냐 하는 것입니다.

우선 사람이 하는 것들은 시간이 흐르면 사라지는 것이 많고 변경하거나 수정해야 할 것들이 많습니다. 왜냐하면 사람의 생각은 완전하지 못하기 때문입니다. 그러나 하나님이 말씀하신 것이나 행하시는 것은 영원히 사라지지 않습니다. 왜냐하면 우리 인간을 향한 하나님의 뜻은 조금도 부족하거나 모자라지 않고 완전하기 때문입니다.

하나님께서 원래 우리 인간들을 창조하신 뜻이 있습니다. 그 뜻은 인간들이 타락한 후에도 여전히 변함이 없습니다. 그것이 무엇입니까? 우리 인간들이 하나님의 뜻을 알아내어서 그 뜻에 자발적으로 순종해서 사는 것입니다. 그 하나님의 뜻에서 가장 중요한 것이 자기희생이고 다른 사람을 사랑하는 것입니다.

하나님을 믿지 않는 사람일지라도 다른 사람을 위해서 자기 자신을 희생하는 것을 보면 그렇게 위대하고 아름답게 보일 수가 없습니다. 우리 인간들에게 있어서 다른 짐승들이 흉내 낼 수 없는 것은 다른 사람들을 위해 자기 자신을 희생시키는 것입니다.

하나님께서는 처음 우리 인간들을 만드실 때 몸을 가진 천사로 만드셨습니다. 몸을 가진 천사라는 것은 몸을 가진 존재로서 하나님의 뜻을 알아서 자발적으로 순종하는 것을 말합니다. 그래서 우리 인간들은 하늘의 천사들처럼 명령을 받은 대로 기계적으로 움직이는 것이 아니라 자기 스스로 하나님의 뜻을 깨달아서 자발적으로 순종하도록 만들어졌습니다. 때문에 이 세상에 살면서 할 수 있는 대로 하나님의 뜻을 많이 알아내고 그 믿음으로 자기 자신을 희생시키면서 사는 것입니다. 우리가 하나님의 말씀을 알면 이기심과 탐욕에서 벗어날 수 있고 자기 욕망을 죽일 수 있게 됩니다.

그런데 우리 인간들은 사탄의 꾐에 빠져서 범죄함으로 하나님을 사랑하는 대신 대적했습니다. 그리고 우리 인간들은 하나님으로부터 버림을 받았습니다. 그러면 하나님께서 인간들을 포기하셔야 하는데 하나님은 우리 인간들에 대하여 타락하기 전과 조금도 다름없는 기대를 가지고 계신 것입니다.

예를 들어 어떤 학교에 모범생들이 있었습니다. 그들은 교장 선생님으로부터 특별한 사랑을 받아서 교장 선생님의 집에서 먹고 자면서 공부를 했습니다. 그런데 그 학생들이 모두 다같이 죄를 짓는 바람에 교장 선생님의 집에서도 쫓겨나고 학교에서도 쫓겨났습니다. 쫓겨난 아이들이 자포자기하고,

술을 마시고, 나쁜 짓을 하고 있는데 어느 날 교장 선생님으로부터 편지가 왔습니다. 그 편지 내용은 너희들이 못된 짓을 해서 학교에서 쫓겨났지만 그래도 이번 수능시험에서 최고의 성적을 거두라는 것입니다. 그렇지 않으면 땅 끝까지 쫓아가서 너희들을 죽여놓을 것이라는 것입니다. 아니 잘못을 저질러서 학교에서도 쫓겨났는데 어떻게 시험에서 최우수 성적을 거둘 수 있습니까? 그러나 이 교장 선생님은 지독한 사람이었습니다. 죄를 지어서 학교에서 쫓겨난 것은 너희들의 사정이고 너희들이 할 일은 하라는 것입니다.

하나님께서 얼마나 막무가내이신가 하면 인간이 죄를 지어서 하나님 앞에서 쫓겨난 후에도 우리 인간들에 대하여 하나님이 가지셨던 최초의 뜻을 포기하지 않으셨습니다. 즉 우리 인간들은 타락함으로 짐승같이 되어버렸는데도 하나님께서는 천사같이 살라고 하십니다. 인간들은 타락하기 전에도 하나님의 뜻에 완전히 순종하는 것이 쉽지 않았습니다. 그런데 타락해서 하나님의 존전에서 쫓겨난 인간들에게도 변함없이 완전한 삶을 살 것을 요구하시고 그렇게 못 살면 영원한 지옥에 처넣어버리겠다고 통고를 하신 것입니다. 그러니까 하나님께서는 우리 인간들에게 불가능한 것을 요구하고 계신 것입니다. 이것은 공부에 대하여 전혀 기초가 되어 있지 않은 학생에게 수능 시험에서 만점을 받으라고 요구하는 것과 같습니다.

방법은 둘 중의 하나일 것입니다. 아예 처음부터 하나님의 말씀을 포기하고 자기 멋대로 살든지 아니면 하나님께서 무슨 다른 뜻이 있으셔서 이런 무리한 요구를 하시는지 따라가 보는 것입니다. 우리가 이 세상에 인간으로 태어났다는 것은 엄청난 비극이기도 하고 축복이기도 합니다. 왜냐하면 우리는 태어나면서부터 불가능한 것을 요구받고 있기 때문입니다. 태어나면서부터 하나님도 모르는데 하나님께서는 우리에게 "너희는 무조건 내 뜻을 알아내어서 그대로 순종하라 그렇지 않으면 영원한 지옥의 형벌이 있다"라고 말씀하시는 것입니다. 차라리 개나 돼지면 훨씬 낫습니다. 개나 돼지에게는 지옥의 형벌이 없기 때문입니다. 그러나 사람은 지옥의 형벌이 있습니다. 그런데 복된 사람은 하나님께서 이렇게 모순된 요구를 하시는 것을 보고 '여기에는 분명히 하나님의 무슨 뜻이 있다. 좌우간 어떻게 될지는 모르지만 끝까지 하나님을 믿고 한번 따라가 보자' 하는 사람이며 바로 그가 천사와 같은 삶을 살게 되는 것입니다. 결국 인간이 살게 되는 것은 하나님께 대한 믿음입니다.

신앙생활을 하다 보면 하나님께서 모순된 말씀을 하시는 것 같을 때가 많습니다. 믿음으로 살라고 했는데 도저히 믿음으로 살 수 없게 되는 것입니다. 그때는 하나님의 놀라운 지혜와 기적이 준비되어 있습니다. 때문에 믿음의 삶이 모순되면 모순될수록, 성경과 이 세상이 서로 다르면 다를수록 반드시 하나님이 준비하신 축복의 길이 있음을 알아야 합니다.

2. 가치 있는 인생

전도자는 우리가 하나님의 존재를 인정하게 될 때 삶이 근본적으로 달라질 수밖에 없다고 말씀하고 있습니다.

그 첫째는 하나님께서 주신 모든 것에 대하여 감사하는 것입니다.

> 13절 "사람마다 먹고 마시는 것과 수고함으로 낙을 누리는 것이 하나님의 선물인 줄을 또한 알았도다"

우리가 이 세상에서 먹고 마시고 또 수고해서 돈을 벌면서 사는 것이 모두 하나님이 주신 선물입니다. 선물이라는 것은 상대방이 내가 좋아서 그냥 주는 것입니다. 우리는 다른 사람에게 선물을 달라고 할 수 없습니다. 그렇게 된다면 그것은 선물이 아니고 뇌물이나 빼앗는 것이 될 것입니다. 우리가 가지고 있는 것 100퍼센트가 하나님이 주신 선물입니다.

예수를 믿고 나면 처음으로 깨닫는 것이 내가 가지고 있는 모든 것이 하나님의 선물이라는 것입니다. 어떤 분들은 자기는 아무런 은사를 가진 것이 없다고 말합니다. 즉 다른 사람들은 피아노도 치고 외국어도 잘하고 특별한 재능들이 있는데 자기는 아무것도 잘 할 수 있는 것이 없다고 말을 합니다. 하지만 우리가 지금 살아 있는 것이 최고의 은사인 것입니다.

하나님께서 이 모든 것을 주시면서 우리에게 원하시는 것은 단지 하나님의 뜻을 찾고 하나님을 믿는 믿음으로 살라는 것입니다.

> 12절 "사람이 사는 동안에 기뻐하며 선을 행하는 것보다 나은 것이 없는 줄을 내가 알았고"

우리가 이 세상에 살면서 지켜야 하는 최고의 율법은 하나님을 알고 하나님의 말씀을 사랑하는 것입니다. 우리가 하나님을 알고 하나님의 말씀을 사랑하면 하나님의 뜻은 다 이루어지게 되어 있습니다. 우리는 이 소중한 인생을 이 세상에 있는 것들을 위해서 살지 말고 하나님을 위해 사용해야 합니다. 그것은 내가 내 욕망을 위해서 살지 않고 할 수 있는 한 많은 사람을 사랑하는 것입니다.

우리는 때때로 돈을 많이 벌어서 가족이나 다른 사람들을 행복하게 해주는 것이 가장 가치 있는 일이라고 생각합니다. 그러나 사람은 그렇게 시시한 존재가 아닙니다. 돈을 준다고 해서 행복해하거나 모든 문제가 저절로 다 해결되는 것이 아닙니다. 가장 중요한 것은 자기 영혼이 치료가 되어야 행복을 느낍니다. 돈은 그야말로 아주 작은 것에 불과합니다. 자기 영혼이 치료된 사람이 남을 사랑할 수 있습니다. 그리고 이 세상에서 가장 위대한 것이 하나님의 사랑에 감동이 되어서 자기 자신뿐 아니라 다른 사람도 사랑하는 마음을 가지는 것입니다. 그래서 우리의 삶에서 가장 위대한 것은 우리가 할 수 있는 대로 많은 사람들로 하여금 자신의 소중함을 깨닫고 바른 가치 있는 삶으로 돌아오게 하는 것입니다.

우리가 어떤 사람이 싫다고 미워해버리면 그 사람보다 나을 것이 아무것도 없습니다. 우리가 미워하던 사람이 하나님의 사랑을 느껴서 변하게 되면 영혼 하나를 건지는 것입니다. 사람 하나의 영혼은 말로 표현할 수 없는 엄청난 가치를 가집니다. 동네에 보면 고장 난 오디오나 텔레비전을 사서 고쳐서 파는 사람들이 있습니다. 그러나 고장 난 사람의 영혼 하나를 건지면 이것은 돈으로 환산할 수 없는 이익인 것입니다. 우리 인간 한 사람 한 사람의 잠재력은 거의 무한대입니다. 그러니까 한 사람의 영혼을 고치면 이것은 도저히 돈으로 따질 수 없는 이익을 남기는 것입니다.

우리는 자신의 인생을 바꿀 수 없습니다. 남자가 여자가 될 수도 없고, 여자가 남자가 될 수도 없습니다. 그리고 이미 결혼해서 아이도 낳고 살아왔는데 모든 것을 물릴 수도 없습니다. 이것은 하나님이 이미 행하신 것입니다. 지나간 것은 따져봐야 소용이 없습니다. 우리에게 중요한 것은 지금 우리가 살아있는 것이며 아직 우리에게는 하나님을 알 수 있는 기회가 있다는 것입니다. 이것보다 더 중요한 것이 없습니다. 과거에 어떻게 살아왔느냐 하는 것은 중요하지 않습니다. 중요한 것은 지금 내 인생에 하나님의 은혜가 임하고 사랑이 임하는 것입니다. 우리가 하나님의 말씀을 알고 내 욕망에 따라 살지 않는 것이야말로 너무나도 중요한 것입니다.

그러면 하나님께서는 우리 인생을 영원히 가치 있는 인생으로 만들어주십니다. 우리에게 중요한 것은 더 많은 사람들의 인생을 가치 있게 만드는 것입니다. 다른 사람의 인생을 가치 있게 만들려면 그들도 하나님의 사랑을 받아야 합니다. 그래서 우리가 다른 사람을 가장 사랑하는 방법은 그들에게 하나님의 말씀을 들려주어 그들이 하나님의 사랑을 알고 믿게 하는 것입니다.

3. 하나님의 판단

전도자는 먼저 이 세상의 판단이 얼마나 불완전한가를 말씀합니다.

> 16절 "내가 해 아래서 또 보건대 재판하는 곳에 악이 있고 공의를 행하는 곳에도 악이 있도다"

아마도 이 세상에서 가장 공정해야 할 곳은 법정일 것입니다. 그러나 다른 사람의 죄를 판단하는 재판관들도 죄인인 인간이기 때문에 실수나 부정이 있습니다. 어떤 경우에는 재판관이 뇌물을 받고 죄를 감해주는 경우도 있고 어떤 때는 재판관이 오판을 해서 죄인이 아닌데도 죄인으로 몰려 처형되는 경우도 있습니다. 또한 이 세상에서 모든 죄가 다 드러나는 것도 아니고 모두 다 철저하게 심판되는 것도 아닙니다. 그렇다면 결국 하나님의 심판이 있을 수밖에 없다는 것입니다.

그리고 또 다른 예가 다른 사람들의 평판입니다. 사람들은 절대로 다른 사람의 평판을 무시할 수가 없습니다. 죄를 지은 사람은 다른 사람으로부터 존경을 받지 못합니다. 그러나 착한 일을 하고 정직하게 사는 사람은 다른 사람으로부터 존경을 받고 신뢰를 받습니다. 다른 사람에게 신뢰받는 것보다 더 행복한 것은 없습니다. 그러나 사람들의 평판도 정확한 것은 아닙니다. 최종적인 것은 역시 하나님의 판단입니다.

> 17절 "내가 심중에 이르기를 의인과 악인을 하나님이 심판하시리니 이는 모든 목적과 모든 일이 이룰 때가 있음이라 하였으며"

결국 가장 중요한 것은 하나님의 판단입니다. 하나님 앞에서는 모든 것이 벌거벗은 것처럼 드러나게 됩니다.

요즘 무서운 것이 몰래 카메라입니다. 은밀한 짓을 하다가 몰래 카메라나 감시 카메라에 한 번 찍히면 어떻게 됩니까? 도저히 부인할 방법이 없습니다.

하나님 앞에서 우리의 지은 모든 죄들이 몰래 카메라에 찍혀서 그대로 다 방송이 될 것입니다. 이것을 아는 사람은 기를 쓰고 예수님을 믿습니다. 왜냐하면 예수님의 보혈은 우리의 모든 죄를 다 씻기 때문입니다.

다윗은 몰래 신하의 여자와 놀아났습니다. 아무도 그것을 몰랐습니다. 그러나 하나님은 알고 계셨습니다. 여자가 임신한 것을 감추기 위해 다윗이 신하를 죽였을 때 하나님은 죽음의 사자를 보내었습니다. 그는 나단 선지자였습니다. 하나님께서 하신 말씀은 "너 정말 영원한 멸망을 당하고 싶으냐"는 것이었습니다. 하나님은 다윗의 죄를 알고 있었습니다. 다윗은 하나님 앞에서 얼마나 회개를 했는지 침상이 썩을 정도로 회개를 했다고 합니다. 그러고 나서 하는 고백이 무엇입니까? "그 불법을 사하심을 받고 그 죄를 가리우심을 받는 자는 복이 있다"(롬 4:7)는 것입니다. 왜냐하면 지옥의 심판을 당하기 전에 회개할 수 있는 기회를 얻었기 때문입니다.

15절 "이제 있는 것이 옛적에 있었고 장래에 있을 것도 옛적에 있었나니 하나님은 이미 지난 것을 다시 찾으시느니라"

하나님께서 인간을 판단하시는 기준이 과거에 있다는 것입니다. 즉 처음 인간을 만드셨을 때 그 기준이 그대로 남아 있고, 그것에 근거해서 우리들의 현재와 미래를 판단하실 것입니다.

우리 인간들은 태어나면서부터 하나님의 정죄 아래에서 태어납니다. 그래서 원칙적으로 우리 인간들은 하나님의 심판을 피할 수 없습니다.

우리 인간에게 길이 없는 것이 아닙니다. 그것은 우리가 하나님과 화해하는 것입니다. 다시 말해 우리가 하나님 앞에서 죄를 용서받는 것입니다. 만약 우리의 모든 죄의 기록이 하나님 앞에서 다 지워질 수만 있다면 우리는 소망이 있습니다. 이것이 바로 하나님 앞에서 의롭다 함을 받는 것입니다. 우리가 하나님 앞에 죄를 용서받은 후에 내 모든 인생을 하나님께 내어드릴 때 하나님은 우리 인생을 가장 아름답고 완전하게 사용하셔서 하나님의 뜻이 이루어지게 하십니다.

> 18~19절 "내가 심중에 이르기를 인생의 일에 대하여 하나님이 저희를 시험하시리니 저희로 자기가 짐승보다 다름이 없는 줄을 깨닫게 하려 하심이라 하였노라 인생에게 임하는 일이 짐승에게도 임하나니 이 둘에게 임하는 일이 일반이라 다 동일한 호흡이 있어서 이의 죽음같이 저도 죽으니 사람이 짐승보다 뛰어남이 없음은 모든 것이 헛됨이로다"

사람에게 가장 큰 유혹은 죽음 그 이후를 알 수도 없고 볼 수도 없다는 것입니다. 우리 인간의 눈에 보이는 것은 역시 모두 다 똑같이 죽고 땅에 묻힌 후에는 없어진다는 사실입니다. 여기서 악한 사람들은 '아, 사람이 죽음으로 모든 것이 끝나는구나. 이 세상 살면서 마음껏 즐기고 마음대로 죄를 짓자'라고 생각하면서 짐승처럼 욕망을 위하여 살아갑니다. 이것은 자기 꾀에 걸려든 것입니다.

하나님은 이 죽음의 장막 뒤에서 엄청난 일을 하고 계십니다. 그것은 모든 인간들의 행위를 다 심판하시는 것입니다. 그러니까 커튼을 쳐놓고 하나씩 하나씩 심판하시는 것입니다. 성경을 모르는 사람과 아는 사람의 차이는 여기서 생겨납니다. 성경을 모르는 사람은 사람의 생명을 짐승의 생명의 연장으로 생각합니다. 짐승은 아무런 책임이 없습니다. 자기 욕망대로 살다가 죽으면 끝나는 것입니다. 그러나 성경을 아는 사람은 사람의 생명을 하나님의 생명의 연장으로 생각합니다. 그러니까 모든 행동에 책임이 따르는 것입니다.

> 20~21절 "다 흙으로 말미암았으므로 다 흙으로 돌아가나니 다 한 곳으로 가거니와 인생의 혼은 위로 올라가고 짐승의 혼은 아래 곧 땅으로 내려가는 줄을 누가 알랴"

사람이나 짐승의 재료는 다 흙이기 때문에 죽으면 땅에 묻히게 되어 있고 묻힌 후에는 썩게 되어 있습니다. 그러나 혼은 다릅니다. 짐승들의 혼은 아래로 내려가지만 사람의 혼은 하나님 앞으로 올라갑니다. 짐승은 영혼이 없기 때문에 일단 죽으면 소멸되는 것으로 봅니다. 그래서 죽은 개는 부활하지 않습니다. 늑대도 부활하지 않습니다. 그러나 사람은 한 사람도 없어지지 않습니다. 모두 하나님 앞에서 심판을 받게 되어 있습니다.

사람은 일단 죽으면 바로 천국과 지옥으로 갈라지게 됩니다. 그러나 그것이 완전한 심판은 아닙니다. 나중에 그리스도께서 최종적으로 심판하실 때 육체로 부활해서 행한 것에 따라서 영원한 상급을 받게 됩니다. 구원받은 사람들도 영광에 차이가 있습니다. 해 같은 영광이 있고 달 같은 영광이 있고 별 같은 영광이 있습니다. 아마도 지옥의 비참함과 부끄러움에도 차등이 있을 것입니다. 그리고 이 신분은 영원한 것입니다. 그러니까 이 세상에 사는 것은 아주 짧은 시험기간에 불과합니다. 이 세상에서 욕망을 다 채우면 시험에 떨어지는 것입니다. 자기 욕심을 버려야 더 큰 영광으로 나아가게 됩니다.

> 22절 "그러므로 내 소견에는 사람이 자기 일에 즐거워하는 것보다 나은 것이 없나니 이는 그의 분복이라 그 신후사[개역개정:그의 뒤에 일어날 일이 무엇인지]를 보게 하려고 저를 도로 데리고 올 자가 누구이랴"

신후사는 죽고 난 후의 상태를 말합니다. 한 번 죽으면 모든 것이 다 끝나는 것입니다. 그러니까 이 세상에 있으면서 구원의 기회를 붙드는 것이 가장 큰 복입니다. 그냥 그대로 미련을 부리면 절대로 안 되고 자기 모든 것을 버리고 그리스도의 구원을 붙잡아야 합니다. 그리고 구원 얻은 후에는 모든 욕심을 버리고 하나님이 주시는 대로 살아야 합니다. 그래야 하나님의 뜻을 이루는 삶을 살 수가 있고 천사처럼 아름다운 사랑의 삶을 살게 될 것입니다.

07 · 아름다운 모습

|전 4:1-16|

〈사운드 오브 뮤직〉이라는 영화가 있습니다. 눈이 덮인 아름다운 알프스 산맥 밑에 있는 어느 작은 마을에서 수녀가 되기 위해 훈련 중인 주인공 마리아는 자연을 너무 좋아하고 음악을 좋아해서 번번이 기도 시간을 놓치고 수녀원 규율을 어기는 바람에 수녀원에서 쫓겨나게 됩니다. 그러다가 부인은 죽고 아이들만 일곱 명이 있는 어느 대령 집에 가정교사로 가게 됩니다. 대령은 부인이 죽고 난 후에 아이들에게 일체 노래를 부르지 못하게 하고 아이들을 군대식으로 훈련시켰습니다. 그런데 가정교사로 들어온 마리아는 아이들에게 음악을 가르쳐서 다시 명랑하게 하고 나중에는 대령도 마리아에게 감동이 되어서 '에델바이스'라는 노래를 부르게 됩니다. 그러던 중 오스트리아에 독일군이 들어와서 대령에게 독일군으로 참전하라고 명령합니다. 이에 대령은 마리아와 아이들과 함께 독일군을 피해 알프스 산맥을 넘어서 스위스로 망명을 떠나는 이야기입니다. 우리는 여기에서 사람이 규

율에 얽매여서 딱딱하게 사는 것보다 서로 사랑하면서 자유를 누리면서 사는 것이 얼마나 아름다운지 볼 수 있습니다.

거기에 비해서 솔제니친이 쓴 《이반 데니소비치의 하루》는 2차 대전 때 항복했다는 이유로 간첩 혐의를 받고 시베리아의 수용소에서 생활하는 이반 데니소비치라는 사람의 수용소 생활을 그려놓은 것입니다. 그것을 보면 감옥에 갇혀서 자유를 잃어버린 사람이 얼마나 괴로운지 잘 알 수 있습니다. 수용소에서는 영양가도 없는 다 식은 죽 한 그릇이 무척 소중합니다. 그 죽 한 그릇을 더 먹기 위해서 죄수들은 별의별 짓을 다합니다. 그리고 아침 점호나 밤 점호 같은 것을 통해서 간수들은 죄수들을 너무나도 많이 괴롭힙니다. 그런데 대개 수용소에 있는 죄수들은 종신형을 받았기 때문에 그 수용소에서 석방될 가능성은 거의 없는 상태에서 한 해, 두 해 이런 식으로 해서 10년, 20년을 수용소 생활을 하게 되는 것입니다.

얼마 전 재미교포 한 사람이 북한을 깨우쳐야 한다며 혼자 북한으로 걸어 들어갔습니다. 그러나 그 사람이 북한에서 얼마나 두들겨 맞고 고문을 당했는지 거의 정신 이상자가 되어서 미국으로 보내어졌습니다. 신문에서는 아마도 그 사람이 북한에서 지옥을 본 것 같다고 말을 했습니다. 사람들은 이 세상에서 너무나도 아름답고 행복하게 살 수도 있지만 너무나도 고통스럽고 야만적으로 살아갈 수도 있습니다. 물론 우리가 이 세상에서 고통 없이 행복하게 산다는 것은 무척 중요한 것입니다. 그러나 인간의 고통이나 행복은 이 세상의 삶으로 끝나지 않습니다. 그것은 바로 우리 인간들의 영원한 운명의 서곡인 것입니다.

본문에서 전도자는 인간의 여러 가지 인생의 모습을 살펴보면서 과연 인간으로서 아름다운 삶이 무엇인지 살펴보고 있습니다. 전도자는 이 세상에서 학대받는 사람이나 혹은 다른 사람은 안중에도 없고 일만 하는 사람을 살펴보면서 결국 인간이라고 하는 것은 혼자서는 행복할 수 없고 서로 만나야 하며 돈이 많고 정신적으로 병든 것보다는 비록 가난하더라도 건강하고 젊은 것이 더 좋다고 말하고 있습니다. 물론 어떤 의미에서 전도자가 말하는 것은 우리가 흔히 이 세상에서 볼 수 있고 경험할 수 있는 인생의 모습들입니다. 그러나 전도자는 이런 다양한 인생의 모습들을 통해서 과연 인간들이 지금 어떤 상태에 있는지를 보여주려고 하는 것입니다.

1. 학대받는 인생

이 세상을 살아가면서 모든 사람이 다 똑같이 사이좋게 살면 좋을 텐데 세상은 그렇게 공평하지가 않습니다. 이 세상에는 가진 자가 있는가 하면 가지지 못한 자가 있고, 지배하는 자가 있는가 하면 지배를 받는 자가 있습니다. 특히 어떤 사람들은 이 세상에서 너무나도 고통스럽게 살아가고 있는데 그들은 차라리 사는 것보다 죽는 것이 낫겠다는 생각이 든다고 말하기도 합니다.

> 1절 "내가 돌이켜 해 아래서 행하는 모든 학대를 보았도다 오호라 학대받는 자가 눈물을 흘리되 저희에게 위로자가 없도다 저희를 학대하는 자의 손에는 권세가 있으나 저희에게는 위로자가 없도다"

이 세상은 공평하지 않습니다. 세상에는 힘이 있는 자와 힘이 없는 자, 그리고 계급이 높은 자와 낮은 자가 있어서 힘이 있고 권세가 있는 사람이 자기 밑에 있는 사람들을 이유 없이 학대하는 일이 너무나도 비일비재하게 일어나고 있습니다. 옛날 노예 제도가 있을 때 주인은 노예들을 마치 짐승 부리듯이 부리면서 학대를 했습니다. 주인은 노예들을 마음대로 사고팔 수 있었고, 마음에 들지 않으면 짐승을 다루듯이 때릴 수도 있었습니다. 특히 흑인 노예들이 생기면서 백인들은 흑인들이 단지 피부색이 검다는 이유 하나만으로 노예로 만들어서 심한 학대를 하였습니다. 세계 어느 곳이나 지배 계층의 사람들은 피지배 계층의 사람들을 지시하고 명령하면서 부려먹습니다. 그리고 자기 마음에 들지 않으면 이유 없이 학대합니다. 얼마 전에 우리나라의 한 전투경찰이 죽었는데 그가 쓴 일기에 상사로부터 가혹행위를 당한 이야기들이 있어서 조사를 한 결과 선임들이 이유 없이 부하들을 많이 때리고 괴롭힌 것이 사실로 밝혀졌습니다. 감옥의 간수들은 죄수들이 말을 잘 듣지 않는다고 구타를 합니다. 직장의 상사들은 부하들을 학대합니다. 군대에서 상사는 부하들에게 기합을 줍니다. 왜냐하면 그렇게 해야 말을 잘 듣기 때문입니다. 옛날에는 부자들이 빚을 진 사람들을 불러다가 때리기도 하고 부인이나 아이들을 뺏기도 하는 등 못된 짓들을 많이 했습니다. 그러나 빚을 진 사람은 좀 봐달라고 사정할 뿐이지 하소연할 데도 없었습니다. 요즘 가정은 덜한 편이지만 남편이 힘이 있다고 아내를 학대합니다. 옛날 무식하고 봉건적인 집안에서는 남편이 아내가 자기를 남편 대접하지 않는다고 구타를 했습니다. 혹은 시어머니가 며느리를 학대합니다. 힘 있는 사람이 힘이 없는 사람을 학대하는 것도 있습니다. 학교에서는 힘깨나 쓴다는 학생이 힘 없는 학생을 불러서 때리기도 하고 돈을 뺏기도 하고 자기 가방을 들게도 합니다. 이처럼 이 세상에는 많은 학대들이 있습니다. 그런데 놀라운 것은 사람이 학대를 받고 눈물을 흘리는데 아무도 그 학대받는 사람들을 위로하지 않는다는 것입니다. 왜 사람들은 힘이 없는 자들이 학대를 받는데 불쌍히 여기지 않습니까? 그 이유는 많은 사람들이 그런 학대를 당연한 것으로 생각하기 때문입니다. 즉 많은 사람들은 힘이 없거나 계급이 낮은 사람들이 윗사람에게 맞아야 하고 학대를 받아야 한다고 생각을 하는 것입니다.

요즘 우리나라는 학교에서 교사들이 학생들을 체벌하지 못하도록 해서 물의를 빚고 있습니다. 사실 교사들에게 학생들이 공부를 잘하지 못한다고 체벌할 권리는 없습니다. 이미 오래전에 없어졌어야 하는 체벌이 아직까지 학교에서는 관행처럼 이루어지고 있었던 것입니다.

사람들은 노예나 죄수가 학대를 받는 것이 옳다고 생각하며, 부하가 상사로부터 학대받는 것도 당연하게 생각합니다. 왜냐하면 그들은 힘이나 권력 자체가 정의라고 생각하기 때문입니다. 그래서 맞을 짓을 한 사람은 당연히 맞아야 하며 힘이 없는 사람은 힘이 센 사람에게 굴복을 해야 한다고 생각하는 것입니다.

그러면 인간의 이 모든 학대는 어디서 왔습니까? 그것은 불신에서 온 것입니다. 사람들이 서로 믿을 수만 있다면 학대가 있을 필요가 없습니다. 사람들이 서로 믿을 수 없기 때문에 의심하게 되고 결국 학대하게 되는 것입니다. 그 불신이 어디에서 왔을까요? 그것은 죄에서 온 것입니다.

우리나라를 위시해서 전 세계는 100년 전만 해도 이런 학대가 신분에 의하여 자식에게 상속이 되었습니다. 그러니까 누구든지 이 세상에서 천한 신분으로 태어난 사람은 태어나서 죽을 때까지 학대를 받을 수밖에 없습니다. 그러면 학대를 하는 그 사람은 완전히 자유롭습니까? 아닙니다. 학대하는 사람들은 또 자기보다 위에 있는 세력에 의하여 학대를 받게 되어 있습니다. 결국 이 세상은 극소수의 사람을 제외하고는 모두 학대의 사슬에 매여 있는 죄수라는 것입니다. 그러면 무엇이 인간을 이렇게 눈에 보이지 않는 사슬에 매어놓았습니까? 그것은 바로 죄입니다. 죄는 사람들로 하여금 서로를 불신하게 하였고 결국 그 불신이 서로를 잡아매도록 했습니다. 여기서 전도자가 발견한 것은 인간은 어느 누구도 결코 자유롭지 못하며 눈에 보이지 않는 사슬에 매인 죄수라는 것입니다.

짐승들 사이에는 먹이사슬을 통해서 잡아먹고 먹히는 관계가 나타나게 됩니다. 즉 동물의 세계에서 약한 자는 강한 자에게 잡아먹히게 되어 있는데 아무리 강한 동물이라도 천적이 있어서 생명의 위협을 느끼게 됩니다. 그래서 생존의 법칙이 유지가 되는 것입니다. 최근 우리나라에 멧돼지가 천적이 없어서 엄청나게 많이 번식하는 바람에 농가나 도시인들에게까지 피해를 주고 있습니다. 그러나 멧돼지들이 알지 못하고 있는 것은 멧돼지에게는 무시무시한 천적이 지금 참고 있는 것뿐이라는 사실입니다. 멧돼지의 그 무서운 천적은 바로 사람인 것입니다.

> 2~3절 "그러므로 나는 살아 있는 산 자보다 죽은 지 오랜 죽은 자를 복되다 하였으며 이 둘보다도 출생하지 아니하여 해 아래서 행하는 악을 보지 못한 자가 더욱 낫다 하였노라"

전도자가 사람들이 이 세상을 사는 것을 볼 때에 과연 사는 것이 행복하다고 말할 수 있느냐 하는 것입니다. 주위를 둘러보면 정말 사는 것이 행복하지 않은 사람들이 많이 있습니다. 그중 하나가 불치병을 앓는 사람들입니다. 특히 의식도 없는 혼수상태에서 산소 호흡기에 의지해서 몇 년씩 병상에 누워 있는 사람은 과연 이렇게 해서라도 고통스럽게 생명을 유지시켜야 하느냐 하는 문제가 생깁니다. 그래서 요즘 사람들은 무조건 생명을 연장시키는 것보다는 품위 있게 죽을 권리가 있다는 말을 하고 있습니다.

사람이 감옥이나 수용소에 갇혀서 모든 자유를 잃고 고통스럽게 살아가고 있을 때 그들에게는 산다는 것 자체가 얼마나 큰 고통인지 모릅니다. 그렇다고 해서 사람이 스스로 죽는다고 하는 것도 결코 쉬운 결정은 아닐 것입니다. 결국 사람으로 하여금 그 많은 고통을 견디면서 살게 하는 것이 희망인데 과연 희망이 있느냐 하는 문제에 부딪힙니다. 2차 대전 때 독일군의 수용소 안에서 그 많은 사람들이 가스실에서 고통스럽게 죽어갔지만 끝까지 살아서 견디었던 사람들은 다시 자유로운 세상을 살 수가 있었습니다.

물론 사람이 이 세상에서 산다는 것은 엄청난 특권이고 축복이라고 볼 수 있습니다. 그러나 병들어 있고 감옥에 갇혀 있고 자유를 잃은 인생은 결코 행복하지가 않습니다.

결국 사람은 먹고 마시고 살아 있다는 것만이 중요한 것이 아닙니다. 사람에게 중요한 것은 누군가를 만나 마음껏 사랑을 주고받을 수 있으며, 자기가 옳다고 생각하는 것을 할 수 있을 때입니다. 사람이 이런 자유를 누릴 수 있으려면 반드시 하나님을 만나야 합니다. 결국 하나님을 알지 못하는 인생은 살아도 제대로 산 것이 아닌 것입니다.

그래서 고통 중에 사는 사람보다는 죽은 사람이 더 나을지도 모릅니다. 왜냐하면 죽은 자는 적어도 육체적인 고통은 느끼지 못하기 때문입니다. 그러나 살아 있는 자에게는 중요한 장점이 하나 있습니다. 그것은 혹시라도 오래 견디다 보면 진정한 자신의 가치를 찾고 자유로운 삶을 살 수 있는 기회가 생길 수도 있다는 것입니다. 그것이 바로 하나님을 만나는 것입니다. 사람이 이 세상에 살면서 하나님을 만나고 죄 용서를 받을 수 있다면 사는 것이 훨씬 유익하고 말로 표현할 수 없을 정도로 복된 것입니다.

만약 감옥에 갇힌 자가 살아서 밖으로 나와 사랑하는 사람을 다시 만나고 새로운 삶을 살 수 있다면 고통을 참고 사는 것이 훨씬 좋은 것입니다.

2. 남들과 어울리지 않는 사람들

이 세상에는 학대받는 것은 아니지만 여전히 이상한 사람들이 있습니다. 그런 사람들도 여전히 행복하지 못합니다.

> 4절 "내가 또 본즉 사람이 모든 수고와 여러 가지 교묘한 일로 인하여 이웃에게 시기를 받으니 이것도 헛되어 바람을 잡으려는 것이로다"

첫째는 자기 재능만 믿고 사는 사람입니다.

여기에 '모든 수고와 여러 가지 교묘한 일'이라는 것이 나옵니다. 아마 이 사람은 남들과는 다른 비상한 두뇌와 재능의 소유자인 것 같습니다. 그런데 전혀 다른 사람들과 어울리지 못하는 것이 단점입니다. 이런 사람들은 사회성이 없습니다. 즉 다른 사람을 전혀 인정하지 않고 자기 생각만이 최고이고 자기의 재능만이 훌륭한 것이라고 생각하며 살아갑니다. 왜 이런 사람들은 비상한 재주를 가지고도 다른 사람들과 어울리지 못하고 오히려 시기를 받으면서 살아갈까요? 그것은 자신의 우월감에 도취되어 있기 때문입니다. 사람들은 끼리끼리 모이는 습성이 있습니다. 그중의 하나가 사람들이 폐쇄적인 그룹을 만들어서 자기들을 귀족화하는 것입니다. 돈이 너무 많거나 유명해지면 다른 사람들과 쉽게 어울릴 수가 없습니다. 결국 이런 사람들은 너무 돈이 많기 때문에 더 폐쇄적인 삶을 살 수밖에 없습니다. 그래서 궁궐 같은 집을 짓고 그 안에서만 한평생을 살아가는 사람이 있습니다. 이런 사람들은 자기 자신이 스스로에게 감옥이 되어서 살아가는 사람들입니다. 결국 자기가 가진 재능으로 다른 사람들을 유익하게 하는 사람이 환영을 받습니다.

공부를 잘하는 사람들 중에는 스스로 우월감에 차서 자기보다 못한 사람들도 행복할 가치가 있다는 것을 인정하지 않는 사람들이 있습니다. 요즘 일본의 많은 청년 중에 아예 집 밖을 나오지 않고 집 안에서만 처박혀서 폐쇄적인 삶을 사는 사람들이 엄청나게 많은 것으로 파악이 되고 있습니다. 사람은 다른 사람들과 어울려서 살아야 정신적으로 건강한 사람이 될 수 있는데 점점 더 다른 사람들로부터 고립되어 사는 사람이 늘고 있습니다. 결국 이런 사람들은 정신적인 자폐아들인 것입니다.

전도자는 혼자 스스로 똑똑하다고 생각하면서 남을 이해하지 못하는 자들을 정신적인 자폐아로 보고 있는 것입니다. 그러니까 이런 사람들일수록 원만한 사회생활을 하지 못하고 점점 더 사회 적응에 실패하는 것입니다.

5절 "우매자는 손을 거두고 자기 살을 먹느니라"

또 다른 하나는 돈만 의지하고 게으르게 사는 사람입니다.
여기서 손을 거둔다는 것은 열심히 일을 해서 농사를 짓든지 장사를 해서 밥벌이를 해야 하는데 일은 하지 않고 그냥 집에서 얻어먹는 경우를 말합니다. 대개 이런 사람들은 먹고살 만한 여유가 있는 사람일 것입니다. 집에 돈은 있고 일하기는 싫을 때 생각나는 것이 무엇입니까? 어떻게 하면 힘들게 일하지 않고 먹고 놀 수 있느냐 하는 것입니다. 결국 그렇게 할 수 있는 방법은 노름을 하든지 아니면 주색잡기에 빠지는 것입니다. 이렇게 노동을 하기 싫어하고 놀고먹기를 좋아하는 사람들은 결국 자기 살을 뜯어먹는 것과 같습니다. 한때 우리나라는 외국에서 경영학 석사 공부한 사람들을 엄청나게 선호했습니다. 그런데 가만히 보니까 이 사람들의 경영이라는 것이 물건을 생산해서 팔아서 이익을 남기는 것이 아니라 주가를 조작한다든지 기업 합병을 한다든지 해서 물건은 만들어내지 않고 장부만 가지고 이익을 만들어 내는 것이어서 언젠가는 결국 경제가 파탄하게 되는 것이었습니다. 결국 우리나라에서 쉽게 돈을 벌어서 잘살려고 하던 많은 사람들이 알거지가 되었습니다. 사람이 이마에 땀을 흘리지 않고 쉽게 돈을 벌려고 하는 그 자체가 정신적으로 온전한 것이 아니기 때문입니다.

이 사람들이 이처럼 자기 살을 먹는 이유는 아무런 감각이 없기 때문입니다. 그리고 이미 그런 생활에 중독이 되어 있기 때문입니다. 그래서 이런 사람들은 자기만 망하는 것이 아니라 가까운 사람들 모두를 망하게 합니다. 나병(한센병)을 연구했던 한 의사는 나병의 문제가 통증을 느끼지 못하는 데 있다는 것을 알아내었습니다. 그러니까 얼마든지 치료할 수 있는데도 통증을 느끼지 못하니까 굳이 치료를 받으려고 하지 않다가 시기를 놓치는 바람에 살이 썩어버리는 것입니다. 사람에게 있어서 통증이 없다는 것이 얼마나 무서운 것인지 모릅니다. 마찬가지로 죄는 양심의 통증을 없애버려서 영적인 나병에 걸리게 합니다. 그래서 한 번 자극적인 죄에 빠지면 더 자극적인 것을 해야 만족할 정도로 죄에 대하여 무감각하게 되는 것입니다.

> 8절 "어떤 사람은 아들도 없고 형제도 없으니 아무도 없이 홀로 있으나 수고하기를 마지 아니하며 부를 눈에 족하게 여기지 아니하면서도 이르기를 내가 누구를 위하여 수고하고 내 심령으로 낙을 누리지 못하게 하는고 하나니 이것도 헛되어 무익한 노고로다"

세 번째는 죽도록 일만 하는 사람입니다.

여기에 보면 '아들도 없고 형제도 없다'고 말하고 있습니다. 이것은 진짜 없다는 뜻이라기보다는 중요하게 생각하지 않는다는 뜻으로 보입니다. 즉 이런 사람은 얼마나 일을 중요하게 생각하는지 가족도 없고 친척도 없이 일의 노예가 되어서 사는 사람입니다. 그런데 그런 사람에게는 재물도 만족이 되지 않습니다. 오직 일 자체에 매달려서 살 뿐입니다. 이런 사람은 사람이 아니고 벌레입니다. 일벌레이고 공부벌레인데 인간성이라고는 찾아볼 수가 없습니다. 사람이 제대로 사람 구실을 하려면 서로 만나야 하고 서로 어떤 관계를 형성해야 하는 것입니다.

여기서 전도자가 제시하고 있는 세 부류의 사람은 어떤 사람입니까? 모두 다른 사람을 사랑할 줄 모르는 사람입니다. 어떤 사람은 너무 자만심에 빠져서 남을 사랑할 줄 모르고, 어떤 사람은 너무 게으르고 욕망에 중독이 되어서 제 살을 깎아먹느라고 사랑할 줄 모르고, 어떤 사람은 일이 좋아서 인간성을 상실해버린 것입니다.

지금 전도자가 무슨 말을 하려고 합니까? 이 세상에서 사람에게 가장 가치 있는 것은 혼자서만 돈을 벌거나 지식을 쌓는 것이 아니라 다른 사람을 사랑하는 것입니다. 사람은 사랑을 위하여 만들어졌습니다. 그래서 이 세상에 있는 것으로 남을 가장 많이 사랑하는 사람이 가장 위대한 사람인 것입니다.

3. 아름다운 인생

사람에게 가장 위대한 발견은 서로 믿고 의지할 수 있는 누군가를 발견하는 것입니다. 사람은 다른 사람과 함께 관계를 맺음으로 두려움을 이길 수 있고 위로나 격려를 받을 수 있습니다.

> 9~10절 "두 사람이 한 사람보다 나음은 저희가 수고함으로 좋은 상을 얻을 것임이라 혹시 저희가 넘어지면 하나가 그 동무를 붙들어 일으키려니와 홀로 있어 넘어지고 붙들어 일으킬 자가 없는 자에게는 화가 있으리라"

전도자는 우리에게 다른 사람의 가치를 발견하는 것이야말로 자기 가치를 되찾는 길이라고 말씀하고 있습니다. 우선 두 사람이 함께 수고하면 혼자 한 것보다 더 나은 결과를 만들 수 있습니다. 사람이 혼자 어떤 일을 하는 것보다 서로 도우면서 일을 하면 훨씬 더 능률이 오르고 더 좋은 결과가 나오게 됩니다. 성경은 이것을 '좋은 상'을 얻는 것이라고 말씀하고 있습니다. 즉 사람은 일만 죽어라고 하는 것이 아니라 일을 통해서 다른 사람과 사귀게 되고 그렇게 하면서 자신의 가치나 다른 사람들의 가치를 찾을 수 있기 때문입니다. 그뿐만 아니라 사람이 서로 사랑을 하면 어려운 일이 닥쳤을 때 도움이 될 수 있습니다. 즉 한 사람이면 넘어졌을 때 붙잡아줄 사람이 없지만 두 사람이 함께 있으면 넘어지지 않게 도와줄 수 있고 또 넘어졌더라도 일으켜줄 수 있습니다. 더 중요한 것은 고독한 때에도 다른 사람은 도움이 됩니다.

11절 "두 사람이 함께 누우면 따뜻하거니와 한 사람이면 어찌 따뜻하랴"

여기서 두 사람이 함께 눕는다는 것은 결혼 생활을 말합니다. 하나님은 사람을 만드실 때 반쪽으로 만드셔서 나머지 반쪽과 함께 있어야 온전하게 하셨습니다. 그러니까 사람이 혼자 있으면 외로울 수밖에 없고 정신적으로 공허할 수밖에 없습니다.

더욱이 두 사람이 함께 있으면 전쟁을 할 때에도 유리합니다.

12절 "한 사람이면 패하겠거니와 두 사람이면 능히 당하나니 삼겹 줄은 쉽게 끊어지지 아니하느니라"

다른 사람과 싸울 때에도 혼자서 싸우면 질 수밖에 없지만 두 사람이 서로 힘을 합하여 싸우면 이길 수가 있습니다. 그래서 사람은 어떻게 해서든지 다른 사람과 협력하고 어울려서 사는 법을 배워야 합니다. 끈도 한 겹으로 되어 있는 것은 쉽게 끊어지지만 세 겹으로 되어 있으면 끊으려고 해도 잘 끊어지지 않습니다.

하나님께서는 우리가 이 세상에서 서로 의지하고 사랑할 수 있도록 많은 사람들을 주셨습니다. 사람이 친구가 없으면 얼마나 외롭고 쓸쓸한지 모릅니다. 하나님께서 우리에게 주신 또 다른 좋은 선물이 공동체입니다. 가정이나 지역의 공동체는 특히 개인의 약점을 지켜줄 수 있는 장점이 있습니다. 사람이 혼자 있으면 쉽게 위기를 극복하기가 어렵습니다. 그러나 함께 힘을 합치면 위기도 쉽게 이길 수 있습니다. 진리가 없는 공동체는 약점은 지켜줄 수 있어도 바른 길로 인도하지는 못합니다. 마찬가지로 진리가 없는 친구들은 재미는 있는데 바른 길로 인도하지 못합니다. 아무리 부부가 서로 사랑을 한다고 하지만 부부만으로는 모든 문제가 다 해결되는 것은 아닙니다. 하나님께서 우리에게 진리의 빛을 비추셔야 합니다. 친구나 이 세상은 하나님의 진리가 비춰기까지 우리를 지켜주는 길 안내자에 불과합니다. 하나님의 진리가 비춘 후에는 친구와의 관계가 멀어질 수 있습니다. 그리고 세상과의 관계도 변하게 됩니다. 왜냐하면 이제는 내 자신이 가야 할 길을 찾았기 때문입니다.

만약 중병에 걸려서 중환자실에 입원해 있는 부자와 건강하지만 가난한 소년 중 누가 낫냐고 물어본다면 분명히 건강하고 가난한 소년이 낫다고 할 것입니다. 지금 죽어가는데 많은 돈이 무슨 소용이 있습니까? 지금 죽어가고 있는데 최고 시설의 병원에 입원해 있는 것이 무슨 소용이 있습니까? 아무리 비싼 산소 호흡기나 의료 장비를 몸에 달고 있어도 아픈 부자보다는 건강한 소년이 훨씬 더 나을 것입니다.

이것을 전도자는 미련한 왕과 가난한 소년으로 비유하고 있습니다.

> 13~14절 "가난하여도 지혜로운 소년은 늙고 둔하여 간함을 받을 줄 모르는 왕보다 나으니 저는 그 나라에서 나면서 가난한 자로서 옥에서 나와서 왕이 되었음이니라"

어떤 왕이 있는데 그는 너무나도 미련해서 신하들의 충고를 받으려고 하지 않습니다. 그리고 그는 왕이라고 하지만 원래 밑천은 별 볼일 없는 사람이었습니다. 겉으로는 왕이지만 천한 출신이기 때문에 마음속에는 늘 어렸을 적 그 궁핍할 때의 마음이 있습니다. 그리고 그 왕은 감옥에서 오래 있었기 때문에 왕이지만 실제로 감옥에 있는 것이나 마찬가지로 아무것도 자유롭지가 않았습니다. 왜냐하면 아무도 믿지 않고 아무와도 마음을 열지 않았기 때문입니다. 사실 이 왕은 거의 정신병자와 같았습니다. 때문에 권력과 부는 다 가지고 있지만 마음은 만족함이 없고 늘 불만과 의심에 가득 차 있는 것입니다. 그는 왕이지만 자기 자신의 감옥에 갇혀 있는 사람입니다. 아무리 하버드 대학을 나오고 박사 학위를 가지고 있다 하더라도 죄가 해결되지 않으면 그는 감옥 안에 있는 죄수와 같습니다. 전에 전직 대통령들이 감옥에 갇힌 적이 있었습니다. 감옥에 갇힌 그런 전직 대통령보다는 가난하지만 자유롭게 사는 사람이 더 행복할 것입니다.

어쩌면 솔로몬의 이 비유는 솔로몬 이전의 왕들에 관한 것일 가능성이 많습니다. 즉 늙고 병들었고 고집스러운 왕은 사울의 모델에서 나왔고, 가난하지만 젊고 건강한 소년은 자기 아버지 다윗에게서 나왔을 가능성이 많습니다. 사울 왕은 이스라엘 초대 왕으로서 모든 권력과 부를 손에 쥐고 있었습니다. 하지만 그는 의심이 많았고 다른 사람을 전혀 믿지 못했습니다. 항상 주위에 있는 신하들을 의심했고 그들이 자기를 해칠 것이라는 강박관념에 시달리곤 했습니다. 사울은 자신의 아들 요나단도 믿지 못했고 사위 다윗도 믿지 못했습니다. 그 결과 그는 정신병자처럼 살았습니다. 아무도 믿지 못하니까 너무나도 외로워서 결국 무당을 찾아가서 죽은 귀신의 소리를 듣고서라도 위로를 받으려고 했습니다. 그러니까 이 늙은 왕은 겉으로는 왕이지만 결코 행복하지 못했습니다. 왜냐하면 자기 자신이 스스로에게 감옥이 되었기 때문입니다. 거기에 비하여 소년 다윗은 자유로웠습니다. 왜냐하면 그는 죄의 감옥에서 나왔고 하나님이 함께하시는 생활을 했기 때문입니다. 그는 오히려 왕궁에서 쫓겨남으로 더욱 자유로울 수 있었습니다. 그것이 다윗의 수많은 시들로 나타나고 있습니다.

인간에게 중요한 것은 하나님을 만나 죄에서 해방되는 것입니다. 그러면 우리는 감옥 안의 왕이 아니라 건강한 소년이 될 수 있습니다. 믿는 사람들은 감옥 안에 있는 왕이 아닙니다. 우리는 비싼 산소 호흡기를 몸에 달고 있는 부자 환자가 아닙니다. 우리는 가난한 소년과 같습니다. 부자도 아니고 권력도 없습니다. 그러나 중요한 것은 우리는 하나님의 사랑이 무엇인지 알며 내가 얼마나 귀중한 인격체인지 안다는 것입니다. 우리는 마음껏 들판을 뛰어다니면서 하나님을 노래할 수 있고 하고 싶은 일을 할 수 있습니다. 왜냐하면 우리는 하나님의 말씀을 들음으로 죄의 감옥에서 나왔기 때문입니다. 감옥 안에서 높은 사람이 되겠습니까? 아니면 비록 소년이지만 자유로운 사람이 되겠습니까? 사람이 하나님을 알고 죄에서 벗어나는 것보다 중요한 것은 없습니다. 그리고 난 후에는 다른 사람을 사랑하고 자기가 옳다고 생각하는 것을 실컷 하는 것이 가장 행복한 인생입니다. 지금 우리들에게는 그런 삶을 살 수 있는 무한한 기회와 시간이 주어져 있습니다.

08 · 바른 삶의 원칙

|전 5:1-10|

어머니들은 자기 자식이 거짓말을 하거나 혹은 남의 물건을 훔쳐 오면 야단을 칩니다. 자녀가 이 세상에서 바르게 자라기를 바라기 때문입니다. 그런데 막상 바르게 자란다는 것이 무엇이냐고 묻는다면 쉽게 대답할 수 없다는 것을 알게 됩니다. 예를 들어 어른들이 아이들에 대하여 '저 아이는 바르게 자랐다' 고 할 때에 그 바르다는 것은 어른들에 대하여 예의가 있고 공손하다는 뜻일 것입니다. 하지만 또래의 친구들이 '저 아이는 바르게 자랐다' 고 말을 할 때에는 그 아이는 주관이 뚜렷하고 다른 사람에 대하여 희생적이거나 신사적이라는 뜻이 있을 것입니다. 또한 부모님이 자기 자식에 대하여 '우리 아이는 바르게 자랐다' 고 할 때에는 그 아이가 부모님에게 반항적이지 않고 정직하고 모범적으로 잘 자라주었다는 뜻일 것입니다. 또한 세상 적으로 바른 길을 걸어왔다고 말하는 것은 그 사람이 특별한 실패 없이 엘리트 코스를 밟아 성공적인 인생을 살아왔다는 의미일 것입니다.

모든 사람들은 이 세상에서 바르게 살아가기를 원합니다. 그런데 바르게 살기 위해서 가장 중요한 것은 바른 길을 찾아서 걸어가는 것입니다. 그런데 과연 우리에게 바른 길이 무엇인지 질문을 한다면 대답하기가 결코 쉽지 않습니다. 즉 바른 길을 간다고 하는 것은 부모님께 거역하지 않고 부모님이 시키는 대로 하는 것을 말하는 것이든지 아니면 이 사회가 요구하는 성공적인 삶을 사는 것을 말합니다.

그런데 예수님께서는 우리가 바른 길을 가려면 모두 "좁은 문으로 들어가야 한다"(마 7:13)고 말씀하셨습니다. 여기서 '좁은 문'이라고 하는 것은 자기를 부인하고 자기 인생을 예수님에게 맡기는 것을 뜻합니다. 예수님께서 우리들에게 바르게 살기 위해서 자기를 부인하고 예수님을 믿으라고 말씀하신 이유는 우리가 마치 술 취한 미치광이 운전수와 같기 때문입니다. 아마 술 취한 미치광이 운전수가 자동차를 운전한다면 틀림없이 대형 사고를 내 많은 사람들을 죽게 하거나 다치게 하고 자기도 죽게 될 것입니다. 이때 이런 사람에게 가장 안전한 길은 자기보다 더 운전을 잘 하는 사람에게 자동차 핸들을 맡기는 것입니다.

예를 들어 그림을 그릴 때 밑바닥 자체가 울퉁불퉁하면 그 위에 자를 대어 놓고 아무리 바른 선을 그으려고 해도 울퉁불퉁한 선밖에 그을 수가 없을 것입니다. 즉 우리 인간들이 똑바른 길을 가기 위해서는 먼저 바닥 자체를 바르게 해야 할 것입니다. 마찬가지로 인간은 마음 자체가 비뚤어져 있고 굽어 있기 때문에 아무리 행복을 찾으려고 해도 행복해지지가 않습니다. 그래서 근본적으로 비뚤어진 우리 인생을 바르게 살아가려면 먼저 하나님께서 우리 인생을 바르게 해주셔야 합니다.

하나님과의 관계가 바로 되면 굽어지고 비뚤어진 우리의 인생도 바르게 할 수 있습니다. 부모 자식 관계나 부부 관계나 친구 관계는 자기가 노력한다고 해서 바르게 되는 것이 아닙니다. 왜냐하면 일단 자기 자신의 생각이나 가치관이 굽어 있고 비뚤어져 있기 때문에 자기 생각에는 바르게 선을 그었다고 하는 것이 실제로는 비뚤어져 있는 것입니다. 우리의 모든 문제는 하나님과 바른 관계를 회복하면 다 해결되도록 되어 있습니다.

본문에서 전도자가 말하는 것은 우리 인간의 힘으로는 절대로 바르게 살 수 없으며 인간은 하나님을 만나야 하며 하나님과 바른 관계를 맺어야 바르게 살 수 있다는 것입니다.

하나님과 바른 관계를 맺는다는 것은 마치 고속도로를 개통하는 것과 같습니다. 고속도로는 지형이 험한 곳에 터널을 뚫거나 다리를 만들어서 도로를 만듭니다. 그러니까 도로를 하나 만드는 데 시간이 오래 걸리고 비용도 많이 듭니다. 그러나 일단 공사가 완공되어 개통이 되고 나면 영구적으로 그 도로를 사용할 수 있게 되는 것입니다.

이 세상에서 능력 있게 사는 방법도 하나님과 바른 관계를 맺는 것입니다. 일단 그것만 이루어진다면 하나님으로부터 무한한 능력이 우리에게 공급될 수 있습니다.

지금까지 전도자는 하나님을 모르는 사람들에게 우리의 삶에 하나님이 안 계시다면 즉 '해 아래서 이루어지는 일들'이 얼마나 허무하며 의미가 없는가 하는 것을 논리적으로 설명을 해왔습니다. 그런데 5장에 넘어오면서는 바로 예배에 대하여, 그리고 하나님께 대한 서원의 말씀으로 넘어가고 있습니다. 이것은 전도서답지 않은 논리입니다. 그러나 이것은 전혀 이상한 것이 아닙니다. 왜냐하면 결국 모든 인간은 자기 생각만으로는 완전한 삶을 얻을 수 없고 성전에서 하나님을 만나야 행복한 삶을 찾을 수 있기 때문입니다.

1. 성전에서 하나님과의 만남

　인간들은 모두 하나님의 형상으로 만들어졌기 때문에 하나님께 돌아와야 자기 자신을 회복할 수가 있습니다. 그런데 도대체 우리 인간들이 하나님을 만날 수 있는 곳이 어디에 있습니까? 그것은 바로 예루살렘 성전이었습니다. 예루살렘 성전은 이 세상에서 인간들이 유일하게 하나님을 만날 수 있는 곳으로 하나님께서 정해주셨습니다.

　예루살렘 성전 입구는 아주 화려한 문으로 꾸며져 있습니다. 즉 이것은 하나님께서 이 세상의 모든 사람들을 부르시고 초청하신다는 뜻입니다. 그러나 막상 사람들이 성전 뜰 안에 들어가면 "이방인은 일절 들어올 수 없습니다"라는 팻말이 붙어 있습니다. 그리고 이스라엘 백성들이라 하더라도 아무나 함부로 성전에 들어갈 수 없었습니다. 모든 이스라엘 백성들은 자기가 지은 죄에 대하여 제사를 드림으로 죄를 용서받아야 했습니다.

　우리 인간들이 하나님을 만나는 데 어려운 점이 바로 이것입니다. 일단 우리는 하나님을 볼 수가 없습니다. 왜냐하면 하나님은 너무나도 크신 분이시기 때문입니다. 그러나 우리 인간들이 하나님을 만나지 못하는 것은 하나님의 위대하심 때문만이 아닙니다. 가장 중요한 것이 하나님의 거룩하심입니다. 하나님은 우리 모든 인간들을 초청하시지만 우리 인간들은 하나님께 나아갈 수 없습니다. 모든 인간들은 다 죄인이기 때문입니다.

　인간이 하나님께 나아가는 데 가장 큰 걸림돌이 되는 것이 우리의 죄입니다. 죄가 해결되지 않는 이상 우리는 절대로 하나님을 만날 수 없고 절대로 행복을 얻을 수 없는 것입니다.

　이것은 마치 감옥 안에 있는 사람이 감옥 밖으로 나오기 위해서는 그의 죄가 해결되어야 하는 것과 똑같습니다. 죄수들은 자기가 지은 죄에 대한 형을 모두 다 채우든지 아니면 사면을 받아야 감옥에서 나올 수 있지 그 전에는 절대로 감옥에서 나올 수 없습니다. 마찬가지로 우리 인간들도 어떻게 하든지 하나님 앞에서 죄 용서를 받아야 하나님을 만날 수 있고 축복을 받을 수가 있습니다. 그렇다면 우리가 어떻게 하나님 앞에 죄를 용서받을 수 있을까요? 하나님의 말씀을 듣고 그대로 하기만 하면 됩니다.

> 1절 "너는 하나님의 전에 들어갈 때에 네 발을 삼갈지어다 가까이 하여 말씀을 듣는 것이 우매자의 제사 드리는 것보다 나으니 저희는 악을 행하면서도 깨닫지 못함이니라"

인간이 하나님을 만나는 데 있어 가장 큰 걸림돌이 되는 것은 하나님의 거룩하심입니다. 여기서 하나님의 거룩하심이라는 것은 어떤 형태의 죄나 부정도 용납되지 않는 완전한 거룩을 의미합니다. 이것은 우리 인간으로는 절대로 이해할 수 없는 것입니다.

인간들은 다른 사람의 마음을 읽을 수가 없기 때문에 사람들의 외모를 보고 판단을 합니다. 그래서 사람들은 일단 다른 사람의 외모만 추하지 않으면 괜찮은 사람이라고 생각합니다. 반면 사람의 외모가 추하거나 냄새가 나면 싫어합니다. 사람들은 모두 다른 사람의 죄나 허물이 드러나게 되었을 때 그 사람을 정죄하고 싫어하게 됩니다.

그러나 하나님은 우리 인간을 보실 때 외모를 보시지 않고 중심을 보십니다. 하나님은 우리의 모든 것을 한순간에 다 아십니다. 우리가 지금까지 어떻게 살아왔으며 어떤 죄를 지었는지, 지금 어떤 상태에 있는지 모든 것을 다 아십니다. 하나님 앞에서는 인간의 과거와 현재의 모든 것이 한순간에 벌거벗은 것처럼 전부 다 드러나게 되어 있습니다. 그런데 그 정도가 아니라 만약 누군가가 하나님 앞에서 티끌만 한 죄가 있으면 하나님으로부터 심판이 오게 되어 있습니다. 즉 하나님 앞에서는 아주 작은 죄나 거짓도 용납이 되지 않는 것입니다.

우리 인간의 문제는 바로 여기에 있습니다. 우리의 모든 행복은 하나님께 있는데 우리는 모두 죄 덩어리여서 하나님 앞에 설 수가 없는 것입니다. 만약 우리가 그럼에도 불구하고 하나님 앞에 서면 우리의 모든 죄들이 하나도 빠짐없이 전부 드러날 뿐 아니라 우리는 그 자리에서 하나님의 불에 타서 죽게 될 것입니다.

이스라엘의 아합 왕 때 엘리야라는 선지자가 있었습니다. 당시 아합의 아들 아하시야가 다락에서 떨어져 많이 다쳤는데 왕은 자기 아들이 병에서 나을 수 있는지 이방 신에게 물으러 사람을 보냈습니다. 그랬더니 엘리야가 중간에서 사신들을 만나서 이스라엘에 신이 없어서 이방 신에게 묻느냐고 하면서 왕의 아들이 죽을 것이라고 예언을 했습니다. 그래서 왕이 사신들에게 그 사람이 어떻게 생겼느냐고 물으니까 털이 많고 허리에 가죽 띠를 둘렀다고 대답을 했습니다. 왕은 사신들을 보내어서 엘리야를 죽이려고 "하나님의 사람이여 왕의 말씀에 내려오라 하셨나이다"라고 하니까 엘리야가 "내가 하나님의 사람이면 하늘에서 불이 내려 너희들을 죽일 것이라"고 대답했습니다. 그 즉시 하늘에서 불이 내려서 왕의 신하와 부하 50명을 한꺼번에 태워 죽여버렸습니다. 그다음에 왕의 사신 50명도 똑같은 결과를 당했습니다. 그랬더니 세 번째 신하는 함부로 '하나님의 사람이여'라고 부르지 않고 엘리야 앞에 꿇어 엎드려 "우리의 생명을 귀하게 생각해 달라"고 부탁을 했습니다. 그래서 그 사람들이 살아남습니다. 왜 앞의 사람들은 엘리야에게 '하나님의 사람'이라고 불렀는데 불에 타 죽었습니까? 하나님에 대하여 두려운 마음 없이 쉽게 생각해 불렀기 때문입니다. 너희 같은 죄인들은 하나님의 이름조차 입에 올릴 자격이 없다는 것입니다. 악한 자들은 하나님의 이름만 입에 올려도 하늘에서 불이 내려와 그들을 태워 죽였습니다.

다윗은 여호와의 법궤를 옮기기를 원했습니다. 그런데 다윗은 하나님의 말씀대로 옮기지 않고 블레셋 사람들이 했던 방법대로 소가 끄는 수레에 법궤를 옮겼습니다. 그렇게 하면 더 정성이 들어가는 줄로 알았던 것입니다.

그런데 중간에 소가 날뛰는 바람에 법궤가 수레에서 떨어지려고 하자 웃사라는 젊은이가 이를 막고자 법궤를 손으로 잡았습니다. 그러자 그는 그 자리에서 즉시 죽었습니다. 우리 같아도 법궤를 잡았을 것이고 그 결과 다 죽었을 것입니다.

하나님께서는 모세에게 성전에 쓰는 향은 반드시 번제를 태운 불로 붙이게 하셨습니다. 그런데 아론의 두 아들 제사장 나답과 아비후가 제단 불이 아닌 다른 불로 향불을 피웠다가 그 자리에서 즉사를 하고 말았습니다.

하나님 앞에서는 아주 티끌만 한 죄도 감출 수 없으며 그 즉시 불이 나와서 태워버립니다.

2. 하나님께 나아가는 방법

인간들이 막상 하나님께 오기는 왔는데 하나님을 만날 수 없는 이유는 우리는 모두 죄인이며 하나님은 '소멸하시는 불' 이시기 때문입니다. 그런데 이스라엘 백성들은 우리와 똑같은 죄인인데도 하나님 앞에서 불에 타죽지 않고 살아남을 수 있었습니다. 거기에는 다른 나라 사람들은 알 수 없는 비밀이 있습니다. 즉 이스라엘 백성도 하나님 앞에서 다 똑같은 죄인임에도 죽지 않고 살 수 있었던 것은 세 가지가 있었기 때문입니다. 하나는 성전이었습니다. 그리고 두 번째는 제물이었습니다. 그리고 세 번째는 제사장이었습니다. 이 모든 것이 하나님의 말씀에 있었습니다. 즉 이스라엘 백성들이 하나님의 말씀을 믿고 그대로 따랐기에 하나님 앞에서 죄를 용서받고 새 사람이 될 수 있었습니다.

그래서 전도자는 "너는 하나님의 전에 들어갈 때에 발을 삼가라"고 말씀하고 있습니다. 이것은 우리가 하나님께 나아갈 때 아무 생각 없이 들어가서는 안 되고 적어도 하나님이 어떤 분이시며 내가 어떤 상태에 있는지 제대로 알고 들어가야 한다는 뜻입니다.

우리 인간들은 하나님께로 직행할 수가 없습니다. 우리는 모두 하나님 앞에서 정지당해야 합니다. 우리는 하나님께 예배드릴 때 절대로 자기 생각이나 자기 감정에 빠져서 하나님께로 덤벼들면 안 됩니다.

그러면 우리는 어떻게 해야 할까요? 하나님께서 가르쳐주시는 대로 하면 죽지 않고 하나님 앞에서 모든 문제를 해결받을 수가 있습니다.

그것이 무엇입니까? 두 가지입니다. 하나는 제사이고 다른 하나는 하나님의 말씀을 듣는 것입니다. 1절 후반부에 "가까이 하여 말씀을 듣는 것이 우매자의 제사 드리는 것보다 나으니라"고 말씀했습니다. 여기에 보면 마치 제사 드리는 것과 말씀을 듣는 것이 서로 대치되는 것처럼 보입니다. 사무엘도 "순종이 제사보다 낫다"(삼상 15:22)고 말했습니다. 하나님께 제사를 드리는 것과 하나님의 말씀을 듣는 것이 별개의 것이 아닙니다. 제사는 우리가 하나님 앞에 들어가기 위하여 죄 씻음을 받는 것이고 그 결과로 하나님의 말씀을 듣게 됩니다. 그러나 많은 사람들은 제사 자체를 목적으로 생각해서 하나님께 제사만 드리고는 모든 것이 다 되었다고 생각합니다. 그러나 이것은 자기 도취밖에 되지 않습니다. 우리가 하나님께 나아갔을 때 얻는 최고의 축복은 하나님의 말씀을 듣는 것입니다. 왜냐하면 하나님께서는 이 말씀을 통하여 우리에게 힘을 주시고 능력을 주시기 때문입니다. 그래서 우리는 하나님 앞에 나아갈 때 마치 무균실에 들어갈 때 모든 먼지를 다 제거해야 들어갈 수 있는 것처럼 아주 작은 죄악이나 추악한 것들도 하나님 앞에 털어버려야 합니다. 우리가 그렇게 할 수 있는 것은 하나님의 말씀을 듣고 믿는 것입니다.

하나님을 모르는 사람들이 처음 하나님의 성전에 오면 정성을 다해야 한다고 생각할 것입니다. 그리고 다른 사람들은 요란한 종교 의식들을 생각할 것입니다. 그러나 하나님은 그런 정성이나 열심을 원하지 않습니다. 하나님께서 원하시는 것은 하나님의 말씀을 듣는 것입니다.

> 2절 "너는 하나님 앞에서 함부로 입을 열지 말며 급한 마음으로 말을 내지 말라 하나님은 하늘에 계시고 너는 땅에 있음이니라 그런즉 마땅히 말을 적게 할 것이라"

우리가 하나님 앞에서 조심해야 하는 이유는 하나님과 우리 사이에는 엄청난 질적인 차이가 있기 때문입니다. 하나님과 우리의 차이라고 하는 것은 단순히 물리적 차이만이 아닙니다. 하나님과 우리 인간은 질적으로도 어마어마한 차이가 있을 뿐 아니라 우리는 모두 죄인이기 때문에 도저히 하나님의 거룩하심 앞에 나아갈 수가 없습니다. 그래서 하나님 앞에서 가장 중요한 것은 조용히 하나님의 말씀을 듣는 것입니다. 그러면 우리는 놀랍게도 하나님을 만날 수 있으며 하나님의 온전한 영광 안에 들어가게 됩니다. 그때 우리가 힘들어하고 있는 이 세상의 모든 불행도 다 눈 녹듯이 해결되어 버립니다.

우리가 이 세상에서 바르게 살 수 있는 길은 하나님을 바로 아는 것입니다. 다니엘은 바벨론과 페르시아의 신하로 있었는데 그곳은 지금 북한보다 더한 곳이었습니다. 그런데 그는 그곳의 사자굴 속에서도 살아남았습니다. 그의 세 친구 사드락과 메삭과 아벳느고는 느부갓네살의 신상에 절을 하지 않았다고 해서 펄펄 끓는 용광로에 던져졌지만 살아서 나왔습니다. 이들을 던진 사람들은 다 타 죽었을 정도로 뜨거운 용광로였지만 다니엘과 세 친구는 살아서 나왔습니다.

> 3절 "일[개역개정:걱정]이 많으면 꿈이 생기고 말이 많으면 우매자의 소리가 나타

나느니라"

   이 세상에 이렇게도 말이 많고 일이 많은 이유는 사람들이 바른 길을 찾지 못했기 때문입니다. 일단 길을 모르면 사람들의 말이 많아집니다. 그런데 사람들은 말이 많은 것이 무슨 방법이 있는 줄 알고 이 방법도 택해보고 저 방법도 택해보지만 모두 헛고생입니다. 실제로 길을 아는 사람들은 아무 말도 필요가 없습니다. 사람들에게 일이 많은 이유는 일단 가능성이 있다고 생각되면 다 찔러보기 때문입니다.

   조난을 당했을 때에도 길을 모르기 때문에 말을 많이 하고 이 방법 저 방법을 다 시도해봅니다. 그러니까 말이 많고 꿈도 많은 것입니다. 여기서 꿈이 많다고 하는 것은 공상이 많다는 뜻입니다. 그러나 인간의 문제는 인간의 힘으로는 해결할 수가 없습니다. 우리가 쳇바퀴 돌듯이 도는 삶에서 벗어날 수 있는 방법은 하나님의 말씀을 듣는 것밖에 없습니다. 그 말씀을 듣고 믿음으로 나아가면 길이 열리게 되고 분명히 멸망치 않고 살게 되는 것입니다. 길을 찾은 사람은 여러가지 방법을 시도해보지 않습니다. 시행착오를 많이 한다는 것은 아직 길을 찾지 못했다는 뜻입니다. 길을 아는 사람들은 아무 말을 하지 않습니다. 그리고 서두르거나 뛰어다니지도 않습니다. 왜냐하면 길을 찾았고 알고 있기 때문입니다.

   우리가 가지고 있는 이 성경 말씀 안에 길이 있습니다. 믿음으로 나아가면 모든 불가능한 일들이 해결되고 우리는 반드시 가장 행복하고 풍성한 삶을 살게 되는 것입니다. 사실 말씀을 바로 아는 것이 얼마나 많은 시간이 절약되며 돈이 절약되는지 모릅니다.

3. 하나님을 앞서지 말라

진정으로 하나님을 만났다면 우리에게 반드시 나타나는 현상이 하나 있습니다. 그것은 바로 하나님을 앞서지 않는 것입니다. 하나님의 백성들이 인생길을 성공적으로 걷는 가장 중요한 원리는 하나님의 뒤를 따라가는 것입니다. 이것은 마치 양이 목자의 뒤를 따라가는 것과 같습니다. 양이 목자 뒤를 따라가야지 양이 목자를 데리고 다니면 모두가 위험하게 될 것입니다. 우리가 살아가는 이 인생길은 마치 지뢰밭과 같으며 죽음의 함정이 깔려 있는 곳입니다. 이 길을 절대로 우리 힘으로 걸어갈 수 없습니다. 하나님께서 먼저 가시면서 위험을 제거해주셔야 우리는 바른 길을 갈 수가 있습니다.

4절 "네가 하나님께 서원하였거든 갚기를 더디게 말라 하나님은 우매자를 기뻐하지 아니하시나니 서원한 것을 갚으라"

여기서 '서원'이라는 것은 하나님에 대한 약속입니다. 우리가 하나님께 "이러이러한 일을 하겠습니다"라고 약속을 한 후에 지키지 않는 것은 서원을 깨는 것입니다. 왜 사람들이 하나님께 서원을 한 후 지키지 못합니까? 그것은 사람들이 자기가 할 수 없는 것을 약속했거나 아니면 약속을 한 후에 마음이 변했기 때문입니다.

이 말씀에서 전도자가 하는 이야기는 하나님께 서원을 했으면 무조건 기계적으로 다 이행을 하라는 뜻이 아닙니다. 중요한 것은 우리가 무엇 때문에 지키지도 못할 서원을 했느냐 하는 것입니다. 그것은 하나님을 기다릴 수 없었기 때문입니다. 우리 생각에 하나님이 아무것도 안 해주시니까 내가 이것도 하고 저것도 하겠다고 했는데 안 되니까 서원한 것에 부도를 내는 것입니다. 사람들이 부도를 내는 이유는 돈이 들어온 것은 아니지만 들어올 줄 알고 약속 어음을 끊어주었다가 생각대로 되지 않으니까 부도를 내게 되는 것입니다. 하나님의 백성들이 복을 받는 가장 기본적인 자세가 절대로 하나님을 앞서지 않고 하나님 뒤에 붙어서 그대로 따라가는 것입니다.

여호수아가 가나안 땅을 정복하기 전에 여리고 성을 둘러볼 때에 칼을 빼어들고 서 있는 한 장수를 발견하게 되었습니다. 여호수아가 그 사람에게 "당신은 못 보던 사람인데 우리 편입니까 적의 편입니까?" 물으니까 그는 "나는 여호와의 군대 장관이라"고 대답했습니다. 그러면서 여호수아에게 "네 발에서 신을 벗으라"고 말씀했습니다. 여기서 신을 벗는 것은 종들이 하는 일입니다. 여호수아가 할 일은 맨발로 하나님의 사자 뒤를 따라가면서 여호와의 사자가 시키는 것만 하면 되는 것입니다. 이 세상에서 우리가 성공하고 아름다운 삶을 살 수 있는 것은 하나님을 앞서지 않는 것입니다. 우리가 할 일은 마치 내가 주인인 것처럼 큰 소리를 치는 것이 아니라 맨발 벗고 하나님 뒤에 붙어서 따라가기만 하면 되는 것입니다.

하나님을 앞질러 가는 것은 우매한 것입니다. 왜냐하면 길을 잘못 가면 그만큼 되돌아와야 하기 때문입니다. 하나님께서 길을 열어주시지 않으면 우리 자신이 가시덤불을 헤쳐나가야 합니다. 그렇기 때문에 조용히 하나님을 따라가기만 하면 하나님께서 열어주시는 길을 가게 되는데 자기가 앞서 가면 길도 아닌 곳을 온갖 고생만 하며 가게 되고 결국 소득은 없게 됩니다.

하나님을 따라가면 가장 힘든 것은 모든 것이 내가 생각하는 대로 빨리 되지 않는 것입니다. 그리고 또 우리는 얼마를 기다려야 할지도 모릅니다. 믿음으로 나갔는데 나쁜 결과가 나오면 어떻게 하나 하는 불안이 있습니다. 바로 이런 불안과 싸우는 것이 믿음입니다. 믿음의 사람들이 하는 말이 무엇입니까? 하나님께 맡겨보니까 내가 붙들고 씨름하는 것보다 수십 배 수백 배 더 낫더라는 것입니다. 우리는 조금만 기다리면 되는데 그것을 참지 못해서 일을 저지르고 마는 것입니다. 그러면 그만큼 실패한 인생으로 남게 되는 것입니다.

> 6절 "네 입으로 네 육체를 범죄케 말라 사자 앞에서 내가 서원한 것이 실수라고 말하지 말라 어찌 하나님으로 네 말 소리를 진노하사 네 손으로 한 것을 멸하시게 하랴"

여기서 중요한 것은 '사자'라는 말입니다. 눈에 보이지 않지만 하나님의 사자가 우리와 함께하십니다. 우리는 이 세상을 혼자서 걸어가는 것이 아니라 하나님의 사자와 함께 걸어갑니다. 그 사자는 바로 그리스도요 하나님의 군대 장관입니다. 어떤 선한 일을 하려고 작정을 했다면 마음에 아깝다고 생각해서 취소하지 말라는 것입니다. 우리가 하나님 앞에 선한 마음을 가지면 하나님은 그것의 수십 배 수백 배 되는 축복을 준비하시기 때문입니다. 그런데 우리가 그 착한 마음을 포기해버리면 우리에게 준비된 축복도 날아가게 됩니다. 그래서 선한 계획은 절대로 취소하지 말고 할 수 있는 한 실천하시기 바랍니다. 그러면 우리를 향한 하나님의 무한한 축복의 문이 열릴 것입니다.

우리가 하나님께 즐거운 마음으로 드리면 하나님께서는 내가 바친 것의 수십 배 수백 배 되는 복을 주실 것입니다. 그러니까 하나님께 바치는 것은 좋은 것입니다.

> 7절 "꿈이 많으면 헛된 것이 많고 말이 많아도 그러하니 오직 너는 하나님을 경외할지니라"

하나님의 백성들은 철저하게 실제적이 되어야 합니다. 우리에게 주어진 것은 오직 오늘이라는 현재입니다. 과거도 우리가 더 이상 바꿀 수가 없고 미래는 아직 오지 않았습니다. 그래서 오늘 하루를 철저하게 믿음으로 사는 것이 성공하는 길입니다. 우리는 높은 산봉우리를 단숨에 올라갈 수 없습니다. 그러나 한 걸음 한 걸음 올라가다 보면 결국 산봉우리까지 올라가게 되어 있습니다. 그래서 예수님께서는 "내일 일을 위하여 염려하지 말라 오늘 염려는 오늘에 족하다"고 하셨습니다. 미래 일은 하나님께 맡기고 하루하루 믿음으로 살라는 뜻입니다.

하나님은 이 세상 모든 사람들을 감찰하시다가 심판을 하십니다. 때문에 죄를 지은 사람은 하나님께서 심판하시는 시기가 언제인지가 문제이지 반드시 하나님의 심판을 당하게 되어 있습니다.

성공하는 또 다른 비결이 무엇인가 하면 절대로 악한 방법을 사용하지 않는 것입니다.

> 8절 "너는 어느 도에서든지 빈민을 학대하는 것과 공의를 박멸하는 것을 볼지라도 그것을 이상히 여기지 말라 높은 자보다 더 높은 자가 감찰하고 그들보다 더 높은 자들이 있음이니라"

우리는 이 세상에서 불의한 방법으로 쉽게 성공하는 사람을 보면 나도 저렇게 살았으면 좋겠다고 부러워할 때가 있습니다. 그러나 그런 생각보다 더 무서운 유혹은 없습니다. 왜냐하면 불의한 방법으로 성공한 사람들은 반드시 하나님 앞에 심판을 받게 되기 때문입니다.

사람들이 부정한 돈을 받을 때 아무도 모를 것이라고 생각해서 돈을 받습니다. 그런데 나중에 재판 때가 되면 돈을 준 사람이 자기 돈을 받은 사람을 자백하기 때문에 결국 모두 다 걸려들게 됩니다. 이것은 마치 고구마 줄기처럼 연결되어 있습니다. 경찰이나 검찰이 한쪽에서 캐기 시작하면 돈을 받은 사람들은 모두 다 걸려들게 되는 것입니다.

그래서 그리스도인들은 이 세상에서 쉬운 길을 택하면 안 됩니다. 어떻게 하든지 하나님이 열어주시는 길을 가야 합니다. 하나님이 길을 열어주시지 않으면 가지 말아야 합니다.

결국 하나님께서 모든 것을 보고 계신다는 것이 중요합니다. 물론 하나님이 우리를 보고 계신다는 것이 우리들에게는 엄청난 스트레스를 줄 것입니다. 그러나 이것 때문에 하나님의 백성들은 죄를 덜 짓게 됩니다.

9절 "땅의 이익은 뭇사람을 위하여 있나니 왕도 밭의 소산을 받느니라"

하나님은 모든 사람들이 살 수 있도록 땅의 열매를 주십니다. 그래서 왕의 몫이 있는가 하면 가난한 사람들의 몫도 있습니다. 왕은 왕대로 자기 먹을 것이 있고, 가난한 사람은 가난한 사람대로 자기 먹을 것이 있습니다. 그래서 사람들 중에서 다른 사람의 행복을 소중하게 생각하는 사람이 복을 받습니다. 우리는 절대로 가난한 사람의 먹을 것을 빼앗아서는 안 됩니다. 가난한 사람은 가난한 사람대로 행복하게 살도록 해주어야 합니다. 그래야 복을 받을 수 있습니다.

남의 것을 빼앗으면 단순히 그 사람을 범하는 것이 아니라 그 사람을 먹고 살게 하신 하나님께 죄를 짓는 것입니다.

10절 "은을 사랑하는 자는 은으로 만족함이 없고 풍부를 사랑하는 자는 소득으로 만족함이 없나니 이것도 헛되도다"

이 사람들은 잘못된 목표를 가지고 있는 사람들입니다. 즉 은이나 풍부 자체를 목적으로 하기 때문에 만족함이 없는 것입니다. 수단을 목적으로 삼으면 안 됩니다. 인간에게 가장 중요한 것은 인격적인 것입니다. 우리가 다른 사람들을 인격적으로 대하는 것이 중요합니다. 하나님의 백성들에게는 하나님을 알아가는 것이 목적입니다. 다른 것들은 모두 수단에 불과하기 때문에 은이 많으면 좋지만 적어도 큰 상관이 없습니다. 그래야 우리는 노예가 되지 않습니다.

결국 우리가 하나님을 믿고 하나님의 말씀을 붙드는 것이 이 세상에서 바르게 살고 성공하는 비결인 것입니다.

09 · 재물의 한계

|전 5:11-20|

우리가 종이 위에 똑바른 선을 그으려면 손을 똑바로 움직여야 하겠지만 그보다 더 중요한 것은 종이 바닥이 바르게 되어 있어야 합니다. 아무리 손을 똑바로 움직인다 하더라도 그림을 그리는 바닥이 울퉁불퉁하다면 선이 똑바르게 그어지지 않을 것입니다. 마찬가지로 우리가 인생길을 똑바르게 걸어가려면 바르게 살려고 노력하는 것도 중요하지만 일단 바른 길에 들어서는 것이 중요합니다. 구불구불한 길을 걷고 있다면 바른 길을 가려고 아무리 애를 써도 길 자체가 굽은 길이기 때문에 결코 바른 길을 갈 수가 없을 것입니다. 우리는 옛날에 바른 길을 가는 가장 중요한 방법이 일류 고등학교나 대학에 들어가는 것이라고 생각했습니다. 그러나 아무리 일류 고등학교나 대학교에 들어간다 하더라도 그 안에는 역시 열등한 학생이 있기 마련이고 아무리 똑똑하다 하더라도 죄 많은 인간이라는 점에는 차이가 없습니다. 전도자는 우리가 바른 인생길을 가기 위하여 가장 중요한 것은 하나님

을 바로 만나는 것이라고 말씀하고 있습니다. 그래서 우리가 성전에서 예배를 드리면서 하나님을 만나는 것이야말로 우리 인생에서 가장 중요한 일입니다. 왜냐하면 우리가 하나님을 바로 예배한다는 것은 하나님을 향하여 똑바른 대로가 생기는 것이기 때문입니다.

전도서 5장 후반부는 우리가 하나님을 믿지 않을 때 사람들이 이 세상에서 가장 성공적이라고 생각하는 길에 대하여 설명하고 있습니다. 그것은 바로 부자가 되는 길입니다. 사실 하나님이 없다면 이 세상에서 부자가 되는 것보다 더 좋은 일은 없을 것입니다. 돈만 많으면 자기가 하고 싶은 것을 전부 다 할 수 있기 때문입니다.

최근 전 세계에서 컴퓨터로 가장 많이 성공하고 돈을 많이 번 사람은 공교롭게도 같은 나이를 가진 세 사람입니다. 한 사람은 마이크로소프트사의 빌 게이츠이고 두 번째는 애플사의 스티브 잡스이고 세 번째는 구글의 에릭 슈미트라는 사람입니다. 이 세 사람은 이미 컴퓨터 소프트 프로그램 계통에서는 세계에서 가장 성공한 사람들이고 돈을 가장 많이 번 사람들입니다. 그런데 공교롭게도 이 세 사람 중 두 사람은 최근에 은퇴를 하게 되었습니다. 빌 게이츠는 자선 사업을 하기 위해서 물러났고 스티브 잡스는 건강이 좋지 못해서 경영 일선에서 잠시 물러났습니다. 그리고 에릭 슈미트는 원래 회사를 만든 사람들에게 경영권을 돌려주기 위해서 물러나게 되었습니다. 우리 생각으로는 머리가 있고 돈이 있으면 무엇이든지 다 할 수 있을 것 같지만 사람은 돈만으로는 만족할 수가 없고 또 돈이 아무리 많다고 해도 자기 생명을 연장시킬 수는 없습니다. 얼마 전에 아프리카의 튀니지에서 쿠데타가 일어나서 대통령과 그 가족들이 물러나게 되었습니다. 이 사람들은 권력을 이용해서 수조 원에 해당하는 돈을 모았는데 결국 국민들의 지지를 받지 못하니까 그 많은 돈을 써보지도 못하고 쫓겨나고 만 것입니다.

만약 우리가 겨울에 높은 산에 올라갔는데 조난을 당하게 되었다면 우리에게 가장 중요한 것은 안전하게 산에서 내려와서 가족들이 있는 집으로 돌아가는 일일 것입니다. 우리가 산 위에서 아무리 비상식량이 많다고 하더라도 그것은 우리의 생명을 조금 더 연장시켜줄 뿐이지 그것으로 완전한 생명을 얻은 것은 아닙니다. 마찬가지로 우리가 이 세상에서 많은 돈을 가지고 있는 것은 바로 조난당한 이 세상에서 비상식량을 많이 가지고 있는 것밖에 되지 않습니다. 우리에게 있어서 돈이 많은 것보다 더 중요한 것은 바른 길을 가는 것입니다. 우리가 바른 길을 가고 있다면 돈은 그렇게 많이 필요하지 않을 것입니다.

 솔로몬은 하나님이 주신 지혜로 엄청난 부와 명예를 얻게 되었습니다. 그래서 솔로몬 때 예루살렘 사람들은 금이 얼마나 흔했는지 은은 귀한 것으로 여기지 않을 정도였습니다. 그런데 놀라운 것은 솔로몬 자신이나 이스라엘 백성들이 이렇게 많은 부를 얻고 난 후부터 길을 잃고 헤매기 시작한 것입니다. 그리고 이스라엘은 전체적으로 방향을 잃고 침체되기 시작했습니다. 솔로몬이나 이스라엘 백성들에게 바른 방향은 하나님의 말씀이었음에도 그들이 하나님의 말씀은 놓쳐버리고 부를 붙들었기 때문에 방향을 잃어버리고 헤매게 되었던 것입니다. 결국 하나님의 말씀이 인생의 바른 방향이고 부는 거기에 따라오는 축복인 것입니다.

 본문 말씀은 사람들이 하나님의 말씀을 택하지 않고 세상의 부를 택하게 되었을 때 결국 부자들이 누리는 만족감과 그들이 부를 잃었을 때 느끼는 상실감에 대하여 말씀하고 있습니다. 결국 중요한 것은 인생의 바른 길을 가는 것이지 부 자체가 목적이 되어서는 안 되는 것입니다.

1. 부자가 누리는 만족감

11절 "재산이 더하면 먹는 자도 더하나니 그 소유주가 눈으로 보는 외에 무엇이 유익하랴"

아마도 어렸을 때 자기 집이 부자가 되어서 좋은 집에서 맛있는 것을 실컷 먹으면서 살았으면 좋겠다고 생각한 사람들이 많이 있을 것입니다.

제가 대학교 1학년 때 여의도에 있는 한 아파트에서 학생을 과외한 적이 있었습니다. 그런데 그 아파트는 그 당시에 평수가 60평이나 되었고 화장실이 두 개나 있었습니다. 지금은 웬만한 아파트에 화장실이 두 개씩 있지만 그 당시만 해도 저는 화장실이 두 개 있는 집은 처음 보았습니다. 그런데 제 기억으로는 그 집이 그렇게 행복해보이지 않았고 그 집에서 배우는 아이도 공부에 흥미가 없는 것 같았습니다. 과연 사람이 잘사는 것이 좋으냐 아니면 자기 자신이 바른 사람이 되어 있는 것이 좋으냐라고 묻는다면 우리는 당연히 자기 자신이 바른 사람이 되어 있는 것이 중요하다고 말할 것입니다.

전도자는 부자의 유익에 대하여 두 가지를 말씀하고 있습니다. 그 하나는 재산이 더하면 먹는 사람이 많다는 것이고 다른 하나는 자기가 가진 것을 눈으로 보고 만족해한다는 것입니다.

"재산이 많으면 먹는 자가 더한다"는 것은 많은 재산을 유지하려면 그만큼 비용이 많이 든다는 뜻입니다.

사람들이 돈을 많이 벌게 되면 가장 많이 하는 일이 큰 집을 사는 것입니다. 왜냐하면 돈만 가지고 있으면 아무 소용이 없기 때문에 나에게 만족감을 주고 부를 좀 더 오래 누릴 수 있는 방법이 크고 좋은 집을 가지는 것이기 때문입니다.

미국의 부자는 현금을 많이 보유하지 않고 집 안에 풀장도 있고 큰 정원도 있고 골프도 칠 수 있는 대저택을 구입합니다. 그러면 자신이 대저택에 산다는 만족감을 마음껏 누릴 수 있을 것입니다. 그런데 사람은 큰 집을 가지고 산다고 해서 모든 것이 다 되는 것이 아닙니다. 왜냐하면 큰 집을 가지고 있으면 그런 집을 유지해야 하기 때문입니다.

큰 집을 유지하려면 여러 사람들을 고용해야 합니다. 청소할 사람도 따로 두어야 하고 경비나 관리인도 두어야 합니다. 뿐만 아니라 정원을 관리할 정원사나 요리사도 따로 두어야 합니다. 결국 부자가 되어서 큰 집에 살려고 하면 여러 사람들을 고용해야 하고 그만큼 비용이 많이 들게 됩니다.

예를 들어 옛날에는 큰 성과 같은 대저택을 가지면 거기서 일하는 사람들만 수십 명이 되고 주인은 그들을 먹여 살려야 했습니다. 그래서 사람의 품위는 그냥 나오는 것이 아니고 막대한 품위 유지비를 지출해야 품위가 생기는 것입니다.

그러니까 부자가 있으면 그 부자를 위해서 요리를 하고 청소를 하고 세탁을 하고 골프채를 들고 다니고 운전을 해주고 비서를 해주고 경비를 서주고 재산을 관리해주면서 밥벌이를 하는 사람들이 많이 생기게 된다는 것입니다. 이것이 부자와 그의 돈으로 먹고사는 사람의 공생 관계입니다.

부자는 돈을 들여서 품위를 높이지만 다른 사람들은 그 부자의 품위를 높여주고 여러 식구들이 먹고사는 것입니다. 그러니까 어떤 사람이 재물을 많이 가지고 있다고 해서 자동적으로 존경을 받는 것이 아니고 존경을 받으려면 그만큼 돈을 써야 하는 것입니다.

그러면 재물의 소유자가 부를 통하여 얻는 것이 무엇입니까? 그는 그 부를 지출함으로써 다른 사람들의 서비스를 받고 존경을 받고 만족감을 누리는 것입니다. 그래서 부자들은 다른 사람들이 자신을 높여주는 그 품위와 자신이 지출하는 돈을 바꾸는 것입니다. 그런데 만약 그 부자가 돈을 지출하는 데 인색하면 다른 사람들은 다 뒤에 돌아서서 욕을 할 것이며 그 뒤에는 형편없는 서비스가 돌아오게 될 것입니다.

그래서 성경은 "눈으로 보는 외에 무엇이 유익하냐"고 합니다. 즉 우리 생각에는 돈이 많은 사람은 자기가 하고 싶은 것을 다 할 수 있을 것이라고 생각하겠지만 결코 그렇지 않다는 것입니다. 왜냐하면 몸뚱이가 하나밖에 없기 때문입니다.

부자는 자기가 가진 많은 돈으로 비싼 옷을 사 입을 수도 있고 자동차도 고급차를 여러 대 살 수 있습니다. 그리고 집도 여러 채 사놓을 수 있습니다. 그런데 안타까운 것은 몸뚱이가 하나밖에 없다는 것입니다. 그래서 부자는 아무리 맛있는 음식을 장만해도 자기 위만큼밖에는 먹지 못합니다. 나머지는 다 눈요기밖에 되지 않는 것입니다. 즉 다른 사람들만 실컷 먹게 하고 자기는 그 칭찬을 듣는 것으로 만족해야 하는 것입니다. 아마도 부자들에게 위가 열 개 정도 있으면 굉장히 좋을 것입니다. 소처럼 실컷 먹고 시간 날 때마다 되새김질을 할 수 있으면 매우 좋을 것입니다. 그래서 로마 시대 귀족들은 실컷 먹고 난 후에 손가락을 넣어서 토하고 또 먹었다고 합니다.

그리고 부자들에게 비싼 옷이 아무리 많아도 소용이 없습니다. 왜냐하면 부자들도 몸뚱이가 하나밖에 없기 때문입니다. 부자들에게 아무리 좋은 옷이 열 벌이 있다고 해도 하나씩 갈아입을 수는 있겠지만 한꺼번에 열 개를 다 입을 수는 없습니다. 결국 부자들이 할 수 있는 것은 좋은 옷을 많이 사놓고 눈으로 즐기는 것입니다. 결국 부자들이 할 수 있는 것은 수집을 하는 것입니다. 집도 마찬가지입니다. 부자는 집이 여러 채 있다고 해도 여러 집에서 한꺼번에 잠을 잘 수는 없습니다. 왜냐하면 몸이 하나밖에 없기 때문입니다. 부자는 자기 집에 방이 아무리 많아도 한 방에서 자든지 아니면 이 방, 저 방 굴러다니면서 잘 수는 있어도 한 번에 여러 방에서 잘 수는 없습니다. 결국 성경이 말씀하는 부자가 누릴 수 있는 만족감은 정신적인 만족감일 수밖에 없다는 것입니다. 즉 나는 재산이 이 정도 있다는 정신적인 만족이 있을 뿐이지 실제로 그 부를 다 누릴 수 있는 것은 아닙니다.

우리나라 재벌들 중에는 수조원의 재산을 가진 사람도 있습니다. 그런데 이런 부자는 자기가 가지고 있는 돈을 한평생 다 헤아리지도 못하고 손에 만져보지도 못합니다. 이들은 자기 재산을 주식 가격이나 은행에 있는 돈의 숫자로 만족할 뿐입니다. 그러니까 우리나라 재벌들의 부는 동그라미 부자이지 실제로 자기 돈을 자기가 만지는 부자가 아닌 것입니다. 그들은 기껏해야 내가 이 만큼 돈을 모았다는 허영과 그 돈을 쓸 때 다른 사람으로부터 "사장님!" 소리를 듣는 것으로 만족해야 하는 것입니다. 그나마 인색하면 사람들은 뒤로 돌아서서 다 욕을 하는 것입니다.

2. 재물이 주는 부담

그러면 부는 우리에게 존경과 정신적인 만족감만 가져다 줄까요? 결코 그렇지 않습니다. 부는 그것을 가진 사람에게 많은 부담을 함께 가져다 줍니다.

> 12절 "노동자는 먹는 것이 많든지 적든지 잠을 달게 자거니와 부자는 배부름으로 자지 못하느니라"

노동자들이 많이 먹든지 적게 먹든지 잠을 달게 자는 이유는 지켜야 할 돈이 없기 때문에 염려하지 않아서입니다. 가난한 자들은 그냥 하루하루 벌어서 먹고살면 되기 때문에 수입이 좋은 날은 맛있는 것을 실컷 사먹고 자면 그것으로 충분한 것입니다. 그런데 부자는 배가 불러도 잠을 자지 못합니다. 왜냐하면 자기가 가지고 있는 돈을 지켜야 하는데 혹시 밤에 도둑이 들어올까 걱정이 되기도 하고, 하인들이 돈을 빼돌릴까 걱정이 되기도 합니다.

우리가 가난했을 때는 실컷 먹어보는 것이 소원이었습니다. 그래서 잔칫

날이 되면 식구들이 모두 가서 배가 터지도록 먹고 그것을 소화하지 못해서 약국에 가서 소화제를 먹어야 했습니다. 왜냐하면 그때는 실컷 먹을 수 있는 기회가 많지 않았기 때문에 먹을 기회가 있으면 무조건 먹어야 했기 때문입니다. 그러나 요즘은 돈이 있다고 해서 절대로 마음껏 먹을 수가 없습니다. 왜냐하면 함부로 많은 음식을 먹으면 엄청나게 비만이 되기 때문입니다.

요즘은 적게 먹는 사람이 비만하지 않기 때문에 잠도 잘 자고 생활도 잘 합니다. 많이 먹는 사람들은 비만 때문에 잠을 제대로 잘 수가 없습니다. 그래서 요즘 부자들은 절대로 음식을 많이 먹지 않습니다. 그리고 많은 시간을 운동을 하며 살을 빼는 데 보냅니다. 그래서 사람들은 돈이 많아도 원하는 대로 먹을 수가 없습니다. 가난한 사람은 먹을 것이 없어서 굶지만 돈이 많은 사람은 비만에 걸리지 않기 위해서 굶는 것입니다. 그러니까 별로 차이가 없습니다.

그런데 성경이 말씀하는 것은 단순한 비만이나 소화 불량의 문제가 아닙니다. 부는 그것을 가진 사람에게 많은 부담을 가져다준다는 것입니다.

우선 부는 모으는 것보다 관리가 더 어렵습니다. 왜냐하면 사람들은 어떤 사람에게 돈이 있다는 것을 알면 어느새 돈 냄새를 맡고 너도나도 손을 벌리기 때문에 돈을 지키려면 '마음과 뜻과 정성'을 다해서 돈을 지켜야 합니다. 그러니까 부자는 얼마나 많은 사람을 의심해야 하고 얼마나 많은 거짓말을 해야 하는지 모르는 것입니다.

여행을 하더라도 지갑에 돈이 많이 들어 있으면 항상 소매치기 당할까 봐 신경을 써야 합니다. 부자는 돈을 현금으로 가지고 있는 것이 위험하기 때문에 은행에 넣지만 이자가 너무 적습니다. 그러나 그렇다고 해서 부자가 땅을 사놓거나 주식에 투자를 하면 위험이 따릅니다. 그러니까 부자는 돈이 많기 때문에 많은 신경을 써야 합니다. 주식에 많은 돈을 투자한 사람은 매일 아침 주가 변동을 확인해야 하고 거기에 마음과 뜻과 정성을 다 바쳐야 합니다.

> 13절 "내가 해 아래서 큰 폐단 되는 것을 보았나니 곧 소유주가 재물을 자기에게 해 되도록 지키는 것이라"

사회적으로 보면 재물이라는 것은 꼭 필요한 것입니다. 즉 누군가가 돈이 있어서 회사를 차리거나 공장을 세우면 다른 많은 사람들이 거기에서 일터를 얻을 수가 있습니다. 원래 부라는 것은 그렇게 하라고 하나님께서 주신 것입니다.

우리가 어렸을 때에는 모두가 가난한 사람들이었습니다. 그때는 아픈 사람이 있어도 돈이 없어서 병원에 가지 못하거나 약을 지어 먹이지 못해서 죽는 경우도 있었습니다. 그리고 공부를 하고 싶어도 돈이 없어서 학교를 다닐 수 없는 경우가 수두룩했습니다.

그때는 우리나라 자체가 쌓여 있는 부가 없었기 때문에 나라 전체가 그렇게 가난했습니다. 그러나 지금 우리나라가 잘살게 되니까 얼마나 좋습니까? 이것을 나쁘다고 말할 사람은 아무도 없을 것입니다.

부자는 회사를 세우거나 공장을 세워서 다른 사람들이 먹고살 수 있는 일터를 마련해주는 사람인 것입니다. 그래서 이자율이 낮은 것이 더 성경적인지 모르겠습니다. 왜냐하면 이자율이 낮아야 공장을 돌리는 사람은 유리하고 이자로 사는 사람은 적게 이익을 얻기 때문입니다. 이것이 하나님이 부를 주신 가장 중요한 이유입니다. 가진 부를 통해서 공장을 경영하는 사람은 아주 잘하는 것입니다. 왜냐하면 그렇게 하라고 하나님께서 이 사회에 부를 주셨기 때문입니다.

재물이 죄가 되는 것은 부자가 더 부자가 되기 위하여 욕심을 부리기 때문입니다. 부자가 더 많은 부를 쌓으려면 약한 자를 학대하는 수밖에 없을 것입니다. 혹은 부자가 재물로 인하여 마음이 교만해져서 부를 가지고 흥청망청 쓸 때일 것입니다. 부자가 자기가 번 돈을 가지고 규모 있게 사용한다면 가난한 자와 크게 다를 것이 없을 것입니다. 그러나 부자가 부를 사용해서 쾌락을 즐기려면 엄청나게 타락하게 될 것입니다. 우리 하나님의 백성들은 무조건 가난을 예찬할 필요는 없습니다. 하나님의 말씀에 순종해서 살면 부자가 되어도 좋고 가난한 것도 좋습니다. 부자들 중에는 아름다운 부자들이 있습니다. 이것은 너무나도 사회적으로 필요한 것입니다.

그러나 사람이 가난에서 벗어났다고 해서 모든 문제가 다 해결된 것은 아닙니다. 왜냐하면 부라고 하는 것은 우리가 인생길을 살아가는 데 있어서 비상식량인 것이지 이것 자체가 인생의 방향은 아니기 때문입니다. 그래서 부자가 되는 것을 인생 목표로 사는 사람은 그 목표 자체가 잘못된 것입니다.

3. 부의 상실감

전도자는 부자가 많은 노력을 한다고 해서 부를 지킬 수 있는 것이 아니라고 말씀하고 있습니다. 왜냐하면 사람들은 전혀 생각하지 못했던 변수에 의하여 재산을 다 잃게 되는 경우가 많기 때문입니다.

> 14~15절 "그 재물이 재난을 인하여 패하나니 비록 아들은 낳았으나 그 손에 아무 것도 없느니라 저가 모태에서 벌거벗고 나왔은즉 그 나온 대로 돌아가고 수고하여 얻은 것을 아무것도 손에 가지고 가지 못하리니"

재물은 하나님께서 일시적으로 맡겨주시는 것이기 때문에 사람들은 이 세상에서 전혀 생각지도 못한 전쟁이나 재난, 폭동 같은 일이 발생하면 한순간에 재산을 다 날릴 때가 있습니다. 이상한 것은 부자가 되려고 하는 사람은 이상하게 돈이 벌리기 시작하면서 한순간에 부자가 되고 망하려고 하면 또 이상하게 안 될 일만 터지면서 결국 빈손으로 몰락하고 마는 것입니다.

더욱이 부자가 더 큰 부자가 되려고 하다가 망하는 경우가 많습니다. 왜냐하면 결국 욕심이 그의 눈을 멀게 해서 정상적인 판단을 하지 못하게 만들기 때문입니다. 그 대표적인 경우가 재벌 2세들의 경우입니다. 아버지로부터 엄청난 재산은 물려받았지만 아버지 같은 경험이나 인생철학이나 판단능력은 없는 것입니다. 그래서 무턱대고 투자를 하기만 하면 부자가 될 줄 알고 투자를 했다가 큰 손해를 보는 것입니다. 부는 누구든지 영구적으로 소유할 성질의 것이 아니기 때문입니다.

그런데 돈만 가지고 있었던 사람은 인격이 훌륭한 것도 아니고 그렇다고 해서 믿음이 좋은 것도 아니기 때문에 돈이 사라지면 그야말로 아무것도 남아 있지 않게 됩니다.

많은 부자들이 어떻게 해서든지 자식에게 부를 물려주려고 합니다. 왜냐하면 부모가 자식에게 돈을 물려주는 것은 남에게 주는 것은 아니기 때문입니다. 그러나 많은 자식들이 아버지의 재산을 제대로 관리하지 못합니다. 왜냐하면 자식은 아버지 같은 경험이 없기 때문입니다. 인생 밑바닥에서부터 올라온 사람은 그 바닥에서 잔뼈가 굵었기 때문에 아는 사람도 많고 위기를 관리할 수 있는 능력이 있습니다. 최고 경영자는 상황을 판단하는 능력이 뛰어나고 위기를 해결하는 데 능력이 있습니다. 그러나 이것은 책에서 배울 수 있는 것도 아니고 누군가가 가르쳐줄 수 있는 것도 아닙니다. 따라서 아무 노력도 하지 않고 부를 물려받은 자식은 그런 능력이 없기 때문에 위기를 해결할 수 없는 것입니다. 자신의 힘으로 인생을 개척해야지 갑자기 부모의 부를 물려받는 것은 복이 아닙니다. 그래서 사람들은 자기가 죽을 때 언젠가는 빈손으로 가야 한다는 것을 깨닫고 자식에게 물려주지 않는 것이 좋습니다. 물론 자기 자식이 부자로 잘사는 것이 좋기는 하겠지만 감당하지 못하는 부는 절대로 축복이 아닌 것입니다.

어느 신문 보도에 의하면 복권에 당첨이 되어서 부자가 된 사람들 거의 대부분이 몇 년 안 되어서 파산하게 된다고 합니다. 왜냐하면 이런 사람들은 부를 관리하는 능력이 없기 때문입니다.

본문 말씀은 부자로 살다가 가난하게 되면 어떻게 되는지 말씀하고 있습니다.

17절 "일평생을 어두운 데서 먹으며 번뇌와 병과 분노가 저에게 있느니라"

부자들은 아주 잘살다가 무리를 해서 부도가 나거나 혹은 잘못 투자를 해서 알거지가 되면 그 비참함을 견디지 못합니다. 원래부터 가난하게 살았던 사람들은 가난하게 살아도 전혀 불편하지 않은데 잘살다가 망한 사람들은 그 상실감을 감당하지 못하는 것입니다. 그래서 잘살다가 망한 사람들은 자기를 망하게 한 사람들을 죽을 때까지 저주하거나 아니면 홧병으로 여생을 비참하게 마치게 됩니다. 이 사람들은 과거에 잘살았던 환상을 떨쳐버리지 못합니다. 그래서 잘살다가 망한 사람들은 망한 후에 정신적인 폐인이 되어버리는 경우가 많습니다. 이런 사람들은 재물을 하나님께서 일시적으로 맡겨주신 것이라는 것을 생각지 않고 자기 것으로 믿었기 때문입니다.

여기서 전도자가 말하고자 하는 점은 많은 재산을 가지는 것이 없는 사람의 눈에는 대단하게 보일지 몰라도 오히려 너무나도 정신적인 부담이 많다는 것입니다. 부자는 사랑과 정직을 잃기 쉽고 불필요하게 다른 사람들을 의심해야 할 때도 많습니다.

프레이저라는 사람이 쓴 《황금 가지》라는 책이 있는데 이 책은 소설이 아니고 일종의 아주 고전적인 문화 인류학 책입니다. 이 책은 세계 여러 곳의 이상한 풍습을 나열해놓은 것인데 황금 가지라는 것은 어떤 나무 위에 기생

하는 겨우살이의 일종입니다. 어떤 부족에서는 그 황금가지를 꺾은 사람이 추장이 되기 때문에 추장은 그것을 지키기 위하여 거의 미친 상태에서 잠을 자지도 않고 그 나무를 지킨다는 것입니다. 그러니까 자기가 감당하지도 못할 직책을 가지거나 감당하지도 못할 부를 가지는 것은 절대로 행복한 것이 아닙니다. 왜냐하면 그것을 지키기 위해서 주야로 자지도 않고 그것만 생각해야 하기 때문입니다.

얼마 전 분위기가 매우 경쟁적인 은행에 근무하던 지점장이 자살한 일이 있었습니다. 그는 학벌이 아주 높은 편이 아닌데 실적을 인정 받아 지점장까지 된 사람이었습니다. 그런데 그는 그 지점장 자리를 지키기 위하여 너무 실적을 높이려고 하다가 결국 감당이 되지 않으니까 자살을 해버린 것입니다. 그 사람은 하나님이 주신 분복이라는 것을 몰랐던 것입니다. 자기 분수에 맞게 살면 그렇게 경쟁을 하거나 불안해하면서 살 필요가 없습니다.

젊은이들이 결혼을 할 때에도 너무 기울어지는 결혼을 하면 결혼이 행복하지가 않습니다. 왜냐하면 그 사람이 나에게 실망해서 나를 버릴까 불안하기 때문입니다. 그래서 부부는 서로가 서로에게 부담이 없는 것이 좋습니다. 너무 돈이 많은 사람도 부담스럽고 너무 똑똑한 사람도 부담스럽고 너무 유명한 미인도 부담스럽고 자기 눈에 잘 맞는 사람을 만나는 것이 행복한 것입니다.

4. 자기 분수에 맞는 삶

전도자는 무조건 부자가 된다고 다 행복한 것이 아니라 자기 분수에 맞는 삶을 찾아야 한다고 말하고 있습니다. 그런데 우리는 자기에게 맞는 삶이 어떤 것인지 발견하기가 쉽지 않습니다. 왜냐하면 우리는 끊임없이 다른 사람과 비교하거나 혹은 미래에 대한 염려 때문에 더 많은 것을 가지고 싶어하기 때문입니다.

> 18절 "사람이 하나님의 주신 바 그 일평생에 먹고 마시며 해 아래서 수고하는 모든 수고 중에서 낙을 누리는 것이 선하고 아름다움을 내가 보았나니 이것이 그의 분복이로다"

사람의 마음속에는 욕심이 있습니다. 이 욕심은 채우고 채워도 끝이 없습니다. 그렇다면 어떻게 해서 여기 이 사람은 하나님이 주신 것으로 낙을 누리며 자신의 분복으로 만족할 수가 있습니까? 바로 그것이 중요한 의문점입니다. 모든 사람은 더 가지려고 하고 더 많은 것을 차지하고 싶어합니다. 그런데 어떤 사람들은 더 가지려고 하지 않고 더 유명해지려고도 하지 않고 오직 주어진 것에 만족하고 감사하는 사람들이 있습니다. 그들이 그렇게 하는 이유가 어디에 있습니까? 그 사람들에게는 자신이 바른 길을 가고 있다는 믿음이 있기 때문입니다. 산에서 조난당했다가 길을 찾아서 내려오고 있는 사람들은 많은 비상식량이 필요치 않을 것입니다. 오히려 그들은 이제 그런 것이 필요가 없기 때문에 다른 사람들에게 나누어줄 것입니다.

사람이 적은 것에 만족할 수 있는 이유는 더 가치 있는 것을 발견했기 때문입니다. 즉 재산을 모으는 것보다 더 중요한 것을 발견한 사람에게는 재산이 그렇게 중요하지 않습니다. 오히려 이런 사람들은 재산이 너무 많으면 귀찮아할 것입니다. 결국 더 가치 있는 그것이 무엇입니까? 성경은 그것은 바로 '하나님을 아는 것'이라고 말합니다. 하나님을 발견한 사람은 하나님 안에 있는 엄청난 보화를 발견한 것입니다. 하나님 자신이 보물 덩어리인 것입니다. 그리고 우리가 하나님을 찾게 되면 내 자신이 얼마나 존귀한 가치를 가진 사람인지 알게 됩니다. 우리는 우리 자신이 보물이기 때문에 굳이 이 세상의 보물들을 가지고 자기를 채우려고 하지 않을 것입니다.

이 세상의 보물들은 마치 바닷가에 깔려 있는 모래와 같아서 모래성을 쌓아도 시간이 지나면 무너지고 파도가 쓸고 가면 없어지는 것입니다. 이 세상의 권력은 마치 빈 의자와 같습니다. 한 사람이 앉았다가 가면 다른 사람이 앉게 되어 있습니다. 그래서 권력의 자리에 앉을 때에는 여기에 앉아서 무엇을 할 것이며 어떻게 내려올 것인지를 생각해야 합니다. 그러나 예수님은 너희 보물을 땅에 쌓아두지 말라고 하셨습니다. 왜냐하면 이 세상에 있는 보물들은 녹이 슬거나 좀이 생기거나 다른 사람이 도둑질하기 때문이라고 하셨습니다. 이 세상에 있는 돈이나 권력이나 지식은 영구적이지 않습니다. 우리는 이것을 사용해서 좋은 일을 실컷 하고 하나님께 돌려드려야 합니다.

우리는 하나님을 알 때 내 자신을 되찾게 되며 이 세상에 있는 모든 것들을 바로 사용할 수 있게 됩니다.

아무리 좋은 피아노가 있어도 주인이 그 피아노를 치지 못한다면 아무 소용이 없고 자리만 차지하고 말 것입니다. 세상 사람들이 비싼 피아노만 가지고 만족하는 사람들이라면 그리스도인들은 그 피아노를 연주할 수 있는 능력을 가진 사람들입니다. 우리는 이 세상에서 해야 할 선한 일들이 많이 있습니다. 진정으로 구원받은 백성은 절대로 하나님을 다른 것과 바꾸지 않습니다. 왜냐하면 하나님이야말로 모든 복의 근원이기 때문입니다. 우리가 하나님을 바로 알면 하나님은 모든 복을 우리에게 주실 것입니다.

19절 "어떤 사람에게든지 하나님이 재물과 부요를 주사 능히 누리게 하시며 분복을 받아 수고함으로 즐거워하게 하신 것은 하나님의 선물이라"

하나님은 우리에게 모든 것을 선물로 주셨습니다. 선물은 상대방이 주어야 받는 것이지 내가 달라고 한다고 해서 받을 수 있는 것이 아닙니다. 하나님은 우리에게 구원만 주시지 않습니다. 하나님께서는 우리에게 건강도 주시고 지식도 주시고 재산도 주셔서 우리의 구원을 너무나도 풍성하게 하셨습니다. 이 모든 것이 하나님이 주신 선물입니다.

> 20절 "저는 그 생명의 날을 깊이 관념치 아니하리니 이는 하나님이 저의 마음의 기뻐하는 것으로 응하심이니라"

생명의 날을 깊이 관념치 않는다는 것은 굳이 오래 살려고 하지 않는다는 뜻입니다. 왜냐하면 우리에게 오래 사는 것보다 더 중요한 것이 어떻게 사느냐 하는 것이기 때문입니다. 바른 목표를 가지고 마음껏 하나님의 뜻대로 사는 것이 중요하지 단순히 오래 사는 것이 중요한 것은 아닙니다. 다른 사람을 많이 사랑하고 많이 사랑받은 사람은 죽는 것을 두려워하지 않습니다. 왜냐하면 자기가 죽어도 없어지지 않는다는 것을 알기 때문입니다. 그러나 자기만을 위하여 산 사람은 죽음을 너무나도 두려워합니다. 왜냐하면 이기적인 사람들은 자기가 죽으면 그것으로 모든 것이 끝난다는 것을 알기 때문입니다.

우리에게 중요한 것은 돈이나 권력이나 학식을 많이 가지려고 몸부림을 치는 것이 아닙니다. 정말 중요한 것은 우리 자신의 됨됨이입니다. 우리에게 중요한 것은 다른 사람을 진정으로 사랑하고 용납할 수 있는 능력입니다. 하나님은 우리에게 주실 것은 다른 사람이 손도 대지 못하도록 따로 준비해놓으셨습니다. 하나님이 적게 주셔도 그것을 잘 사용해서 큰 사랑을 하시기 바랍니다. 그러면 더 큰 영광과 축복을 받게 될 것입니다.

10 · 후회 없는 인생

|전 6:1-12|

이 세상을 살아가면서 후회 없는 길을 택해서 살아가는 것은 매우 중요합니다. 만약 이 세상에서 무엇인가 한 후에 후회를 한다면 아예 하지 않은 것만도 못할 것입니다. 예를 들어 두 남녀가 좋아서 사랑을 했는데 나중에 서로가 만나서 사귄 것을 너무나도 후회한다면 무엇인가 끝이 좋지 못한 것입니다. 즉 한 사람이 알코올 중독자가 된다든지 혹은 비참한 범죄자가 되든지 혹은 자살로 인생을 마치든지 하게 된다면 서로 만나서 사랑한 것이 아무 가치가 없을 것이고, 차라리 처음부터 몰랐던 것이 더 나을지도 모릅니다. 그런데 우리는 이 세상을 살아가면서 자신의 선택에 대하여 깊이 후회하는 사람들을 많이 보게 됩니다. 어떤 사람은 유학의 길을 택한 것을 후회하고, 어떤 사람은 종교인의 길을 택한 것을 후회하고, 어떤 사람은 성악의 길을 택한 것을 후회하고, 어떤 사람은 결혼한 것을 후회하기도 합니다. 심지어 어떤 사람은 한국인으로 태어난 것을 후회하기도 하고, 어떤 사람은 남자

나 여자로 태어난 것을 후회하기도 하고, 어떤 사람은 아예 태어난 것 자체를 후회하기도 합니다. 우리가 자신의 인생길을 다 간 후에 나는 정말 이 길을 걸어온 것을 자랑스럽게 생각하고 결코 후회하지 않는다고 말할 수 있어야 할 것입니다. 그렇게 하려면 자신의 길에 대한 가치를 발견할 수 있어야 하고 또 가치 있는 사람으로 만들어져야 합니다. 사람들은 대개 이 세상을 살면서 크게 두 가지를 좇아가는 것을 볼 수 있습니다. 하나는 돈이고 다른 하나는 욕망입니다. 그런데 사람들에게 당신은 돈과 욕망을 좇아가는 것이 정말 옳다고 생각하느냐고 물어본다면 그렇지 않다고 대답할 것입니다. 그러면서도 막상 사람들은 돈을 좇아가고 욕망을 좇아갑니다. 왜냐하면 다른 마땅한 길을 모르기 때문입니다. 그런데 돈을 좇아가는 것과 욕망을 좇아가는 것은 성격이 완전히 다른 것입니다. 돈을 좇아가는 것은 그래도 미래의 행복을 찾는 것입니다. 거기에 비해서 욕망을 좇아가는 것은 지금 당장 쾌락을 찾는 것입니다. 이것은 모두 신기루를 좇아가는 것과 같습니다.

  뜨거운 사막에서 길을 가다보면 앞에 분명히 물이 있고 숲이 있는 것처럼 보입니다. 그러나 땀을 뻘뻘 흘리면서 열심히 찾아가보면 아무것도 없습니다. 왜냐하면 그것은 착시 현상이기 때문입니다. 우리가 이 세상에서 행복하게 산다는 것은 절대로 쉬운 일이 아닙니다. 왜냐하면 인간의 행복은 눈에 보이는 데 있지 않기 때문입니다. 성경 말씀에서 우리가 이 세상에서 후회 없는 인생을 살려면 결코 우리 인간의 힘으로는 되지 않는다고 말씀하고 있습니다. 왜냐하면 인간들은 자신의 미래에 무엇이 있는지 전혀 알지 못하기 때문입니다. 우리가 나름대로 잘 달리다가 어떤 일이 발생해서 망하게 되면 우리는 그 길을 후회할 수밖에 없는 것입니다. 그래서 우리 인간들은 모두 인간 이상의 지혜와 힘의 도움을 받아야 합니다. 이것이 바로 우리에게 신앙이 필요한 이유입니다. 그리고 또 다른 하나는 우리는 이 세상에서 산 것으로 끝나지 않는다는 것입니다. 우리는 영원한 하나님의 심판대 앞에서 우리가 이 세상에서 살아온 것에 대해서 심판을 받아야 합니다. 이것이 우리에게 가장 어려운 문제입니다. 예를 들어 우리가 어느 특정 대학에 입학하려면 그 대학의 문제와 과목을 알아야 하고 거기에 맞게 대비를 해야 합니다. 마찬가지로 우리 모든 인간들은 하나님의 심판대 앞에서 시험을 쳐야 하는 수험생과 같습니다. 그래서 우리는 이 세상에서 성공하는 것이나 잘사는 것으로 모든 것이 다 된 것이 아니라 하나님의 심판대에서 합격을 받아야 행복할 수 있습니다.

결국 사람의 진정한 가치는 재물을 많이 모으는 데 있지 않고 그 사람의 영혼의 상태에 달려 있습니다. 즉 영혼이 병든 사람은 아무리 돈이 많고 공부를 많이 해도 절대로 자기 인생에 만족할 수가 없습니다. 특히 이런 사람들은 자기만 불행한 것이 아니라 다른 사람도 불행하게 만듭니다. 그래서 이 세상에서 진정으로 행복할 수 있는 방법은 영혼을 치료받는 것입니다. 그래서 건강한 영혼을 가지고 살아야 이 세상에서도 후회하지 않을 뿐 아니라 영원한 천국의 복락을 누릴 수 있습니다.

1. 사용하지 못하는 재물

1~2절 "내가 해 아래서 한 가지 폐단[개역개정:불행한 일이] 있는 것을 보았나니 이는 사람에게 중한 것이라 어떤 사람은 그 심령의 모든 소원에 부족함이 없어 재물과 부요와 존귀를 하나님께 받았으나 능히 누리게 하심을 얻지 못하였으므로 다른 사람이 누리나니 이것도 헛되어 악한 병이로다"

전도자는 "내가 해 아래서 한 가지 폐단을 보았다"라고 말씀하고 있습니다. 사람들이 하나님을 모를 때 한 가지 심각한 폐단을 가지고 있는데 그것은 재물이나 부나 존귀를 가지고 있는데 단지 가지고 있기만 하지 그것을 제대로 쓰지 못하고 죽어버리는 것입니다. 즉 이런 사람들은 돈을 너무나도 중요하게 생각한 나머지 한평생 돈을 열심히 벌었지만 돈을 쓸 줄 몰라서 결국 돈을 모으기만 하다가 쓰지도 못하고 죽는 것입니다. 그 이유는 이 사람에게는 재물이 너무나도 귀하고 아깝기 때문에 감히 쓸 생각을 하지 못하기 때문입니다.

우리가 알아야 할 것은 성경이 부를 축적하는 것 자체를 나쁘다고 말씀하지 않는다는 사실입니다. 부를 축적하는 것은 지금 당장 모든 것을 다 써버리지 않고 미래에 더 가치 있는 일에 돈을 쓰기 위해서 지출을 연기하는 것입니다.

집에 돈이라고는 저축된 것도 전혀 없고 단 하루 벌어서 하루 먹고살 정도로 가난하던 때가 있었습니다. 예를 들어 과일 행상하는 분들은 하루 과일을 팔아서 저녁에 집에 들어오면서 쌀가게에서 쌀을 사서 하루를 먹는 것입니다. 그런데 이런 분들은 만일 그날 비가 온다든지 장사가 안 되면 저녁에 굶어야 합니다. 그러나 돈을 모은 것이 있으면 비가 오더라도 먹을 것을 살 수 있고 또 다른 필요한 것을 위해서도 돈을 지출할 수 있기 때문에 여유가 있습니다.

그런데 많은 사람들은 돈을 저축해놓고 한평생 그냥 소유만 하고 붙들고 있다가 제대로 쓰지 못하고 죽는다는 것입니다. 즉 돈을 쓰는 것이 너무 아까워서 돈을 전혀 쓰지 못하고 죽는다는 것입니다.

많은 사람들은 재산을 자기 미래를 지켜주는 든든한 방패나 산성으로 생각해서 꾸역꾸역 돈을 모으기만 하지 쓸 줄을 모르는 것입니다. 그러다가 죽으면 이 돈은 다 누구의 것이 되겠습니까? 아마 자식이나 부인이나 다른 사람의 것이 되고 말 것입니다. 그러나 성경은 이 세상에서 우리에게 가장 중요한 것은 우리가 무엇인가를 붙들고 있는 것이 아니라 그것을 어떻게 사용하느냐에 있다고 말합니다. 즉 어떤 사람이 비싼 카메라를 가지고 있는 것이 중요한 것이 아니라 그 카메라를 가지고 무엇을 찍느냐 하는 것이 더 중요한 것과 같습니다. 그러나 사람들은 재물에 대해서는 그것을 쓰면 없어지기 때문에 감히 쓰지 못하는 것입니다. 하나님 앞에서는 돈을 모으는 것이 중요한 것이 아니라 돈을 바로 쓰는 것이 더 중요합니다. 하나님 앞에서는 돈을 아무리 많이 모아도 아무 근거가 남지 않습니다. 그러나 돈을 가치 있게 썼으면 그것은 모두 하나님 앞에 다 남아 있게 됩니다. 그래서 우리는 돈을 모으는 것이 중요한 것이 아니라 돈을 어떻게 가치 있게 써야 하는가를 배워야 합니다. 자기 몸을 아름답게 가꾸고 멋있게 단장하는 것도 중요하지만 몸을 가지고 어떻게 사용하느냐 하는 것이 더 중요한 것입니다. 좋은 학교에 입학해서 공부하는 것도 중요하지만 공부한 것을 어떻게 써먹느냐 하는 것이 더 중요한 것입니다.

엘리야 때 가나안 땅에 큰 흉년이 들었습니다. 엘리야가 숨어 있던 그릿 시내도 물이 다 말라서 더 있을 수 없게 되었습니다. 그때 하나님께서는 엘리야로 하여금 사르밧에 있는 한 이방인 과부의 집으로 가게 하셨습니다. 엘리야가 그 과부를 만났을 때 그는 마지막 남은 가루와 기름으로 자식과 함께 음식을 만들어 먹고 죽을 생각이었습니다. 그러나 엘리야는 그 말을 듣고서도 자기를 위하여 먼저 음식을 만들어 달라고 했습니다. 그러면서 엘리야는 과부에게 하나님이 가루와 기름이 떨어지지 않을 것이라 말씀하셨다고 전했습니다. 과부가 엘리야의 말을 믿고 마지막 떡을 포기했을 때 과연 엘리야의 말대로 가루는 3년 반 기근 동안에 동이 나지 않았고 기름도 없어지지 않았습니다. 즉 다른 사람들이 가루와 기름을 가졌다면 굶어 죽었을 것입니다. 그런데 이 과부는 자기 먹을 것을 다른 사람에게 주었는데도 굶어 죽지 않았습니다. 그 이유는 하나님의 복을 끌어올 수 있었기 때문입니다. 그래서 진정한 부자는 이 세상에서 많은 돈을 긁어모으는 것이 아니라 하나님의 복을 가져올 수 있는 능력을 가진 사람입니다. 결국 중요한 것은 믿음인 것입니다. 믿음이 없는 사람은 양식을 가지고도 죽는데 믿음이 있는 사람은 양식이 없어도 사는 것입니다.

예수님께서 벳새다 광야에서 많은 사람들에게 설교하실 때 많은 사람들이 굶주리고 있었습니다. 그런데 어느 누구도 자기가 가진 것을 내어놓을 생각을 하지 않았습니다. 이때 한 소년이 자기 먹을 도시락인 보리떡 다섯 개와 물고기 두 마리를 예수님께 바쳤는데 사람들에게 이것을 아무리 나누어주어도 떡은 줄어들지 않았고 물고기도 없어지지 않았습니다. 오히려 부스러기가 열두 광주리나 남게 되었습니다. 이것이 바로 우리가 이 세상에서 재물이나 지식이나 모든 것을 바르게 쓰는 요령입니다.

즉 모든 사람들의 재물은 마치 고인 물과 같이 움직임이 없는데 이런 경우에는 썩은 재물이 되고 자기 영혼에 아무 도움이 되지 않습니다. 그러나 믿음을 가지고 믿음으로 쓸 때 이것은 썩은 재물이 아니라 살아 있는 재물이 되는 것입니다.

사람들이 돈이나 재물을 가지고 있기만 하고 사용하지 않는 이유가 무엇일까요? 그 사람에게 너무나도 중요하기 때문에 쓸 수가 없는 것입니다. 그래서 소유하는 사람이 따로 있고 사용하는 사람이 따로 있는 것입니다.

이것은 재물만 그런 것이 아니고 책도 마찬가지입니다. 책을 모으는 사람이 따로 있고 그 책을 읽고 공부하는 사람이 따로 있습니다. 장서가들은 책을 사 수집하기 위해서 번 돈을 책을 사는 데 거의 다 씁니다. 이런 사람들은 시간만 나면 책방을 뒤져서 좋은 책을 찾습니다. 하지만 그들은 그렇게 해서 산 책을 읽지 않고 소장만 합니다. 왜냐하면 그런 분은 그 책들이 너무 아까워서 책에 홈집이 생길까 두려워서 책을 읽지 못하는 것입니다. 그러나 사람이 책을 제대로 읽으려면 밑줄도 그어야 하고 여백에 메모도 해야 합니다. 그런데 가지고 있는 책이 너무 귀하고 세상에 하나밖에 없으니까 가만히 모셔놓고 건드리지 못하는 것입니다. 자신뿐 아니라 다른 사람이 보는 것도 싫어합니다. 왜냐하면 자신이 가장 소중하게 생각하는 것이기 때문입니다. 그래서 이런 사람은 책을 가지고 있기만 하지 읽지 못합니다.

그릇도 마찬가지입니다. 비싼 그릇을 수집하는 사람은 그릇이 너무 아까워서 혹시 흠집이라도 생길까 봐 제대로 쓰지도 못하고 진열해 놓기만 합니다. 그리고 사람들이 오면 보여주면서 이 그릇은 어디서 산 것이며, 얼마짜리이며, 어느 나라에서 사왔다고 자랑하는 정도입니다. 그러다가 이사를 하는 날 후배들이 와서 짐을 날라준다고 하면서 그릇들을 왕창 다 깨어버렸을 때, 그때의 고통은 말로 표현할 수가 없을 것입니다. 그렇다고 해서 도와주러 온 후배들을 나무랄 수도 없고 그냥 속만 상하는 것입니다. 그런데 요리를 잘하는 사람들은 그릇을 많이 씁니다.

그러니까 전도자가 하는 말은 물건 그 자체보다 더 중요한 것은 그 사람의 마음이라는 것입니다. 사람은 마음으로 모든 것을 지배하고 다스려야 합니다. 어떤 사람이 시험을 너무 두려워한다면 그 사람은 시험에 합격하기 어렵습니다. 오히려 그 시험을 쉽게 생각하고 자신 있게 공부하는 사람이 합격을 합니다. 그 자신감이 어디서 나오느냐 하면 영혼에서 나옵니다.

영혼이 건강한 사람은 모든 것을 다 자신 있게 사용할 수 있습니다. 돈도 자신 있게 쓸 수 있고, 공부도 자신 있게 할 수 있습니다. 그는 시험을 치면서도 두려워하지 않습니다. 이런 사람은 연애를 해도 자신 있게 합니다.

달리는 말도 마찬가지입니다. 말은 자신감을 가지고 자신을 제어하는 사람의 말을 듣게 되고 복종도 합니다. 말을 탄 사람이 너무 말을 겁내고 조심하면 말이 그 탄 사람을 우습게 여겨서 말을 잘 듣지도 않고 더 골탕을 먹입니다.

예수님께서는 사람의 생명이 소유의 넉넉한 데 있지 않다고 말씀하셨습니다. 중요한 것은 그의 영혼이 얼마나 건강한가 입니다.

그래서 우리가 알아야 하는 것은 좋은 것을 많이 가지고 있는 것도 좋지만 더 중요한 것은 그것을 사용할 수 있는 능력을 가지는 것이라는 점입니다. 이것은 사람의 영혼의 상태에 달려 있습니다. 영혼이 병든 사람은 이 세상에서 아무리 좋은 것을 가져도 절대로 사용하지 못합니다. 왜냐하면 그것들이 우상이 되어서 쓸 수가 없기 때문입니다. 그런데 영혼이 치료된 사람은 가장 소중한 것이 이 세상의 재물이나 부요가 아니기 때문에 자신 있게 쓸 수가 있습니다.

예수님께서 이 세상에 오신 것은 우리의 영혼을 치료하기 위해서입니다. 죄로 인하여 병든 우리의 영혼을 치료해서 모든 것을 제대로 사용할 수 있는 자신감과 능력을 주시기 위해서입니다. 하나님을 모르는 사람들은 아무리 좋은 것이 있어도 제대로 쓸 줄 모릅니다. 그런 좋은 것을 보관하는 사람들이 할 수 있는 최선의 길은 죽기 전에 적합한 사람을 만나서 물려주고 죽는 것입니다. 결국 영혼이 치료되지 못한 사람의 인생은 들러리 인생이라고 말할 수 있습니다.

2. 사용하지 못하는 인생

아무리 좋은 기계나 자동차라 하더라도 장기간 사용하지 않으면 녹이 슬게 되어 있습니다. 마찬가지로 사람이 아무리 오래 산다고 하여도 남을 위하여 섬길 줄 모르는 사람의 인생은 녹슨 기계와 같습니다.

> 3절 "사람이 비록 일백 자녀를 낳고 또 장수하여 사는 날이 많을지라도 그 심령에 낙이 족하지 못하고 또 그 몸이 매장되지 못하면 나는 이르기를 낙태된 자가 저보다 낫다 하노니"

사람이 자녀를 100명이나 낳을 수 있고 아주 오래 장수한다는 것은 신체가 대단히 건강한 것입니다. 기계로 치면 아주 훌륭한 기계를 받은 것입니다. 그런데 이 사람의 마음에 낙이 없고 몸이 매장되지 못한다고 말씀하고 있습니다. 자동차 엔진 중에서 가장 좋은 엔진은 독일의 벤츠 엔진이라고 합니다. 벤츠 엔진은 100만 킬로미터를 달려도 사용이 가능하다고 합니다. 그러나 아무리 벤츠 엔진이라도 오래 쓰면 결국 다른 자동차들같이 마찬가지로 폐차할 수밖에 없을 것입니다.

그러나 우리 사람의 몸은 70년 80년 되어서 수술 한번 하지 않고 건강하게 사시는 분들이 있습니다. 하나님께서 우리 인간들에게 얼마나 좋은 엔진을 주셨는지 모릅니다. 그런데 본문에 보면 자식을 100명이나 낳았는데도 아무도 이 노인을 매장해주는 사람이 없다는 것입니다.

도대체 어떻게 된 것일까요? 이것은 아무리 사람이 건강한 몸으로 태어나고 많은 자식을 낳아서 유복하게 살았다 하더라도 인생의 목표를 잃어버려서 지옥에 가게 되면 결국 아무 소용이 없다는 것입니다. 그래서 우리가 이 세상에서 잘 사는 것보다 더 중요한 것이 영생을 얻느냐 얻지 못하느냐 하는 것입니다.

대부분의 사람들은 건강한 몸을 가지고 이 세상에 태어나서 모든 것을 다 누리면서 삽니다. 그럼에도 불구하고 사람들은 가장 중요한 것을 모릅니다. 그것은 내가 무엇 때문에 사느냐 하는 것입니다.

우리의 몸은 섬김을 받기 위한 것이 아니고 섬기기 위한 몸입니다. 그래서 남을 위하여 자기 몸을 쓰는 것이 인생을 제대로 사는 것이며 그렇게 하지 않으면 인생에 녹이 스는 것입니다.

녹슨 인생의 대표적인 경우가 술이나 마약에 찌든 사람들입니다. 그리고 가족을 버리고 자기 정욕에 따라서 불륜의 관계에 빠진 사람들입니다. 그런 사람들은 아무도 귀하게 생각해주지 않습니다. 마약 환자나 깡패나 혹은 가족을 버리고 도망쳐서 자살한 사람들은 죽어도 다른 사람들이 귀하게 생각하지 않습니다. 우리 사회에 갈 곳이 없는 행려자들이 있는데 그들이 모두 그런 것은 아니지만 그 사람들 중에는 자기 인생을 정욕으로 탕진하고 폐인이 된 사람이 있을 것입니다. 그런 사람은 길에서 죽어도 아무도 매장해주지 않습니다. 자식이 아무리 많아도 찾지 않는 경우도 있습니다.

전도자의 말의 뜻은 아무리 좋은 기계라 하더라도 사용하지 않으면 녹슬게 되어 있고 녹슨 기계의 가치는 고철밖에 되지 않는다는 것입니다. 이런 기계는 아예 만들지 않은 것보다 못하다고 말합니다.

우리 인간이 이 세상에서 눈에 보이는 축복만을 추구하고 누리는 것은 인생에 실패하는 것입니다. 이 세상에서 많은 것을 가지고 있다 하더라도 도대체 인생이라는 것은 무엇이며 내가 어떻게 살면 가장 가치 있는 삶을 살 수 있는가를 고민해야 합니다. 그래서 영혼을 치료받아서 이 세상을 바른 목적을 가지고 살아야 합니다.

마찬가지로 하나님께서 우리 인간들에게 주신 최고급 기계가 있는데 그것은 바로 우리 몸입니다. 우리 인간의 몸은 거의 무한대의 가능성을 가지고 있습니다. 그러나 인간이 자기 가치를 모르면 이 몸으로 술주정뱅이 노릇이나 하고 다른 사람을 괴롭히거나 다른 사람의 돈을 빼앗거나 혹은 포르노 영화를 찍는 데 몸을 쓰는 것입니다. 그런 사람은 수천억 원대의 자기 몸을 쓰레기로 취급하는 것입니다. 우리가 자기 몸을 바로 쓰지 못하고 정욕을 위해서 쓴다면 아무리 100년을 살더라도 그의 인생은 불쌍한 인생이 될 수밖에 없을 것입니다.

전도자는 낙태된 자가 더 행복하다고 말합니다. 왜냐하면 낙태된 자는 적어도 지옥의 심판은 받지 않기 때문입니다.

4~6절 "낙태된 자는 헛되이 왔다가 어두운 중에 가매 그 이름이 어두움에 덮이니 햇빛을 보지 못하고 알지 못하나 이가 저보다 평안함이라 저가 비록 천년의 갑절을

산다 할지라도 낙을 누리지 못하면 마침내 다 한곳으로 돌아가는 것뿐이 아니냐"

요즘 낙태가 많이 이루어지고 있습니다. 한국에서는 남아선호사상 때문에 많은 여자아이들이 태어나기도 전에 낙태를 당합니다. 그리고 원치 않는 불륜의 임신으로 낙태를 많이 시킵니다. 낙태는 무서운 죄입니다. 이 세상에 태어나지도 못하고 죽는 아이들은 너무나도 불쌍한 것입니다. 왜냐하면 그런 아이는 존재조차도 없고 이름도 없기 때문입니다. 다른 말로 표현해서 우리가 이 세상에 태어나서 햇빛을 본다는 사실이 얼마나 귀한 일인지 모릅니다. 그런데도 불구하고 스스로 자신의 가치를 모르는 자는 낙태된 아이보다 못합니다. 왜냐하면 이 세상에서 조금이라도 숨을 쉰 사람은 모두 하나님의 심판대에 서야 하기 때문입니다.

그래서 우리 인간들은 절대로 먹고사는 것이나 많은 것을 소유하는 것으로 만족을 하면 안 되고 하나님을 만나서 병든 영혼을 치료받고 하나님이 원하시는 삶을 살아야 지옥의 형벌을 받지 않습니다.

전도자는 하나님을 믿는 자의 특징을 '낙을 누린다' 라고 표현을 하고 있습니다. 그는 인생의 의미를 알고 사는 사람입니다. 이 사람들은 돈의 가치나 세상의 가치가 아니라 자기 가치를 알고 자기 몸의 가치를 아는 사람인 것입니다.

3. 낭비되는 인생

전도자는 거의 대부분의 사람들이 먹고살기 위해 살아가는 것을 보게 되었습니다.

7절 "사람의 수고는 다 그 입을 위함이나 그 식욕은 차지 아니하느니라"

사실 이 세상에서 먹고산다는 것은 쉬운 일이 아닙니다. 하나님께서는 타락한 인간들에게 이마에 땀이 흘러야 식물을 먹을 것이라고 했는데 실제로는 죽도록 일을 해야 겨우겨우 먹고살 수 있는 것입니다. 그리고 먹고사는 일 다음에는 무엇이 있습니까? 교육이 있습니다. 사람이 사람 구실을 제대로 하려면 상당한 시간 교육을 받아야 하고 또 자기 자식에게 공부를 시켜주어야 합니다. 그러니까 사람들은 죽도록 일을 해서 결국 먹고사는 것과 자식들 공부시키는 데 다 집어넣는 것입니다. 그런데 문제는 그렇게 해도 만족이 되지 않는 것입니다.

> 8절 "지혜자가 우매자보다 나은 것이 무엇이뇨 인생 앞에서 행할 줄을 아는 가난한 자는 무엇이 유익한고"

공부를 많이 해도 써먹을 줄 모른다면 그 공부는 소용이 없을 것입니다. 사실 우리들은 거의 대부분이 써먹지 못하는 공부를 하고 있습니다. 그 이유는 써먹는 공부라고 하는 것이 얼마나 어려운 일인지 모르기 때문입니다. 그런 지식을 가려주려면 선생이 정말 탁월한 경험이 있는 자여야 합니다. 그런데도 우리가 죽어라고 공부를 하는 이유는 공부를 해야 죄를 덜 짓기 때문입니다. 본문에서 보면 "인생 앞에서 행할 줄을 아는 가난한 자"라고 했습니다. 즉 어떤 사람은 공부 같은 것은 많이 안 해도 인생 앞에서 행할 줄을 아는가 하면 그런 것도 못하면서 공부만 쓸데없이 많이 하는 사람이 있는 것입니다. 왜냐하면 이런 사람은 지적인 능력은 뛰어난데 인간성이 나쁜 것입니다. 그래서 사람들 중에는 학벌은 좋은데 성격도 괴팍하고 사회생활을 제대로 하지 못하는 사람들이 많이 있습니다. 이런 사람의 지식은 실제적이지 못한 것입니다.

그러니까 전도자는 사람들이 한평생 거의 쓸데없는 데 정력을 다 낭비하고 있다고 지적을 하고 있습니다. 우리 인간들은 아무리 먹어도 배부르지 않는 입을 위하여 한평생을 낭비하고 또 써먹지도 못하는 공부를 하느라고 인생을 탕진합니다.

그러면 일반인이 전도자에게 질문할 수 있는 것도 도대체 이렇게 살지 않는 다른 방법이 있느냐 하는 것입니다. 사람이 먹는 것을 위하여 인생을 탕진하지 않고 쓸데없는 공부하느라고 젊음을 낭비하지 않을 수 있는 길이 있느냐 하는 것입니다. 전도자는 있다고 말씀하고 있습니다. 그것은 바로 사람이 영혼의 가치를 찾는 것입니다. 성경은 사람이 말씀으로 그 영혼이 치료되는 것이 가장 아름답고 가치 있는 삶을 살 수 있는 길이라고 말씀합니다.

> 9절 "눈으로 보는 것이 심령의 공상보다 나으나 이것도 헛되어 바람을 잡으려는 것이로다"

사람은 공상으로는 무엇이든지 다 할 수 있을 것 같습니다. 그래서 청소년기에는 엉뚱한 공상을 하면서 자기만족을 할 때가 많습니다. 그러나 이런 공상이 심하면 사회에 적응을 할 수가 없게 됩니다. 하지만 눈에 보이는 것도 전부는 아닙니다. 왜냐하면 눈에 보이지 않는 것 중에 중요한 것이 더 많이 있기 때문입니다. 사람의 눈에 보이지 않는 것 중에 실력도 있고 인간성도 있지만 더 중요한 것이 그 사람의 영혼입니다. 영혼은 하나님을 알 수 있는 능력이며 하나님의 축복을 받을 수 있는 곳입니다. 마치 헬기장이 있어야 헬기가 착륙할 수 있는 것처럼 사람의 영혼이 치료되지 않으면 하나님의 축복은 받을 수가 없습니다. 영혼만 건강하면 우리는 필요한 모든 것을 하나님으로부터 공급받을 수 있습니다.

인간에게 가장 심각한 것이 사람이 죽은 후에는 어떻게 되느냐 하는 것입니다. 대부분의 사람들은 죽으면 인생은 끝난다고 생각합니다. 그러니까 사람들은 할 수 있는 대로 죽기 전에 모든 것을 다 누려보려고 몸부림을 치는 것입니다. 그러나 사람은 죽는 것으로 끝나지 않습니다. 실제로 사람에게 좋은 것은 죽음 이후에 있습니다.

> 10절 "이미 있는 무엇이든지 오래 전부터 그 이름이 칭한 바 되었으며 사람이 무엇인지도 이미 안 바 되었나니 자기보다 강한 자와 능히 다툴 수 없느니라"

사람에게 가장 중요한 것은 자기보다 말할 수 없이 강하신 하나님의 심판을 받아야 한다는 것입니다. 하나님께서는 우리가 태어나기도 전에 우리 이름을 다 알고 계십니다. 우리는 하나님과 겨루어 싸울 수가 없습니다. 그러니까 사람의 진짜 복은 죽음 이후에 있는 것이며 이 세상에서 사람들이 누리고 있는 것은 모두 시험을 치는 것입니다. 하나님께서 우리들이 이 세상의 것을 어떻게 쓰는가를 보시고 시험 점수를 매기시는 것입니다.

> 11절 "헛된 것을 더 하게 하는 많은 일이 있나니 사람에게 무엇이 유익하랴"

사람이 이 세상에서 자신에게 꼭 필요한 것만 소유하는 것이 중요합니다. 크리스천들은 그런 조절을 할 수 있습니다. 다윗은 골리앗과 싸울 때 불필요한 사울의 갑옷을 다 벗고 오직 물맷돌 다섯 개로 싸워서 이겼습니다. 우리는 내가 가진 작은 것으로 최선을 다하여 아름다운 인생을 만들어야 합니다. 이 세상에 다른 사람들을 미워하기 위해서 태어난 것이 아닙니다. 우리 인생은 미워하고 원망하기에는 너무 짧고 아깝습니다. 우리는 다른 사람들을 축복하고 격려하고 가치 있게 만들기 위해서 이 세상에 태어났습니다. 우리 자신도 가치 있는 사람이 되고 다른 사람도 가치 있는 사람이 되게 할 때 우리는 결코 인생을 후회하지 않을 것입니다.

사람들은 죽고 난 후에 얼마나 엄청난 복이 자기들을 기다리고 있는지 모릅니다. 그래서 이 세상에 있는 것이 전부인 줄 알고 이 세상 일에 집착을 하는 것입니다. 그러나 중요한 것은 이 세상에서는 자기에게 딱 알맞은 삶을 살고 죽은 후를 위하여 배를 비워놓는 것입니다.

> 12절 "헛된 생명의 모든 날을 그림자같이 보내는 일평생에 사람에게 무엇이 낙인지 누가 알며 그 신후에 해 아래서 무슨 일이 있을 것을 누가 능히 그에게 고하리요"

'신후에' 라고 하는 것은 죽은 후를 말합니다. 우리는 헛된 생명의 날이 지난 후에 더 중요한 것이 있으며 그 축복을 위하여 이 세상에서 남을 많이 사랑해야 합니다.

이 세상에서 많은 것을 소유한 것이 천국의 삶에는 도움이 되지 않습니다. 반대로 자기 욕심을 위하여 인생을 낭비한 사람들은 무시무시한 지옥의 심판을 받게 될 것입니다. 이 세상에서 가장 중요한 것은 영혼이 먼저 치료되는 것입니다. 이것은 오직 예수 그리스도의 보혈밖에 없습니다. 그리고 그다음에는 우리 몸으로 남을 위해 봉사하고 섬기고 사랑하는 것입니다. 이것이 후회 없는 삶을 살고 영원한 천국의 축복을 받는 비결입니다. 중요한 것은 지금 우리에게는 다른 사람을 사랑하고 봉사할 수 있는 기회가 주어져 있다는 것입니다. 신기루를 좇아서 헛된 인생을 사는 사람들은 낙태한 사람들보다 못한 사람들입니다. 작은 것이 아름답다는 말이 있습니다. 감당할 수 있는 분량을 받아서 최선을 다하여 하나님의 영광을 드러내는 삶을 사시기 바랍니다.

11 · 아름다운 이름의 가치

|전 7:1-14|

살아 있을 때에는 사람들의 인정을 받지 못하다가 죽고 난 후에 영웅이 되고 사람들로부터 존경을 받는 사람들을 보게 됩니다. 일본으로 유학 간 우리나라 한 학생이 도쿄 지하철에서 술에 취해 철로에 떨어진 일본인을 구하려고 뛰어들었다 대신 죽은 사건이 있었습니다. 이 유학생은 죽은 후에 일본 사람들로부터 더 존경을 받고 있습니다. 그러나 중요한 것은 이렇게 죽고 난 후에 사람들의 존경을 받고 인정받는 것을 본인이 과연 알까 하는 것입니다. 즉 사람이 죽은 후에 다른 사람들에게 인정받고 칭찬 받는 것이 본인에게 무슨 유익이 있을까 하는 생각입니다. 그렇게 영웅적으로 죽는 것보다는 차라리 그 장면을 못본 체하고 술집에 가서 술이나 마시고 영화나 보는 것이 본인에게는 더 행복하지 않을까 하는 생각을 할 수도 있습니다.

자기 스스로 행복하다고 느끼는 것과 다른 사람이 그 사람에 대하여 참 훌륭하다고 칭찬하는 것 사이에는 무슨 차이가 있을까요. 예를 들어 어떤 사람이 거지인데 자기 스스로는 너무나도 행복을 느끼며 살아가고 있습니다. 즉, 이 사람은 거지이기 때문에 직장에 나가서 스트레스를 받아가면서 일을 할 필요도 없고, 또 가족들의 잔소리를 듣지 않아도 됩니다. 먹을 것이 생기면 배가 터지도록 실컷 먹고 술이 있으면 정신없이 취하도록 마시고 아무데서나 쓰러져 잠을 자면 됩니다. 어쩌면 거지 스스로는 가장 행복하다고 느낄지 모릅니다. 그러나 이 세상의 어느 누구도 이 거지의 인생을 칭찬하는 사람은 없을 것입니다. 그런데 정반대로 어떤 공무원이 있는데 그는 소신이 있는 사람이었습니다. 국가적으로 매우 어려운 문제를 맡아서 많은 비난을 받으면서도 나라를 위해 최선을 다해서 일을 했습니다. 그러나 이 공무원은 다른 사람들로부터 미움을 받았고 모함을 받았으며 결국 직장에서 쫓겨나고 얼마 가지 않아 과로와 스트레스로 사망했습니다. 그런데 얼마 후에 보니까 이 공무원이 나라를 위해서 아주 헌신적으로 일을 했고, 이 사람이 아니었더라면 우리나라가 매우 큰 손해를 볼 뻔했는데 이 사람 때문에 그런 손해를 막을 수 있었다는 것이 밝혀졌습니다. 그렇다 하더라도 죽고 난 후에 오해가 풀린 것이나 이 사람에 대한 수고가 인정받는 것이 무슨 유익이 있을까 하는 것입니다. 사람이 스스로 행복을 느끼려고 하면 아무 일도 하지 않고 방에 혼자 있으면서 실컷 먹고 마시면 될 것입니다. 그러나 그런 인생은 돼지나 다른 짐승들의 행복과 다를 것이 없습니다. 우선 사람은 살아 있는 동안에 끊임없이 다른 사람으로부터 평가를 받습니다. 이것은 학생들이 학교를 다니면서 끊임없이 시험을 쳐서 학력을 평가받아야 하는 것과 같습니다. 사람들은 다른 사람과의 관계를 통해 모두 원만한 성격으로 다듬어지게 되고 또 사람들의 평가를 통해서 자신의 결점을 고치게 됩니다. 뿐만 아니라 사람은 결국 하나님 앞에서 평가를 받게 됩니다. 이것이 우리 인간에게는 가장 중요한 것입니다. 사람이 죽은 후에 다른 사람들에게 좋은 평가를 받는 것은 다른 사람들이 이 세상을 살아가는 데도 아주 중요한 영향을 미치게 됩니다.

왜냐하면 살아 있을 때 받는 평가보다는 죽은 후에 좋은 평가를 받는 것이 더 어렵고 더 오래 사람들에게 기억이 되기 때문입니다.

1. 아름다운 이름

> 1절 "아름다운 이름이 보배로운 기름보다 낫고 죽는 날이 출생하는 날보다 나으며"

옛날에는 부자가 되어서 잘 사는 것보다는 소신을 가지고 사는 사람들을 존경했습니다. 하지만 요즘 와서는 그런 소신이나 정신 같은 것은 아무 소용이 없게 되었고 무조건 돈을 잘 벌어서 부자가 되는 것이 좋은 것으로 인정받게 되었습니다. 그러나 성경은 아름다운 이름이 보배로운 기름보다 더 가치 있다고 말씀하고 있습니다. 여기서 보배로운 기름은 많은 재산을 말합니다.

'아름다운 이름'이라고 하는 것은 어떤 사람에 대한 평가입니다. 우리가 이 세상에서 '아름다운 이름'을 얻으려면 두 가지를 잘 해야 합니다. 우선 다른 사람을 위해서 지속적으로 어떤 좋은 일을 해야 합니다. 사람이 공부만 한다든지 혹은 일만 해가지고는 아름다운 이름을 얻을 수 없습니다. 아름다운 이름을 얻으려면 반드시 다른 사람을 위해서 좋은 일을 해야만 하는 것입니다. 그렇게 하기 위해서는 일단 다른 사람의 가치를 알아야 하고 자기 자신의 이익을 희생시킬 수 있어야 합니다. 그다음에 아름다운 이름을 얻으려는 사람은 도덕성에 흠이 있으면 안 됩니다. 예를 들어 어떤 사람이 다른 사람을 위해서 좋은 일도 많이 했지만 나쁜 일도 많이 했다면 그 사람의 아름다운 이름은 먹칠을 당하게 될 것입니다. 로마 사람들은 생명보다도 명예를 더 중요하게 생각했습니다. 그래서 로마 사람들에게 가장 무서운 형벌은 원로원에서 그 사람의 이름을 말살하는 결정을 내리는 것이었습니다. 이런 결정이 내려지면 그 사람의 동상이 철거되어 버려지는 것은 물론이고 그의 모든 저서도 불태워지게 되고, 그 사람의 이름이 새겨진 돌이 있으면 그 돌을 파내게 되어 있습니다. 그래서 그 사람은 아예 이 세상에 존재하지 않는 것이 되는 형벌이었습니다.

거기에 비해서 보배로운 기름이라고 하는 것은 재물을 많이 모은 것을 말합니다. 요즘은 부자들이 돈을 현금으로 보유하지 않고 주식으로 가지고 있듯이 옛날 부자들은 돈을 비싼 기름으로 보관했습니다. 보배로운 기름은 시장에 가지고 나가면 누구든지 사려고 했기 때문에 기름은 현금과 똑같은 가치를 가지고 있었습니다.

성경은 이 세상에서 아무리 돈을 많이 가지고 있다 하더라도 아름다운 이름보다는 못하다고 말씀합니다. 그런데 많은 사람들은 인기와 돈은 함께 간다고 생각하고 있습니다. 즉 요즘 사람들의 추세가 유명해지면 돈도 많이 벌게 된다고 생각하는 것입니다. 그러나 여기에서 말하는 아름다운 이름은 인기를 끄는 것이 아닙니다. 정말 다른 사람에게 꼭 필요한 것을 주어서 다른 사람들의 칭찬을 받는 것을 말합니다. 다른 사람들에게 꼭 필요한 것을 주려면 먼저 자기 자신이 바른 길을 가고 있어야 합니다. 예를 들어 물에 빠진 사람을 건져내려면 자기 자신은 안전한 곳에 있어야 합니다. 물에 빠진 사람이 다른 물에 빠진 사람을 건져낼 수는 없습니다. 그래서 이 세상에서 아름다운 이름을 얻는 데 가장 중요한 것은 자기 자신이 바른 길을 찾는 것이고, 그렇게 하면서 다른 사람을 사랑하는 마음을 가져야 합니다. 다른 사람을 사랑할 줄 모르는 사람은 결코 남을 위해서 희생을 하지도 않고 자기 것을 남에게 주지도 않습니다.

재산은 자신이나 다른 사람을 위해 사랑을 베풀 수 있는 하나의 도구입니다. 그러므로 재산을 많이 가지는 것보다 중요한 것은 그것을 가진 사람의 마음 자세일 것입니다. 재산이라는 것은 주인이 어떻게 사용하느냐에 따라

약이 될 수도 독이 될 수도 있습니다. 예를 들어 막달라 마리아 같은 경우에는 예수님의 발에 비싼 향유를 부음으로 그의 믿음을 나타냈습니다. 그는 보배로운 기름을 잘 사용한 것입니다. 그러나 예수님의 달란트 비유에 나오는 한 달란트를 받은 사람처럼 땅에 파묻어두고 사용하지 않으면 그것은 그 사람에게나 다른 사람에게 아무 유익이 없었습니다.

마이크로소프트사를 만들어 세계 최고의 부자가 된 빌 게이츠는 세계 최고의 부자가 아무 의미가 없다는 것을 깨닫고 마이크로소프트사에서 물러나서 자선사업을 하고 있습니다. 그는 세계 최고의 부자라는 평판보다는 세계에서 다른 사람을 가장 많이 도운 사람이라는 평판을 받고 싶었던 것입니다.

1절 하반절에 "죽는 날이 출생하는 날보다 나으며"라고 말씀하고 있습니다. 사람이 이 세상에 출생한다는 것은 앞으로 긴 인생을 살 수 있는 시간을 얻는 것입니다. 그런데 죽는 날은 이 긴 인생을 마치고 무대에서 내려오는 시간입니다. 우리에게 있어서 죽는 것은 슬픈 것입니다. 그럼에도 불구하고 자기 길을 찾아서 열심히 산 사람에게 죽는 것은 결코 슬픈 것이 되지 않습니다. 왜냐하면 그는 자기 길을 찾았고 만일 다시 태어난다고 해도 이 길을 걸을 것이기 때문입니다. 그러나 이 세상에 새로 태어나는 아이들은 이제 길을 찾아야 합니다. 이 세상에 인간으로 출생하는 것은 아주 귀하고 복된 일입니다. 그러나 세상에 태어났다고 해서 누구나 다 가치 있는 삶을 사는 것은 아닙니다. 그래서 '죽는 날이 더 낫다'는 말은 이 세상에서 바른 길을 찾아 아름답게 살다가 죽는 것을 뜻합니다. 세상에 태어났다고 해서 다 성공적인 삶을 사는 것은 아닙니다. 대부분의 사람들은 길도 찾지 못하고 헤매거나 아니면 죄만 짓다가 인생을 낭비해버립니다. 아름답게 살다가 죽는 사람은 자신의 길을 잘 찾아서 끝까지 달린 사람입니다. 사도 바울은 "나의 달려갈 길을 다 달렸다"고 말했습니다(딤후 4:7). 그러나 자기 인생길을 다 산 후에 죽기 전에 자신 있게 나의 길을 잘 달렸다고 말할 수 있는 사람은 많지 않을 것입니다. 사람에게 있어서 자신의 길을 찾아서 끝까지 제대로 달리는 것보다 더 가치 있는 것은 없습니다. 그래서 우리는 반드시 이 세상에 살면서 하나님을 만나야 하고 나 자신에 대한 뜻을 찾아야 합니다. 그러고 난 후에는 꾸준히 그 길을 걸어가면서 다른 사람들을 사랑하는 법을 배워야 합니다. 결국 인생의 길은 둘 중의 하나로 결정됩니다. 자기를 위해서 사느냐 아니면 다른 사람을 위해서 사느냐 하는 것입니다. 자신을 위해 사는 사람은 재산을 가지게 될 것이고 다른 사람을 위해 사는 사람은 아름다운 이름을 가지게 될 것입니다.

2. 초상집에 가는 것

> 2절 "초상집에 가는 것이 잔치집에 가는 것보다 나으니 모든 사람의 결국이 이와 같이 됨이라 산 자가 이것에 유심하리로다"

사람은 누구든지 잔칫집에 가는 것을 좋아하지 초상집에 가는 것을 좋아하지 않을 것입니다. 잔칫집에 가면 맛있는 음식들이 있고 좋은 옷을 입은 사람들이 있고 좋은 이야기들도 들을 수 있습니다. 그러나 초상집에 가면 눈물이 있고 애통이 있고 슬픔이 있습니다. 그러나 성경은 초상집에 가는 것이 잔칫집에 가는 것보다 낫다고 말씀합니다. 그 이유는 초상집에는 어떤 한 사람의 인생 전체를 볼 수 있고, 또 그 사람에 대한 평가를 들을 수 있기 때문입니다.

사람이 죽어서 초상을 치르게 되면 사람들이 모두 다 한마디씩 던집니다. 예를 들어 죽은 사람에 대하여 "저 사람은 돈밖에 몰랐다"고 한다든지 "저 사람은 참으로 자기밖에 모르는 사람이었다"는 등의 이야기를 하게 될 것입니다. 우리는 그런 소리를 들으면서 나도 언젠가는 저렇게 될 텐데 그때 나는 다른 사람들에게 어떤 소리를 듣게 될까 하는 생각하게 됩니다. 사람에게 아직 시간이 있을 때 자기 자신에 대하여 진지하게 생각할 기회를 가진다는 것은 매우 좋은 것입니다. 왜냐하면 아직은 인생길을 바꿀 수 있는 기회가 있기 때문입니다.

만약 내가 죽었을 때 다른 사람이 나의 죽음에 대하여 "그 사람 잘 죽었다. 이 사람은 아무 짝에도 소용이 없었어"라고 말한다면 얼마나 비참하겠습니까? 사람이 그렇게 죽는 것은 참으로 슬프고 비참한 것입니다. 세상에 살면서 다른 사람을 위하여 아무것도 한 것이 없는 사람은 수의를 입히고 땅에 묻으면 모든 것이 끝나는 것입니다.

그래서 우리가 생각하게 되는 것이 '왜 그렇게 다른 사람의 평판이 중요할까' 하는 것입니다. 사람의 인생은 죽는다고 해서 다 끝나는 것이 아닙니다. 하나님 앞에서 평가를 받게 됩니다. 그런데 사람이 살아 있을 때의 평가는 정확하지 않습니다. 왜냐하면 다른 사람에 대하여 아무리 공정하게 평가를 한다고 해도 역시 살아 있는 사람에 대한 평가는 아부성이 있거나 혹은 감정이 개입되게 됩니다. 그러나 그 사람이 죽은 후에는 누구든지 마음 편하게 평가를 할 수 있고 비교적 객관적으로 평가를 할 수 있을 것입니다. 물론 인간들의 평가가 정확하지는 않겠지만 사람들에게조차 칭찬을 받지 못하는 사람이 하나님 앞에서 칭찬받는다는 것은 불가능할 것입니다.

그래서 아름답게 산 사람의 죽음은 외롭지 않습니다. 왜냐하면 다른 사람들이 눈물과 애정으로 그 죽음을 아름답게 하기 때문입니다. 그래서 사람들은 누구나 한순간 즐거워하는 것보다는 자신의 삶의 가치에 대하여 진지하게 생각하는 시간이 더 중요합니다. 그래서 젊었을 때 방탕하게 사는 사람은 반드시 후회하게 됩니다. 왜냐하면 한번 낭비한 인생은 다시 회복할 수 없기 때문입니다. 젊었을 때 자기 인생을 방탕하게 산 사람은 자신의 인생을 마귀에게 도둑맞은 것입니다. 그리고 그 도둑맞은 인생은 절대로 다시 돌아오지 않습니다. 우리는 젊었을 때 자신의 삶에 대하여 진지하게 고민하고 진리를 찾아야 합니다.

3절 "슬픔이 웃음보다 나음은 얼굴에 근심함으로 마음이 좋게 됨이니라"

'슬픔'이라는 것은 인생을 바로 살기 위하여 고생하는 것을 뜻합니다. 이런 사람은 이 세상에서 쉽게 잘 살기 위하여 죄악과 타협하지 않고 힘든 길을 걸어갑니다. 또 바른 길을 가기 위해서 당하는 환난과 핍박을 두려워하지 않습니다. 거기에 비하여 미리 웃는 사람은 아무 생각 없이 시대의 흐름에 따라서 사는 사람입니다. 이런 사람은 쉽게 잘 살기 위해서 고민도 하지 않고 되는 대로 대충대충 산 사람들입니다. 그러나 이 세상에서 고민하지 않고 대충대충 산 사람들은 시간이 가면 갈수록 인생길이 뒤엉키게 되어 있습니다. 왜냐하면 그들은 길이 아닌 길을 가고 있기 때문입니다. 사람이 산에서 길을 잘못 들어서면 고생은 고생대로 하면서도 결국은 더 길이 없는 골짜기 쪽으로 들어가게 됩니다. 이 세상에는 하나님이 만드신 의로운 길이 있습니다. 우리는 그 길을 찾기 위하여 많은 고생을 하고 때로는 울기도 하지만 그 길을 찾은 후에는 고속도로를 달리듯이 시원하게 달리게 되어 있습니다. 결국 어렵게 성공한 사람은 끝까지 잘 달리게 되어 있습니다. 왜냐하면 그 자신이 생명의 길을 찾았기 때문입니다.

4절 "지혜자의 마음은 초상집에 있으되 우매자의 마음은 연락하는 집에 있느니라"

이 말씀은 앞의 말씀을 다시 강조해서 하는 말씀입니다. 즉 지혜자의 마음이 초상집에 있다는 것은 사람이 자신의 행동이 나중에 하나님이나 다른 사람들 앞에서 어떤 평가를 받을 것인지 생각하고 조심하는 것을 말합니다. 사람은 지금 당장은 자기가 하는 것을 다른 사람들이 모를 줄 알지만 언젠가는 모든 것이 다 알려지게 되어 있습니다. 결국 사람들은 뿌린 대로 거두게 됩니다.

누구나 다 장애 없이 건강하게 살기를 원할 것입니다. 그러나 예수님은 이 세상에서 장애를 가지고 사는 것이 더 복되다고 말씀하셨습니다. 예수님은 오른 눈이 범죄케 하거든 뽑아버리라고 하셨습니다. 그리고 오른팔이 범죄케 하면 찍어버리라고 하셨습니다. 그러면서 백체를 가지고 지옥 불에 들어가는 것보다는 한쪽 눈이 없고 한쪽 팔이 없는 상태에서 천국에 들어가는 것이 낫다고 하셨습니다. 사람들은 장애가 있는 사람을 불행하다고 하지만 예수님은 앞을 보지 못하고 신체에 장애가 있어도 죄짓지 않는 것이 더 행복하다고 말씀하셨습니다. 오늘 사람들은 너무 멋있는 외모와 훌륭한 신체를 가지고 열심히 죄를 짓습니다. 그러나 그것은 장애를 가지고 믿음으로 사는 것보다 훨씬 못한 것입니다.

3. 칭찬과 책망

사람은 누구든지 칭찬을 좋아합니다. 좀 부족하고 실력이 없더라도 누군가가 칭찬을 해주면 자신감을 가지고 더 용기를 내게 됩니다. 그런데 칭찬을 들어서 힘을 내는 것은 바른 길을 가고 있다는 것이 전제로 되었을 때입니다. 만일 누군가가 나쁜 길을 가고 있는데 칭찬을 듣는다면 그는 더 나쁜 길을 가게 될 것입니다. 그래서 우리가 인생의 길을 준비하는 단계에서는 칭찬을 받는 것보다는 책망을 받더라도 바른 길을 찾는 것이 중요합니다.

5절 "사람이 지혜자의 책망을 듣는 것이 우매자의 노래를 듣는 것보다 나으니라"

여기서 칭찬과 책망이라고 하는 것은 다른 것이 아니라 지금 당장 편하게 살고 나중에 망하느냐 아니면 지금 당장은 고통을 받지만 나중에 바른 길을 가느냐 하는 것입니다. 예를 들어 어떤 사람이 지금 엉터리 길을 가고 있지만 당장은 직장이 너무 편하고 보수도 좋다고 합시다. 이 사람은 어리석은 사람입니다. 왜냐하면 이 사람의 말로는 비참하게 될 것이기 때문입니다. 반대로 이 사람이 지금 당장은 편하고 수입이 좋은 자리라 하더라도 이 자리를 박차고 나와서 고생을 통해 바른 길을 찾는 것이 책망을 받지 않는 것입니다. 정말로 지혜로운 사람은 당장 편한 것보다는 바른 길을 가기를 원합니다. 그래서 젊었을 때 너무 빨리 성공하거나 출세하는 것은 나중에 좋지 않은 결과를 가져오기도 합니다. 왜냐하면 젊어서 성공한 사람은 아무래도 인생을 우습게 알기 쉽고 마음이 교만하게 되어 나중에 크게 실패할 수 있기 때문입니다. 그래서 우리가 젊어서는 절대로 빨리 성공할 생각을 하지 말아야 합니다. 어떤 사람이 젊었을 때에는 성공하고 잘나갔는데 나중에 늙어서 인생에 실패하게 되면 이때에는 실패를 만회할 시간이 없어서 결국 인생을 실패한 채로 마치게 됩니다. 따라서 우리는 젊어서 칭찬을 많이 받고 유명해지는 것이 결코 좋은 것이 아니라는 것을 알아야 합니다.

성도들 중에 지혜로운 사람은 책망의 말씀에 귀를 자꾸 기울입니다. 왜냐하면 우리의 신앙생활은 자주 주의를 주어도 부족함이 없기 때문입니다. 우리가 죄짓는 것은 눈 깜짝할 사이에 이루어집니다. 그래서 평소에 귀가 따갑도록 주의를 주어야 유혹이 올 때 제동이 걸리게 됩니다. 사람이 일단 죄를 지으면 그의 칭찬은 아무 소용이 없고 그의 성공도 아무 소용이 없습니다.

6절 "우매자의 웃음소리는 솥 밑에서 가시나무의 타는 소리 같으니 이것도 헛되니라"

'우매자의 웃음소리'는 어리석은 자의 칭찬을 말합니다. 그런 사람의 칭찬은 솥 밑에서 가시가 타는 것 같다고 했습니다. 솥 밑에서 가시나무가 타는 소리는 요란한데 불이 금방 꺼져버려 밥이 되지 않습니다.

밥이 되려면 밑에서 나무가 오래오래 타면서 열을 내어야 하는데 너무 빨리 타서 꺼지기 때문에 열이 나지 않습니다. 그래서 어리석은 자의 칭찬은 들으려고 애쓸 필요가 없습니다. 우매자는 기분이 좋을 때에는 거품을 흘리면서 칭찬을 하다가 조금만 수가 틀리면 바로 욕을 할 것입니다. 그러므로 우매한 자가 욕을 하더라도 너무 신경을 쓸 필요가 없습니다. 그런데 실제로는 그 정도가 되려면 보통 이상으로 마음이 담대하지 않으면 안 됩니다. 우매자의 말은 깊이 생각하고 하는 말들이 아니기 때문에 귀담아 듣지 않는 법을 배워야 합니다. 그리고 우리는 깨끗한 삶을 위해 탐학과 뇌물을 멀리해야 합니다.

　　　　7절 "탐학이 지혜자를 우매하게 하고 뇌물이 사람의 명철을 망케 하느니라"

죄가 무서운 것은 죄에는 중독성이 있기 때문입니다. 그래서 한 번만 죄를 짓고 몸을 빼겠다고 하지만 절대로 그렇게 되지 않습니다. 한 번 빠져든 죄는 더 칭칭 감기게 되어 결국 죄의 늪에 빠져 멸망하는 것입니다. 그래서 죄는 아예 가까이 하지 말아야 하고 죄의 모양이라도 버려야 합니다.

탐학은 욕심을 가지고 다른 사람을 대하는 것입니다. 다른 사람을 볼 때 인격을 가진 사람으로 보아야지 돈벌이의 수단으로 보아서는 안 됩니다. 또한 탐학이라고 하는 것은 욕심 때문에 스스로 다른 사람에 대하여 악하게 대하는 것을 말합니다. 사람은 남에게 악하게 대하면 대할수록 더욱더 자기 마음이 악하게 됩니다. 결국 다른 사람을 악하게 대하는 사람은 몇 푼 안 되는 돈은 더 벌 수 있을지 몰라도 훨씬 중요한 자기 인격을 망치고 마는 것입니다.

그래서 예수님께서는 다른 사람이 오른편 뺨을 때리거든 왼편 뺨도 돌려

대라고 하셨습니다. 그것은 예수 믿는 사람들은 이 세상에서 늘 뺨만 맞으면서 실속 없이 살라는 뜻이 아닙니다. 그리스도인들도 지혜롭게 행동해서 할 수 있는 대로 뺨을 맞지 않게 해야 합니다. 그러나 그럼에도 불구하고 뺨을 맞게 되었을 때에는 복수하려고 악한 마음을 먹지 말라는 것입니다. 다른 사람에게 복수하려고 하면 내가 악해져야 하기 때문입니다. 그래서 나중에는 우리 자신이 악한 사람으로 변하게 됩니다. 그리스도인들에게 중요한 것은 남에게 복수해서 자존심을 지키는 것이 아니라 자기 마음을 악하게 하지 않는 것입니다. 우리는 남들에게 지는 한이 있더라도 우리 자신을 악하게 만들어서는 안 됩니다.

뇌물은 사람의 눈을 멀게 합니다. 사람이 뇌물을 거절하기가 쉽지 않은 이유는 일단 누군가가 나에게 주는 것을 거절할 때 상대방이 난처하게 되기 때문입니다. 뇌물은 거저 생기는 돈이기 때문에 상당히 도움이 되는 것 같습니다. 그러나 이 세상에 공짜는 없습니다. 뇌물을 받으면 아무래도 뇌물을 준 자의 편을 들어주게 되는데 그러면 하나님을 적으로 삼게 됩니다. 우리는 하나님을 적으로 만들어서는 안 됩니다. 하나님을 내 편으로 삼으려면 가난한 자나 억울한 자의 편에 서 있어야 합니다. 우리는 처음부터 사람의 얼굴을 보지 말고 아닌 것은 '노!' 라고 할 수 있어야 합니다.

그리고 하나님께 인정을 받으려면 나의 길을 끝까지 달려가서 유종의 미를 거두어야 합니다.

8절 "일의 끝이 시작보다 낫고 참는 마음이 교만한 마음보다 나으니"

자신의 길을 찾는 것도 중요하지만 그 길을 끝까지 가는 것은 더 어렵고 중요합니다. 왜냐하면 성공하고 난 후에는 자꾸 치켜세워주는 사람들이 있어서 다른 일에 얼굴을 내밀다 보면 결국 자기 길이 아닌 길로 외도하기 쉽기 때문입니다. 그래서 가끔 텔레비전을 보면 의사나 다른 직업을 가진 이들이 개그 프로그램 같은 데 나오는데 모두가 자기 길에서 외도를 하는 것입니다. 우리는 자기 길을 찾았으면 누가 뭐라고 해도 끝까지 자기 길을 가야 합니다. 그래서 신실한 사람은 일단 바른 길을 한 번 시작했으면 끝까지 갑니다. 절대로 좌로나 우로나 치우치지 않고 끝까지 자기 길로 가는 것입니다. 그러나 자기 길에 대하여 충성되지 못한 사람들은 유명하게 되는 길은 다 따라다니다가 결국 자기 길에서 벗어나 망하게 됩니다.

9절 "급한 마음으로 노를 발하지 말라 노는 우매자의 품에 머무름이니라"

왜 급한 마음으로 노를 발하냐면 조급하게 결과를 보려고 하기 때문입니다. 사람은 당장 자기 생각이나 뜻대로 되지 않기 때문에 화를 내는 것입니다. 그러나 화를 낸다고 해서 없는 것이 생기지는 않습니다. 단지 엉터리가 날조될 뿐입니다. 귀중한 것은 모두 오랜 시간이 걸리는 법입니다. 좋은 요리는 금방 만들어지지 않습니다. 음식을 주문하고 난 뒤에는 요리가 만들어질 때까지 기다려야 합니다. 특히 귀한 것은 사람이 변하는 것인데 사람은 금방 변하지 않습니다. 어느 정도 되었는가 하면 또 쓰러지고 또 쓰러지는 것이 인간입니다. 그러니까 제대로 사람 구실을 하려면 상당한 시간이 필요하고 인내심이 필요합니다.

오래 인내하면 반드시 선한 일에 열매가 있습니다. 그래서 우리는 일단 좋은 일은 많은 인내와 수고가 있어야 한다는 것을 알고 각오해야 합니다. 불필요하게 과거에 너무 집착해서는 안 됩니다.

10절 "옛날이 오늘보다 나은 것이 어찜이냐 하지 말라 이렇게 묻는 것이 지혜가 아니니라"

사람들은 과거를 이야기할 때가 많습니다. 그 이유는 과거가 현재보다 더 멋있다고 생각하기 때문입니다. 왜 과거가 현재보다 좋아 보이는 것일까요? 그 이유는 과거에는 우리가 세상길을 가고 있었기 때문에 모든 것을 내 마음대로 할 수 있어서 좋았던 것입니다. 그러나 지금은 우리가 하나님의 손에 붙들려서 내 마음대로 할 수 있는 것이 아무것도 없습니다. 우리는 하나님의 손에 붙들리기 전에 세상에서 자유롭던 때가 더 부러운 것입니다. 그래서 교인들 중에는 자꾸 '왕년'을 찾는 사람들이 있습니다. 즉 "내가 왕년에는 이렇게 돈을 벌었고 왕년에는 이렇게 유명했다"고 합니다. 그러나 이 사람은 단지 과거 죄의 노예였던 때를 그리워하고 있는 것입니다. 생각의 기준이 과거가 되어서는 안 됩니다. 과거에 잘 나가던 때를 기준으로 한다면 우리는 신앙을 다 팔아먹게 될 것입니다. 앞으로 하나님께서 나를 만들고자 하시는 모습이 기준이 되어야 합니다. 그리스도인들에게는 미래가 있습니다. 노력하기에 따라서 얼마든지 하나님 나라에서 위대한 사람이 될 수 있습니다. 그래서 사도 바울은 "오직 과거의 일은 잊어버리고"라고 했습니다.

우리는 또한 과거에 실패했던 기억 때문에 마음이 부끄러워질 때도 있습니다. 그러나 과거의 부족한 과정을 거쳐서 오늘 현재의 아름다운 모습으로 발전해올 수 있었습니다. 그래서 너무 지나치게 과거의 실수나 부족했던 것에 대하여 부끄러워할 필요가 없습니다. 현재 우리 자신이 그렇지 않으면 충분한 것입니다.

그러나 과거의 미움을 치료받지 못하면 미래를 향하여 나아갈 수가 없습니다. 마음의 염려를 치료받지 못하면 미래로 나아갈 수가 없습니다. 과거의 분노는 용서로 치료받고 미래의 염려는 믿음으로 이겨야 합니다.

우리의 미래를 아름답게 만들어갈 수 있는 유일한 길은 하나님의 말씀이 주는 지혜입니다.

12절 "지혜도 보호하는 것이 되고 돈도 보호하는 것이 되나 지식이 더욱 아름다움은 지혜는 지혜 얻은 자의 생명을 보존함이니라"

인간은 미래에 무엇이 자신을 기다리고 있는지 알지 못합니다. 우리 인간에게 가장 큰 문제는 인간의 힘으로는 예측할 수 없는 어려움들이 있다는 것입니다. 그러나 이것을 이길 수 있게 하는 것은 하나님의 말씀을 붙들고 가는 것입니다.

사람들은 자신들의 미래를 알지 못합니다. 사람이 보기에 어떤 길은 안전한 것 같은데 나중에 가보면 망하는 길이고 어떤 길은 당장은 어려운데 나중에는 성공하는 길입니다. 그러니까 기도로 하나님의 지혜를 구하는 수밖에 없습니다. 우리는 죄를 짓는 길은 가지 말아야 합니다. 그리고 욕심으로 하는 길도 가지 말아야 합니다. 이런 길은 처음에는 형통하게 보이는데 나중에는 길이 협착하게 되고 결국 길도 없어져 버립니다.

13절 "하나님의 행하시는 일을 보라 하나님이 굽게 하신 것을 누가 능히 곧게 하겠느냐"

특히 우리는 굽은 길로 가서는 안 됩니다. 이미 길 자체가 굽은 길은 아무리 바르게 걷는다고 해도 바른 길을 갈 수가 없습니다. 이 세상에는 하나님이 굽게 한 길이 있습니다. 즉 그 길은 절대로 성공할 수 없는 길입니다. 그런데 이미 굽은 길로 들어간 후에 자기 힘으로 길을 펴려고 하는 사람들이 있습니다. 그러나 절대로 원래 굽은 길은 바르게 되지 않습니다. 처음부터 바른 길을 찾는 것이 중요합니다. 길도 없는데 들어가서 길을 만드는 것보다는 하나님께서 열어주시는 길을 따라가는 것이 성공하는 방법입니다. 정도를 좋아해야지 편법을 좋아하는 사람이 되어서는 안 됩니다.

하나님께서는 때로는 축복으로, 때로는 어려운 연단으로 우리의 인생을 조절하고 계십니다. 자동차를 운전할 때 어떤 때는 가속 페달을 밟고 어떤 때는 브레이크를 밟아서 안전하게 차를 운전하는 것처럼 하나님께서도 축복과 고난을 통해서 우리가 교만하지 않고 아름다운 마음으로 살아갈 수 있도록 인도하십니다.

14절 "형통한 날에는 기뻐하고 곤고한 날에는 생각하라 하나님이 이 두 가지를 병행하게 하사 사람으로 그 장래 일을 능히 헤아려 알지 못하게 하셨느니라"

우리는 장래 일을 알 수 없습니다. 하나님께서 삶의 속도를 빠르게 하실 때도 있고 늦게 하실 때도 있습니다. 처음에 훈련받을 때에는 하나님께서 모든 것이 느리게 돌아가게 하십니다. 그러다가 훈련이 잘 되었을 때에는 모든 것을 빠르게 진행시키십니다. 그러나 가속도가 붙게 되면 하나님은 그때 또 스스로 활동을 줄여서 무리가 되지 않게 합니다. 지혜로운 자는 미래를 대비하여 지금 과감하게 버릴 것은 버리고 포기할 것은 포기하는 사람입니다. 주님이 주신 지혜로 후회 없는 삶을 살게 되시기를 바랍니다.

12 · 인생의 본질

|전 7:15-29|

노인성 치매인 '알츠하이머'는 노인들에게만 걸리는 병으로 생각하기 쉬운데 때로는 젊은 사람들도 걸리는 경우가 있다고 합니다. 서울에서 만난 한 사업가는 젊었을 때 수영 선수를 하면서 부인을 만났는데 그만 부인이 알츠하이머에 걸리게 되었다고 합니다. 어느 날 부인이 남편에게 전화를 걸어 자기가 어디에 있는지 집을 찾지 못하겠다고 했는데 이때부터 병이 시작되었다고 합니다. 이제는 가족들과 함께 살지도 못하고 요양 시설에 머물면서 남편도 알아보지 못하고 자식들도 알아보지 못한다며 눈물을 흘렸습니다. 그런데 놀라운 것이 옛날에 불렀던 찬송가는 기억을 해서 찬송을 부르면 같이 따라 부른다는 것입니다. 사람이 기억상실증에 걸려 아무것도 기억을 하지 못한다면 이 세상에서 할 수 있는 것이 아무것도 없을 것입니다. 결국 그가 할 수 있는 것은 음식을 먹고 기본적으로 생활하는 생존만 하는 것이지 다른 사람과 관계를 맺거나 활동적인 일을 할 수가 없게 되는 것입니다.

사실 모든 인간들은 영적인 알츠하이머병에 걸려 자신이 누구인지, 무엇을 하는 사람인지 알지 못한 채 살아가고 있습니다. 공부를 하거나 직장 생활을 하거나 혹은 사랑을 하고 결혼을 하는 것은 궁극적으로 자기 자신을 찾기 위한 노력으로 보아야 합니다. 가만히 있어서는 도저히 자기가 누구인지 알 수 없기 때문에 공부도 하고, 사랑도 하고, 친구도 사귀고, 직장에서 일도 하는 것입니다. 그럼에도 불구하고 우리 인간들은 자기 자신을 찾을 수가 없습니다. 그 이유는 모든 인간들이 다 똑같이 기억상실증에 걸려 있기 때문입니다. 예를 들어 알츠하이머병에 걸린 노인들끼리 아무리 이야기를 하더라도 그들의 이야기는 공허한 이야기밖에 되지 못합니다.

요즘 치매가 있는 분들의 이야기를 들어보면 어떤 분은 밤만 되면 지금도 피난을 가야 한다면서 남의 짐까지 다 챙기는 분도 계십니다. 그래서 그 요양원에서 물건이 없어지면 그분의 짐을 뒤지면 다 나오게 되어 있다고 합니다. 어떤 분은 하루 종일 멍하게 앉아 있기도 하고 어떤 분은 화를 자꾸 낸다고 합니다.

청소년들은 어려운 문제가 있을 때 대개 친한 친구들과 상의합니다. 왜냐하면 자기들이 잘못한 것을 어른들에게 이야기를 하면 야단을 맞을 것이라고 생각하기 때문입니다. 그러나 청소년들의 친구라고 해봐야 모두 다 똑같은 처지이기 때문에 아무리 서로 이야기를 해도 해결은 되지 않습니다. 그래서 청소년들은 어려운 일에 부딪혔을 때 반드시 어른의 도움을 받아야 합니다. 자기 스스로는 인생의 문제를 해결할 수 없고 외부로부터 도움을 받아야 하는 것입니다.

여기서 알 수 있는 것이 우리가 안고 있는 인생의 많은 문제를 우리 힘으로는 해결할 수 없다는 것입니다. 즉 답은 외부에서 와야 합니다. 그런데 우리는 자존심 때문에 다른 사람의 이야기를 듣거나 도움을 받는 것을 부끄럽게 생각할 때가 많습니다. 그러면 우리는 계속 헤맬 수밖에 없는 것입니다.

기업이나 대학에서 문제를 해결하기 위해 외부에서 전문가들을 초청해 컨설팅을 받을 때가 있습니다. 자기들끼리 아무리 회의를 하고 토론을 해도 해결되지 않던 것들이 전문가들의 진단을 받음으로써 쉽게 해결될 때가 많이 있습니다. 우리가 가지고 있는 문제를 해결하기 위해서는 두 가지가 필요합니다. 그중 하나는 분명한 전문 지식을 가진 사람의 도움입니다. 전문 지식이 없는 사람은 애는 많이 쓰지만 자기 자신도 답을 모르기 때문에 자꾸 불필요한 시행착오를 하게 됩니다. 그러나 전문적인 지식을 가진 사람들은 일단 접근하는 방법 자체가 다를 때가 많습니다. 그들은 문제의 본질을 꿰뚫어 보는 능력이 있습니다. 그리고 일단 믿고 맡겼으면 금방 좋은 결과가 나오지 않아도 끝까지 믿고 기다려야 합니다.

본문은 우리 인생의 근본적인 어려운 문제를 풀려면 결국 우리 자신의 힘으로는 안 되고, 인생 문제의 전문가 되시는 하나님의 도움을 받아야 한다고 말씀하고 있습니다.

1. 아집에서 탈피하기

가끔씩 외국을 여행하다 보면 지금까지 자기가 생각했던 것이 전부가 아니라는 것을 깨닫고 마음에 충격을 받을 때가 있습니다. 우리나라에서만 살다 보니 피부색이 다른 외국인들을 보면 이상하게 생각되어 자꾸 쳐다보게 됩니다. 그런데 외국에 가보면 우리 자신이 거기에서는 바로 이상하게 생긴 외국인이라는 것을 알게 됩니다. 어느 나라를 가면 아마 공항에서부터 줄 서는 것이 인상적으로 느껴질 것입니다. 지금은 많이 달라졌지만 과거 우리나라 사람들은 줄 서서 기다리는 것을 좋아하지 않았습니다. 그런데 외국인들은 줄을 서서 기다리는 것은 기본이고 화장실에서는 아예 밖에서 줄을 서서 기다립니다. 자동차의 방향이 우리와는 반대인 나라도 있습니다. 실제로 외국에서 살아보면 정말 사람 사이에는 다양한 생각과 가치관이 있다는 것을 느끼게 됩니다. 특히 무덤의 경우 서양은 교회 마당이 묘지인 데가 많이 있습니다. 그런데 일본인들은 동네 한가운데 묘지를 많이 만듭니다. 한국 사람들은 할 수 있는 대로 조용한 산에 묘지를 만드는데 특히 조상들의 묏자리를 좋은 곳에 써야 자손들이 복을 받는다고 믿습니다.

이처럼 다른 사람의 처지나 형편을 이해하지 못하면 내 생각만 절대적으로 옳은 줄 아는데 알고 보면 사람들마다 생각하는 것이 많이 다르다는 것을 알게 됩니다. 그래서 사람의 지성이라고 하는 것은 자기가 가지고 있는 아집에서 벗어나 다른 사람의 처지나 입장을 이해하는 것에서부터 시작됩니다.

> 15절 "내가 내 헛된 날에 이 모든 일을 본즉 자기의 의로운 중에서 멸망하는 의인이 있고 자기의 악행 중에서 장수하는 악인이 있으니"

'내가 내 헛된 날'이라고 하는 것은 사람이 자신의 가치를 몰라서 정신없이 방황하면서 살던 시절을 말합니다. 자신의 가치를 모르고 진정한 진리를 알지 못하면 정신적으로 방황하면서 살아가게 됩니다. 이때가 바로 그 사람에게는 정신적인 암흑기인 것입니다.

대개 사람들은 자기 자신을 찾기 전에는 남들이 하라는 대로 하면서 삽니다. 즉 우리는 다른 사람들이 모두 공부를 하니까 공부를 하고 다른 사람들이 학교에 가니까 자신도 가야 하는 줄 압니다. 그러나 자기 자신이 왜 이런 삶을 살아야 하고 자신의 가치가 어디에 있는지 알지 못합니다. 이럴 때 사람을 지배하는 것이 바로 무지와 미신입니다. 무지한 사람들은 남들이 하는 말을 다 믿고 따라갑니다. 그래서 불길하다고 하면 하지 않고, 이 날이 길하다고 하면 따라 하게 됩니다. 사람이 자기를 찾지 못했을 때에는 내가 누구며 무엇 때문에 살아가는지 모릅니다. 그래서 누구나 다 부모님이 원하니까 시키는 대로 하고 선생님이 그렇게 가르치니까 그것이 옳은 줄 압니다.

사람이 아무것도 모를 때 나타나는 현상은 자기 생각이나 논리를 절대적으로 신봉하는 것입니다. 그래서 한 번 자기 생각이 옳다고 생각하면 절대로 다른 사람의 말을 들으려 하지 않습니다. 왜냐하면 이것이 자기 자신을 지탱하는 기둥이고 힘이기 때문입니다. 만일 이것이 무너지면 자기 인생 전체가 다 무너진다고 생각하기 때문에 쉽게 다른 사람의 이야기를 받아들이지 못합니다. 그리고 사람들은 바로 이런저런 아집 때문에 하나님의 말씀을 받아들이지 못합니다. 사람에게 있어 참으로 위대한 전환점은 나에게 심각한 문제가 있으며 다른 누군가의 도움을 받아야 한다는 생각을 가지게 되는 시점입니다.

알코올중독자나 우울증 환자에게 진정한 치료가 시작될 때는 자신이 알코올중독자이며 우울증 환자라는 것을 공개적으로 시인할 때입니다. 그 전에는 환자가 절대로 자기는 알코올중독자가 아니고 우울증 환자가 아니라고 주장하기 때문에 치료가 되지 않습니다. 아무리 몸부림을 쳐도 나아지지 않다가 할 수 없이 자기가 알코올중독자이고 우울증 환자라는 것을 시인하게 되면 그때부터 치료가 되기 시작하는 것입니다.

그래서 성령께서 우리에게 가장 먼저 깨닫게 해주시는 것이 내 성격에 모순이 많이 있고 내 안에 죄의 덩어리가 있다는 사실입니다. 이것보다 더 위대한 변화는 없습니다. 그러나 사람들 중에는 자기 생각이 가장 옳고 다른 사람의 의견을 전혀 중요하지 않다고 생각하는 사람들이 너무나도 많습니다. 이런 사람들은 다른 사람의 말을 들으려고 하지 않습니다. 그것을 받아들였을 때 일어날 변화가 두렵기 때문입니다. 사람이 다른 사람의 가치관을 받아들이는 것은 배가 마치 물살이 빠른 강을 타고 떠내려 가는 것과 같습니다.

사람들이 자신의 줄을 끊을 때는 도저히 그대로는 살 수 없게 되었을 때입니다. 죽을병에 걸렸든지, 아니면 결혼에 실패를 했든지 사업에 실패를 해서 그대로 있으면 도저히 살 수 없게 되었을 때 사람들은 마음 문을 열고 하나님의 말씀을 듣게 됩니다.

전도자가 세상에서 되어가는 일들을 살펴보니까 의인이라고 해서 반드시 잘되는 것이 아니고 악인이라고 해서 금방 망하는 것이 아니었습니다. 사람들은 이 세상은 열심히 살기만 하면 성공하게 되어 있고, 양심대로 행하기만 하면 모든 것이 잘되게 되어 있다고 생각했는데 실제로 그렇지 않은 것입니다. 즉 이 세상에는 내 생각이나 판단대로 안 되는 것이 너무나도 많습니다. 그렇게 한번 잘 살아보려고 이 일 저 일 다 하면서 몸부림쳤는데 결국 성공하지 못한 사람들이 너무나도 많습니다. 그런데 다른 사람은 나보다 잘난 것도 없는데 이상하게 축복받고 잘되는 것입니다. 그때 비로소 이 세상은 나 혼자 똑똑하고 잘나서 되는 것이 아니라 다른 외부의 힘이 중요하게 작용한다는 것을 느끼게 됩니다. 그러니까 오히려 자기 고집을 버리고 빨리 외부의 도움을 잘 받아들인 사람이 성공하는 것입니다. 그런데 시대의 흐름을 외면하고 혼자 고집을 부린 사람은 생각만큼 성공하지 못합니다. 그때 비로소 깨닫기 시작하는 것이 우리가 바른 길로 가기 위해서는 외부의 도움이 반드시 필요하다는 것입니다.

전도자도 처음에는 자신의 판단을 믿었습니다. 의인은 이 세상에서 복을 받을 것이고 게으르고 나쁜 사람은 못살고 가난하게 살 것이라고 생각했는데 결과는 그게 아니었습니다. 이것이 의미하는 것은 우리 인생의 방정식이 우리가 생각하는 것처럼 그렇게 간단하지 않다는 뜻입니다. 지혜자는 자기가 생각하는 것과 무엇인가 다른 원리가 이 세상에 작용한다는 것을 깨닫게 되었습니다. 그것이 무엇입니까? 하나님을 믿고 하나님의 도우심을 받는 것입니다.

16~17절 "지나치게 의인이 되지 말며 지나치게 지혜자도 되지 말라 어찌하여 스스로 패망케 하겠느냐 지나치게 악인이 되지 말며 우매자도 되지 말라 어찌하여 기한 전에 죽으려느냐"

사람이 지나치게 의인이 되고 지혜자가 되려고 한다는 것은 자신의 기준이 절대적으로 옳다고 생각하는 것입니다. 이 사람은 일체 다른 사람의 말을 받아들이려고 하지 않고 자기주장만 고집합니다. 그러나 세상은 옳고 그른 것만으로 모든 것이 결정되는 것이 아닙니다. 세상일에는 옳고 그른 것보다 의사소통이 더 중요할 때가 많습니다. 자기 혼자 아무리 옳다고 생각해도 다른 사람들과 전혀 의사소통이 안 되면 그는 독선적인 사람밖에 되지 않는 것입니다. 즉, 자기가 옳다고 하는 것이 다른 사람에게 이해되지 않으면 궤변밖에 되지 않습니다. 특히 하나님의 말씀과 맞지 않는 이론이나 주장은 그야말로 말장난이나 궤변에 불과한 것입니다. 그래서 우리는 자기 생각을 하나님의 말씀에 맞추어야 합니다. 우리 안을 하나님의 말씀으로 채워야 인생의 쳇바퀴에서 벗어날 수 있습니다.

우리가 오랜 무지의 잠에서 깨어날 때는 오직 하나님의 말씀이 들릴 때입니다. 하나님의 계시의 말씀이 들릴 때 우리 눈을 덮고 있던 무지와 미신의 덮개가 벗겨지면서 정신이 번쩍 들게 되는 것입니다. 그때 우리는 영혼의 암흑에서 벗어나며 하나님의 빛이 우리에게 비춰게 되면서 자신의 가치를 되찾게 됩니다. 그리고 오늘까지 살아오면서 얼마나 이 진리를 몰라서 길을 찾느라고 방황하면서 살아왔는지 알게 됩니다. 하나님을 만날 때 우리의 정신적인 방황은 끝나게 되고 가장 소중한 자기 자신을 만날 수 있게 됩니다.

모든 인간은 헤매고 있지만 완전히 가망성이 없는 것은 아닙니다. 왜냐하면 똑똑하고 의로운 자나 비참한 상태에 빠진 자나 모두 다 아직 완전한 것은 아니기 때문입니다. 인간은 지나치게 교만해서도 안 되며 자포자기하여 되는대로 살아서도 안 됩니다. 왜냐하면 누구나 다 하나님을 만날 가능성은 똑같이 있기 때문입니다.

> 18절 "너는 이것을 잡으며 저것을 놓지 마는 것이 좋으니 하나님을 경외하는 자는 이 모든 일에서 벗어날 것임이니라"

이것을 잡고 저것을 놓지 말라는 것은 너무 한쪽으로 치우쳐서 극단적이 되지 말라는 것입니다. 사실 사람들이 극단적으로 나가는 이유는 길을 모르기 때문입니다. 길을 모르면 어쩔 수 없이 갈 데까지 가보는 수밖에 없습니다. 그러다가 길이 없으면 다시 돌아오게 되는 것입니다. 결국 인간들이 하는 것은 헤겔의 변증법같이 이 끝에서 저 끝으로 왔다 갔다 하는 것입니다. 그러나 생명의 길은 극단적인 데 있는 것이 아니라 하나님의 말씀 속에 있습니다.

2. 세상에는 답이 없다

만약 어느 날 기억상실증에 걸려 자신에 대하여 아무것도 생각이 나지 않는다면 우리는 그대로 하루하루 밥만 먹고 살지는 못할 것입니다. 희미한 기억을 되살려서 자기 자신에 대하여 알 만한 모든 것을 찾아 길을 떠날 것입니다. 마찬가지로 사람들은 그저 앉아서 주는 복이나 받으려고 할 것이 아니라 진실로 자기 자신을 찾아 나서야 합니다. 그 이유는 우리 내부나 이 세상에는 진리가 없기 때문입니다. 자기 스스로 자신에 대하여 아무리 생각을 하고 또 생각을 해도 소용이 없습니다. 왜냐하면 진리는 밖에서 들어오기 때문입니다.

> 19절 "지혜가 지혜자로 성읍 가운데 열 유사보다 능력이 있게 하느니라"

지혜자는 열 명의 유사들에게서 하나님의 진리를 들을 수 없었다고 합니다. 열 명의 유사는 이 세상에서 가장 똑똑하고 경험이 많은 사람들입니다. 이 사람들은 책을 많이 읽고 공부를 많이 한 사람들입니다. 그러나 이 사람들은 다른 사람들의 잘잘못은 가려줄 수 있어도 인생의 궁극적인 가치는 가르쳐주지 못합니다. 왜냐하면 자기 자신들도 그 가치를 모르기 때문입니다.

판검사라고 하면 그 어려운 사법고시를 합격한 수재들이고 법이나 판례를 많이 배운 사람들입니다. 그러나 이들은 누가 틀렸는지는 말해줄 수는 있지만 어느 길이 바른 길인지는 가르쳐주지 못합니다. 그래서 그렇게 죽어라고 공부를 해도 바른 길은 못 찾는 것입니다.

인간의 지식이나 지혜는 세상을 유지시켜줍니다. 그런데 이 세상의 지혜나 지식이 우리 자신을 찾는 데는 도움이 되지 않습니다. 참된 지혜는 하나님으로부터 와야 합니다. 그래서 사람들에게 가장 큰 복은 누군가가 하나님의 말씀을 가지고 와서 가르쳐주는 것입니다. 이 방법 외에 인간은 바른 길을 갈 수가 없습니다. 그래서 사도 바울은 하나님은 전도의 미련한 것으로 세상을 구원하시기를 기뻐하셨다고 했습니다(고전 1:21).

20절 "선을 행하고 죄를 범치 아니하는 의인은 세상에 아주 없느니라"

이 세상에 완전한 의인은 없습니다. 물론 세상에는 훌륭한 사람들이 많이 있습니다. 그러나 사람들의 이런 선행은 모두 종족 보존을 위한 본능적인 것이지 하나님 앞에 인정받을 수 있는 의는 아닙니다. 예를 들어 사자가 새끼들을 위해 아무리 좋은 일을 한다고 해도 그것은 종족 보존을 위한 것에 불과합니다. 일단 우리가 제대로 의인이 되려고 하면 하나님과 의사소통이 되어야 하는데 인간들 중에서 하나님과 의사소통을 할 수 있는 사람은 없습니다. 그래서 하나님으로부터 누군가가 와야만 했습니다. 하나님으로부터 누군가가 오지 않으면 인간의 의는 아무 소용이 없습니다. 결국 인간의 의라고 하는 것은 하나님이 보내신 분을 믿는 것입니다. 왜냐하면 여기에서부터 하나님과의 의사소통이 시작될 수 있기 때문입니다.

사람이 선을 행한다는 것도 일시적으로 선한 마음이 든 것이지 완전히 선한 사람은 아무도 없습니다. 만약 그 사람에게 악한 충동이 생기면 그 사람은 금방 악한 사람으로 변하고 맙니다.

여기서 우리는 중요한 한 가지 원리를 깨닫게 됩니다. 즉 사람은 그가 생각하고 느끼는 것에 따라서 얼마든지 선할 수도 있고 악할 수도 있다는 것입니다. 선한 마음과 생각을 가지면 천사가 될 수 있습니다. 그런데 바로 그 사람이 악한 마음과 악한 생각을 가지면 악마가 될 수도 있는 것입니다. 개는 아무리 기분이 좋아도 개이고 기분이 나빠도 개입니다. 그러나 사람은 천사와 악마 사이를 얼마든지 왔다 갔다 할 수 있는 것입니다. 그래서 중요한 것은 어떻게 사람의 마음속에 선한 마음과 생각을 항상 집어넣을 수 있느냐 하는 것입니다.

21~22절 "무릇 사람의 말을 들으려고 마음을 두지 말라 염려컨대 네 종이 너를 저주하는 것을 들으리라 너도 가끔 사람을 저주한 것을 네 마음이 아느니라"

우리는 다른 사람들이 나에 대하여 무엇이라고 말하는지 알고 싶어 합니다. 왜냐하면 사람들이 나에 대하여 하는 말이 내 자신의 모습이라고 생각하기 때문입니다. 우리는 다른 사람이 좋은 평가를 해주면 '내가 훌륭한 사람이구나' 생각하게 되고, 다른 사람이 욕을 하면 내 자신의 모습이 다른 사람에게 형편이 없다는 것을 알게 됩니다. 그런데 사람들의 평가는 정확하지 않습니다. 사람들은 자기 기분에 따라서 얼마든지 칭찬을 할 수도, 욕을 할 수도 있기 때문입니다.

사람의 평가는 거울로 치면 울퉁불퉁한 거울과 같습니다. 비치는 각도에 따라서 완전히 다른 모습을 보여줍니다. 자기가 기분이 좀 좋으면 좋은 말을 하고 기분이 나쁘면 욕을 퍼붓는 것입니다. 그래서 전도자는 종들이 주인 앞에서는 고분고분하지만 뒤로 돌아서면 가끔 주인을 저주하는 소리를 그 주인이 듣게 된다고 말합니다. 주인이 없는 줄 알고 욕을 퍼붓는데 그때는 정말 기가 막히는 것입니다.

사람들은 앞에서 하는 말과 뒤로 돌아서서 하는 말이 다릅니다. 그래서 남들이 하는 말은 참고가 될 뿐 절대적인 기준은 되지 못합니다. 오히려 내가 다른 사람들에게 대하는 태도가 나의 상태를 보여줄 때가 많습니다. 내가 다른 사람을 사랑으로 대하면 현재 나의 상태가 좋은 것입니다. 그러나 다른 사람의 잘못을 하나하나 따지고 그것에 대하여 좋지 않은 생각을 가지고 있다면 나의 상태가 좋지 못한 것입니다. 개의 눈에는 개만 보이고 천사의 눈에는 천사만 보이는 것입니다.

3. 하나님의 지혜는 얻기 어렵다

세상에서 보배보다 더 구하기 어려운 것이 하나님의 지혜를 만나는 것입니다. 사실 요즘은 성경이 많이 보급되어 어디에 가든지 성경을 구할 수 있습니다. 그러나 성경 속에 들어 있는 진리를 캐내는 것은 결코 쉬운 일이 아닙니다. 왜냐하면 진리는 땅 저 깊은 곳에 들어 있는 광석과 같아서 그것을 캐내는 것이 쉽지 않기 때문입니다.

> 23절 "내가 이 모든 것을 지혜로 시험하며 스스로 이르기를 내가 지혜자가 되리라 하였으나 지혜가 나를 멀리하였도다"

전도자는 어느 날 하나님 말씀의 가치를 깨닫게 되었습니다. 그래서 결심하기를 자기는 오직 하나님의 말씀에 정통한 사람이 되어야겠다고 한 것입니다. 그런데 전도자는 자기가 아무리 하나님의 말씀을 깊이 알고 싶어 해도 도무지 하나님의 지혜는 자기에게 와주지 않았다고 말합니다. 그 자신도 하나님의 진리 속에 깊이 들어가는 것이 혼자의 힘으로는 너무나도 어려웠습니다. 그 이유가 무엇일까요? 하나님의 진리는 깊이 감춰진 보물이기 때문입니다. 땅속에서 석유나 금을 캐내는 것은 결코 쉽지가 않습니다. 우선 그것이 저장되어 있는 곳을 알아야 하고, 그것을 안 다음에는 바위나 땅을 뚫고 들어가야 하고, 그다음에는 그것을 캐내어 유익하게 가공을 해야 합니다.

마찬가지로 하나님 말씀의 가치를 아는 것 자체가 쉽지 않습니다. 우리는 모두 이 세상에 있는 지식이나 돈이나 명예에만 관심을 가질 뿐 하나님의 말씀은 너무 흔한 말씀이라고 생각합니다. 그러나 이 세상에서 가장 힘들고 어려울 때 하나님의 말씀을 붙잡으면 이 말씀이 살아 있는 것을 체험하게 됩니다. 예를 들어 야곱이 형 에서를 피해 도망치다가 빈 들에서 돌을 베고 잘 때 하늘이 열리고 하나님 말씀을 들은 것처럼, 가장 힘들고 비참할 때 하나님의 말씀을 붙잡으면 그 말씀은 살아 있는 말씀이 됩니다. 그러나 이것은 우리가 하나님 말씀의 맛을 본 것이지 그 안에 들어 있는 노다지를 캐낸 것은 아닙니다. 말씀의 덩어리를 캐내기 위해서는 교회로 모여야 합니다. 그리고 설교자는 가장 뛰어난 지식과 열정으로 하나님의 말씀 속을 파고 들어가야 하고 성도들은 그것을 가공해서 자신의 것으로 만들어야 합니다.

물론 하나님의 진리를 캐내었다고 해서 즉시 이 진리를 세상에 써먹을 수 있는 것은 아닙니다. 그럼에도 불구하고 이 진리를 가지고 현실에 부딪쳐서 하나님의 능력을 우리 현실에 끌어오는 법을 배워야 합니다.

성경의 모든 진리는 교회를 통해서 주어진 것입니다. 교회는 하나님의 무궁한 진리를 파고들어가는 금광의 입구입니다. 그래서 우리는 금을 캐는 광부의 심정으로 예배 시간에 모여야 합니다. 예수님께서는 제자들에게 "너희로 사람을 낚는 어부가 되게 하리라"고 하셨는데 전도자는 우리 믿는 사람들은 "하나님의 진리를 캐는 광부가 되어야 한다"는 것입니다.

하나님의 진리는 너무나도 방대하고 엄청나기 때문에 단시일에 소화를 해낼 수가 없습니다. 그래서 우리는 한평생에 걸쳐서 함께 모여 진리를 캐고 들어야 합니다.

24절 "무릇 된 것이 멀고 깊고 깊도다 누가 능히 통달하랴"

가장 어려운 것이 하나님의 말씀인 성경을 만나는 것입니다. 어떤 사람들은 성경을 무시하고 자기가 꾼 꿈이나 환상을 더 믿으려고 합니다. 그러나 꿈이나 환상은 하나님의 계시가 아닙니다. 이것은 잠재되어 있던 의식이 표출되는 것에 불과한데 거기에는 평소에 자기가 의식하지 못하는 온갖 생각들이 다 들어가 있습니다. 그렇다면 하나님의 기적은 무엇입니까? 첫째는 성경이 우리에게까지 오는 것이 기적이고, 둘째는 성경이 해석되는 것이 기적입니다. 일단 우리는 성경을 읽기만 해도 하나님의 뜻을 알 수가 있습니다. 성경은 많은 부분이 쉽고 명확한 말씀으로 기록되어 있습니다. 그러나 성경의 진리는 해석이 되어야 하고 누군가가 가르쳐주어야 합니다.

25~26절 "내가 돌이켜 전심으로 지혜와 명철을 살피고 궁구하여 악한 것이 어리석은 것이요 어리석은 것이 미친 것인 줄을 알고자 하였더니 내가 깨달은즉 마음이 올무와 그물 같고 손이 포승 같은 여인은 사망보다 독한 자라 하나님을 기뻐하는 자는 저를 피하려니와 죄인은 저에게 잡히리로다"

지혜자는 인간의 어리석음과 미친 것을 말씀을 통해 밝히려고 했습니다.

즉 인간들이 죄를 짓는 것은 미쳐서 짓는 것이고, 그것은 하나님의 진리를 모르는 무지함에서 오는 것이라는 것을 알았습니다. 그리고 우리 인간들이 하나님의 진리를 아는 데 큰 방해가 있었습니다. 이것을 전도자는 '여자' 라고 말하고 있습니다. 그래서 마음이 올무와 그물 같고 손이 포승줄 같은 여자는 사망보다 더 지독하다고 했습니다.

28절 "내 마음에 찾아도 아직 얻지 못한 것이 이것이라 일천 남자 중에서 하나를 얻었거니와 일천 여인 중에서는 하나도 얻지 못하였느니라"

말씀을 잘못 이해하면 여성을 비하하는 말로 들을 수 있습니다. 즉 남자들 중에는 지혜자가 있지만 여자는 똑똑한 자가 없다는 것입니다. 그래서 어떤 학자는 전도자는 남성우월론자였다고 비난하기도 합니다. 그러나 이 말씀에서의 남자나 여자는 비유입니다. 남자는 세상의 지혜를 말하고 여자는 육체의 정욕을 상징하는 것입니다. 그러니까 세상의 지혜는 그나마 도움이 되지만 정욕은 그야말로 전혀 자기 자신을 되찾는 데 도움이 되지 않는다는 뜻입니다.

즉 우리가 이 세상에서 바르게 사는 데는 정욕보다는 그나마 세상 지식이 나을 수 있다는 것입니다. 세상에서 열심히 공부하고 노력하는 사람이 정욕에 빠진 사람보다는 낫다는 뜻입니다. 어렸을 때부터 착실하게 공부해서 성공하는 것이 방탕하게 산 사람보다는 낫다는 뜻입니다. 그러나 성경이 말씀하는 것은 하나님의 지혜를 얻는 데는 세상의 공부나 정욕이 아무 도움이 되지 않는다는 것입니다.

하나님의 지혜를 얻기 위해서는 비싼 대가를 지불해야 합니다. 그리고 인간의 마음에서는 진리가 나오지 않기 때문에 외부에서 진리를 받아들여야 합니다. 즉 배우지 않으면 믿음은 생기지 않고 지혜도 생기지 않습니다.

29절 "나의 깨달은 것이 이것이라 곧 하나님이 사람을 정직하게 지으셨으나 사람은 많은 꾀를 낸 것이니라"

인간은 부패해져서 마음을 아무리 연구하고 탐구해도 쓰레기밖에 나오지 않습니다. 여기에 인간 심리 연구의 한계가 있습니다. 오직 진리는 하나님으로부터 와야 합니다. 그래서 과거에 실패한 것이나 나의 모순적인 성격에 대하여 부끄러워할 필요가 없습니다. 우리 인간들은 모두 모순된 존재이기 때문에 하나님의 말씀을 듣고 배우는 자가 진짜로 똑똑한 자인 것입니다. 하나님은 거룩하시지만 피조물들이 하나님에게서 멀어지면 멀어질수록 더 타락하게 되어 있습니다. 즉 하나님이 만드신 것이 아니고 인간이나 피조물들이 하나님으로부터 멀어지면서 부패하여 생긴 것입니다. 그래서 우리가 우리의 삶을 아름답게 만들 수 있는 방법은 자존심이나 고집을 버리고 하나님께 가까이 가면 되는 것입니다. 처음부터 완벽한 사람은 아무도 없습니다. 완벽하신 분은 하나님 한 분밖에 없습니다. 때문에 하나님의 말씀을 배우고 하나님을 가까이 하면 얼마든지 가치 있는 사람이 될 수 있습니다.

13 · 지혜로운 인생

| 전 8:1-8 |

1930년대 미국의 작가 존 스타인벡이 쓴 『생쥐와 인간』이라는 소설이 있습니다. 이 소설을 보면 힘은 아주 센데 백치인 레니라는 사람과 힘은 없지만 머리가 잘 돌아가는 조지라는 친구가 함께 돌아다닙니다. 레니는 부드러운 것을 만지기 좋아해서 언제나 주머니에 생쥐를 넣고 다니며 만졌습니다. 그런데 레니는 힘 조절이 안 되기 때문에 한 번만 세게 만져도 생쥐가 죽어버렸습니다. 강아지가 자기 손가락을 깨문다고 살짝 때리면 강아지가 죽어버렸고, 여자도 사랑스럽다고 세게 만지면 숨이 막혀 죽어버리는 것이었습니다. 결국 레니는 여자를 죽이고 도망을 치는데 이 바보를 친구인 조지가 총을 쏘아 죽입니다. 왜냐하면 조지는 힘만 세고 머리가 나쁜 레니를 자기가 끝까지 돌보아주어야 하는데 더 이상 돌볼 수 없다는 것을 알았기 때문입니다. 사람이 힘만 있다고 해서 이 세상에 살 수 있는 것이 아닙니다. 이 세상에 생존하려면 지혜가 있어야 하는데 특히 자기 힘을 조절할 수 있는 능

력이 있어야 세상에서 생존할 수 있습니다.

예를 들어 자동차가 아무리 엔진이 좋다 하더라도 브레이크가 없으면 대형 사고를 일으킬 수밖에 없습니다. 그래서 좋은 자동차는 무식하게 엔진만 세다고 좋은 것이 아니라 안정성이 뛰어나야 하는 것입니다.

성경은 짐승들 중에서 지혜로운 짐승으로 뱀을 이야기하고 있습니다. 뱀은 짐승으로는 불리한 점이 한두 가지가 아닙니다. 다리가 없어서 달리지도 못하고 다른 짐승을 물어뜯을 수 있는 이빨도 없습니다. 또 뱀은 날카로운 발톱도 가지고 있지 않습니다. 그런데 뱀은 어떻게 해서든지 다른 사람의 눈에 띄지 않게 자기 몸을 숨기는 기술을 가지고 있기 때문에 살아남을 수 있습니다. 또한 뱀은 언제든지 몸을 보호색으로 위장해서 사람이나 다른 짐승들의 눈에 띄지 않게 합니다. 만약 뱀이 그렇게 하지 않고 눈에 잘 띄는 빨간색 무늬를 하고 있다면 당장 족제비나 독수리에게 발견이 되어서 물려 죽게 될 것입니다.

이것은 사람에게 있어서도 마찬가지입니다. 사람은 힘이 없지만 지혜로 어마어마한 문명을 만들었습니다. 그러나 인간들의 가장 치명적인 문제는 이 지혜나 힘이 조절되지 않는 것입니다. 그래서 인간들은 그 뛰어난 지혜로 엄청난 무기를 만들어서 서로 죽이게 되었습니다. 지금 우리 인간에게 가장 무서운 적은 인간입니다. 인간은 힘을 가지고 교만하게 되어서 하나님을 대항하여 죄를 짓습니다. 결국 인간이 망하는 것은 무식하거나 힘이 없어서가 아니라 자기들이 가진 지혜와 힘을 조절하지 못해서입니다.

인간이 망하지 않을 수 있는 유일한 방법은 하나님의 지혜를 가지는 것입니다. 하나님의 지혜를 가져야 인간이 가지고 있는 지혜나 힘을 조절할 수 있고, 특히 하나님 앞에서 죄를 짓지 않고 겸손할 수 있기 때문에 끝까지 살아남을 수가 있는 것입니다.

성경은 진정으로 지혜로운 자는 자기 힘을 조절할 수 있는 자라고 말씀하고 있습니다. 즉 진정으로 지혜로운 자는 하나님 앞에서나 사람들 앞에서 자신의 한계를 깨닫고 무리하지 않는 사람입니다. 결국 이렇게 할 수 있는 사람은 하나님을 믿는 사람밖에 없습니다. 하나님을 믿지 않으면 반드시 자신의 능력과 지혜를 과신해서 망하게 됩니다.

1. 방향을 아는 지혜

인간의 가장 중요한 특징은 지혜라고 말할 수 있습니다. 그런데 이 지혜 중에는 단순히 기술적인 지혜가 있는가 하면 인생의 방향을 결정하는 지혜도 있습니다. 예를 들어 배를 타고 항해하려고 할 때 기관실에서는 기술자들이 엔진을 돌립니다. 기술자들이 엔진을 돌리는 것은 기술적인 지혜입니다. 이것은 배가 앞으로 나가는 데 있어서 결정적으로 중요한 것입니다. 그러나 이런 지혜보다 더 중요한 것이 선장이 배의 방향을 정하는 지혜입니다. 만약 선장이 배의 방향을 잘못 정하면 배는 암초나 다른 배에 부딪혀서 침몰하게 될 것입니다. 그래서 우리에게는 단순히 나에게 주어진 일을 잘 하는 지혜도 필요하지만 내 인생 전체의 방향을 아는 지혜가 더 필요한 것입니다.

> 1절 "지혜자와 같은 자 누구며 사리의 해석을 아는 자 누구냐 사람의 지혜는 그 사람의 얼굴에 광채가 나게 하나니 그 얼굴의 사나운 것이 변하느니라"

먼저 전도자는 "지혜자와 같은 자가 누구뇨"라고 질문을 하고 있습니다. 이것은 우리가 이 세상을 살아가는 데 지혜보다 더 중요한 것은 없다는 뜻입니다. 예를 들어 어떤 사람들이 있을 때 아무것도 모르는 사람보다는 무엇인가 알고 있고 정보를 가지고 있는 사람이 훨씬 똑똑한 것을 볼 수 있습니다. 학교를 다닐 때 공부를 잘하지 못하는 학생보다는 공부를 잘한 학생이 장학

금을 받는 것이나 취직을 하는 데 훨씬 더 유리할 수 있습니다. 그런데 전도자는 다른 이야기를 하고 있습니다. 그것은 '사리의 해석을 아는 자가 누구냐'는 것입니다. 이것은 우리에게 필요한 것은 단순히 머리가 좋은 것이 아니라 내 인생의 방향을 바로 알 수 있는 지혜가 더 필요하다는 것입니다.

요즘은 책이나 인터넷을 통하여 엄청난 정보가 쏟아지고 있습니다. 정보가 전혀 없는 것보다는 그런 정보를 가지고 있는 것이 유리하겠지만 더 중요한 것은 이 정보를 어떻게 사용하느냐 하는 것입니다. 아무리 주어지는 정보가 많아도 그 정보를 적절하게 쓸 수 없으면 그 정보는 휴지 조각밖에 되지 않는 것입니다.

이사를 할 때 짐을 꺼내놓으면 엄청나게 많지만 그런 상태로는 생활을 할 수가 없습니다. 이사하는 사람들은 그 많은 짐들을 정리해서 제자리에 넣어야 생활을 할 수 있습니다. 이것은 책을 읽는 데도 그대로 적용됩니다. 처음에는 너무나도 지식에 목이 말라서 책을 닥치는 대로 읽습니다. 그런데 그런 식으로 책을 읽었을 때에는 어떤 책을 읽어도 어떤 내용이 있는지도 알지 못하고 모든 지식이 뒤죽박죽이 되어서 쓸 수가 없습니다. 그러나 교수들이나 학자들은 책을 읽을 때 무턱대고 읽는 것이 아니라 자기 안에 지식의 체계가 있어 거기에 차곡차곡 집어넣기 때문에 엄청난 정보를 넣어도 뒤죽박죽이 되지 않고 그것을 잘 체계화시켜서 유익한 정보를 만들어내는 것을 볼 수 있습니다.

그래서 기술이 아주 뛰어난 사람들은 일을 하는 데 요령이 있습니다. 뛰어난 기술자들은 절대로 무식하게 힘으로 일하지 않습니다. 숙련된 사람들은 자신의 힘을 순간적으로 모아서 집중시키는 능력이 있는데 그때 순간적으로 큰 힘이 나오기 때문에 능력을 발휘하게 됩니다. 그러나 기술이 없는 사람은 요령이 없기 때문에 억지로 힘을 주다가 결국 기계를 망가뜨리거나 도구를 부수기가 쉽습니다. 그런데 이렇게 숙련된 기술은 하루아침에 나오는 것이 아니고 한평생 스스로 훈련하고 연습한 결과로 얻는 것입니다.

결국 사람이 모이게 되면 개인 기술로는 아무것도 되지 않고 전체를 리드할 수 있는 지도력이 필요합니다. 즉 단체 운동 경기를 하거나 전쟁을 할 때에는 단순히 기술만 좋다고 되는 것이 아니라 사람을 움직일 수 있는 능력이 필요하고 전체적인 흐름을 볼 수 있는 지혜가 필요합니다. 이런 지혜가 단순한 기술보다는 고차원적인 지혜인 것입니다.

그런데 성경이 말씀하고 있는 것은 과연 사람에게 인생의 흐름을 볼 수 있는 지혜가 있느냐 하는 것입니다. 우리는 지금 어디에 있으며 어디를 향하여 가고 있습니까? 창세기에 보면 아브라함의 여종 하갈이 도망쳐서 헤매고 있을 때 천사가 나타나서 하갈에게 묻습니다. "사래의 여종 하갈아 네가 어디서 왔으며 어디로 가느냐?"(창 16:8) 바로 이것이야말로 우리 모든 인간들에게 가장 중요한 질문인 것입니다. 어떤 사람은 가장 성공적인 길을 가고 있다고 생각했는데 나중에 보니까 그것이 실패의 길이었습니다. 거기에 비해서 어떤 사람은 자신이 길을 잃고 헤매고 있다고 생각했는데 알고 보니까 그것이 성공의 길인 경우도 있습니다.

본문 말씀에 "사람의 지혜는 그 사람의 얼굴을 빛나게 한다"고 말씀하고 있습니다. 즉 사람이 자기가 바른 길을 가고 있다는 확신이 있을 때에는 얼굴에서 빛이 나게 되는 것입니다.

중요한 것은 지금 이 세상은 어디로 흘러가고 있으며 우리 사회는 어디를 향하여 가고 있느냐 하는 것입니다. 대개 시대의 흐름을 잘 볼 수 있게 해주는 것이 신문의 사설이나 시사평론입니다. 그런데 신문들의 시사평론도 유심히 읽어보면 논설위원들도 근본적인 방향을 모르고 글을 쓸 때가 많다는 것을 알게 됩니다.

오늘 이 시대는 어디로 가고 있으며 나는 어디로 가고 있느냐 하는 것을 가장 정확하게 보여줄 수 있는 것은 결국 하나님의 말씀입니다. 이것은 마치 비행기를 탔을 때 앞좌석에 붙어 있는 내비게이션과 같습니다. 옛날 비행기는 손님이 앉아 있는 좌석에 내비게이션이 없었습니다. 그래서 승객들은 이 비행기가 어느 상공을 지나고 있으며 목적지에 가려면 얼마나 남았는지 알 수가 없었습니다. 손님들은 '조종사가 알아서 목적지까지 데려다 주겠지' 라고 생각하면서 신문을 읽든지 영화를 보든지 하면서 무작정 기다릴 수밖에 없었습니다. 그러나 요즘은 승객들이 내비게이션을 보면 지금 얼마나 이 비행기가 날아왔으며 어느 곳을 지나고 있고 얼마를 더 가면 되는지를 알 수 있습니다.

사람들이 가장 알고 싶은 것이 바로 이것입니다. 현재는 그런대로 괜찮게 살아가고 있는데 도대체 내가 어디를 향하여 가고 있느냐 하는 것입니다. 즉 내가 지금 가고 있는 곳이 영원한 축복이냐 아니면 멸망이냐 하는 것입니다. 만약 사람들이 지금 당장은 그런대로 괜찮지만 나중에 비참하게 된다면 지금 행복은 아무 소용이 없는 것입니다. 반대로 사람들이 지금 당장은 고생을 한다 하더라도 앞으로 분명히 큰 축복과 아름다운 삶이 주어지게 되는 것이 확실하다면 얼마든지 참을 수 있을 것입니다.

지금 우리는 어디를 향해 가고 있을까요? 그것을 말해줄 수 있는 것은 하나님의 말씀밖에 없습니다. 하나님을 거역하고 욕심으로 사는 사람들은 지금 당장은 성공하고 잘 되는 것 같지만 반드시 멸망하게 되어 있습니다. 무서운 것이 바로 이것입니다. 악한 자는 당장 망하는 것이 아니라 상당한 시간이 흐른 후에 망하기 때문에 돌이킬 수가 없는 것입니다.

그래서 우리는 삶에 대한 방향 감각이 있어야 하는 것입니다. 그러나 우리는 그런 지혜가 없는 경우가 대부분입니다. 그래서 무조건 하나님의 말씀을 붙들고 살아갈 수밖에 없습니다. 만일 하나님의 말씀을 들을 수 없으면 들을 수 있는 곳으로 찾아가야 합니다. 삶의 속도가 조금 느린 것은 크게 문제되지 않습니다. 왜냐하면 바른 길을 가는 것만 확실하다면 우리는 반드시 축복된 삶을 얻게 될 것이기 때문입니다. 그러나 만일 잘못된 방향으로 가고 있을 뿐 아니라 그것도 빠른 속도로 달리고 있다면 우리 인생은 비참한 파멸로 끝날 수밖에 없습니다.

> 1절하 "사람의 지혜는 그 사람의 얼굴에 광채가 나게 하나니 그 얼굴의 사나운 것이 변하느니라"

사람의 얼굴이 사나워 보이는 이유는 자기가 가고 있는 길에 대한 확신이 없어 불안하기 때문입니다. 사람이 불안하면 얼굴이 굳어지게 되어 있습니다. 길을 잃은 사람의 표정은 거의 대개 굳어 있고 화를 내게 됩니다. 그런데 그 사람이 잃었던 길을 찾았고 자기가 지금 바른 길을 가고 있다는 확신이 들게 되면 얼굴이 환해지고 웃음까지 띠게 됩니다.

교회에서 교인들이 예배를 드리고 나갈 때 웃으면서 나가는 것을 많이 볼 수 있습니다. 그 이유는 하나님의 말씀을 들으면서 확신이 생겼기 때문입니다. 하나님의 말씀을 듣기 전에는 잘못 믿고 있고 잘못된 길로 가고 있는 줄 알았는데 말씀을 듣고 보니까 그래도 바른 길을 가고 있다는 것을 알게 되었기 때문입니다. 교회에서 늘 얼굴이 굳어 있는 사람이 경건한 것 같지만 실제로는 경건한 사람이 아니고 아직 불안해하는 사람입니다.

2. 현실에 적합한 지혜

우리는 이 세상을 살면서 나의 힘으로 할 수 없는 것이 너무나도 많다는 것을 깨닫게 됩니다. 그래서 지혜로운 자는 자기 생각만 가지고 밀어붙이는 것이 아니라 세상의 순리를 거역하지 않고 순리대로 행할 수 있는 사람인 것입니다.

2절 "내가 권하노니 왕의 명령을 지키라 이미 하나님을 가리켜 맹세하였음이니라"

본문 2절에서 갑자기 그 내용이 어떤 나라의 왕궁으로 비약을 하고 있습니다. 정말로 지혜로운 사람은 혼자서만 지혜로운 것이 아니라 세상 속에서 역풍을 맞지 않고 인생의 방향을 잘 잡을 수 있는 사람입니다.

사람이 혼자서 지혜롭게 사는 것과 복잡한 세상 현실 가운데서 다른 사람과 부딪치지 않고 지혜롭게 사는 것 사이에는 많은 차이가 있습니다. 머리는 좋은데 사회생활을 제대로 하지 못하는 사람이 있습니다. 명문대학을 졸업했지만 너무 프라이드가 강해서 전혀 사회생활을 못하는 사람들이 있습니다. 아무리 책을 많이 읽고 인생의 원리를 잘 안다 하더라도 이런 사람은 사회적으로는 현실 부적응자인 것입니다. 특히 옛날에는 왕이 있었기 때문에 아무리 머리가 좋고 자기 논리가 정당하다 하더라도 왕의 명령을 거스르는 자는 살 수가 없었습니다. 그러니까 정의라고 하는 것이 개인이 생각하는 정의와 왕이 다스리는 나라의 정의는 다른 것입니다. 나의 정의가 진짜 정의가 되려면 왕을 거스르지 않으면서 한 걸음 더 나아가서 왕을 설득할 수 있어야 진짜 정의인 것입니다.

마찬가지로 우리가 보통 학교에서 배우는 것은 교과서적인 지식들입니다. 그런데 실제로 회사에 취직하면 교과서적인 지식들은 전혀 써먹지 못하고 모든 것을 다시 배워야 할 때가 많습니다. 그러면 직장에서 배우는 지식은 다 옳은 지식일까요? 그렇지도 않습니다. 내가 가지고 있는 정의나 지식은 세상 현실 가운데서 갈고닦아야 진짜 사람을 설득시킬 수 있는 정의나 지식이 되는 것입니다.

본문 말씀에서 "왕의 명령을 지키라"고 했는데 여기서 왕은 도대체 누구를 말하는 것일까요? 세 가지로 생각해볼 수 있습니다. 첫째는 하나님을 왕이라고 말할 수 있습니다. 사실 하나님은 우리가 궁극적으로 순종해야 할 왕이십니다. 두 번째는 이스라엘 백성들에게는 이스라엘의 왕인 영적인 지도자를 말하는 것으로 생각할 수 있습니다. 성경적인 지도자의 말씀을 잘 받아들이는 것은 세상을 이기는 데 대단히 중요한 것입니다. 세 번째 왕은 하나님을 모르는 세상 왕을 의미하는 것으로 생각할 수 있습니다. 우리는 하나님을 믿지 않는 이 세상의 왕이나 사장이나 상관의 지시를 받을 수밖에 없습니다. 그 명령이나 지시가 마음에 들지 않는다고 해서 거역한다면 우리는 처벌을 받든지 직장을 잃게 될 것입니다.

사람들은 모두 어느 누구의 간섭도 받지 않고 자기 멋대로 모든 것을 하고 싶어 합니다. 그러나 이 세상에 사는 이상 모든 것을 내 마음대로 할 수는 없습니다. 모든 것을 마음대로 하려고 하면 미친 사람이 되는 수밖에 없습니다. 그러면 당장 사람들이 와서 정신병원에 가두든지 집에 가둬둘 것입니다. 우리가 다른 사람에게 복종하는 것은 비겁한 것이 아니라 더 아름답고 다른 사람들이 안심할 수 있는 대상이 되는 것입니다.

우리는 운전면허 없이도 얼마든지 운전을 할 수 있습니다. 사실 운전면허가 있다고 반드시 운전을 잘하는 것도 아닙니다. 그렇다고 어떤 사람이 "나는 운전만 잘하면 되지 시시하게 면허증 같은 것은 필요 없다"고 하면서 무면허로 운전을 계속한다면 다른 사람은 그 사람을 아주 불안해할 것이며 결국 경찰에 걸리면 붙들리게 됩니다. 아무리 운전 실력이 있어도 사회가 요구하는 것을 순종할 때 안전하게 됩니다.

가끔 교인들 중에 은혜를 받았다고 하면서 교회의 질서를 무시하고 자기 멋대로 행동하는 사람이 있습니다. 그러나 실제로 그 사람은 제대로 성령의 은혜를 받은 것이 아니라 교만한 마음으로 날뛰고 있는 것뿐입니다. 왜냐하면 성령님은 사람을 겸손하게 하고 다른 사람에게 복종하게 만들기 때문입니다. 그런 사람은 열심은 많지만 그 열심을 소화시킬 만한 인격적인 성숙이 되지 못한 것입니다. 하나님께서는 우리가 사람에게 복종하는 것을 통하여 더 세련되고 실제적이 되도록 하십니다.

그뿐만 아니라 우리는 하나님을 모르는 왕에게 복종하는 것을 통해서 신앙이나 지혜가 더 실제적이 되고 풍성하게 됩니다. 이스라엘 백성들이 나중에 바벨론이나 페르시아의 포로가 되었을 때 그들은 자기들이 믿는 것을 하나님을 믿지 않는 자들에게 설명을 해야 했고 설득하는 것이 필요했습니다. 다니엘은 바벨론의 관리 학교에서 왜 자신은 우상의 제물을 먹을 수 없으며 그 포도주를 마실 수 없는지 설명해야만 했습니다. 우리는 이런 과정을 통해서 더 겸손하면서도 진실하고 실력 있는 사람으로 다듬어지게 됩니다. 결국 우리가 이렇게 되려면 하나님의 말씀을 가지고 현실 가운데 엄청난 고민을 해야 하는 것입니다. 그렇게 하는 가운데 우리가 가지고 있던 성경적인 지식이 삶 속에 파고들면서 진정한 하나님의 지혜가 생기게 되는 것입니다. 이때 세상은 우리 믿는 사람들의 말에 감동을 하게 되고 또 따라오게 됩니다. 요셉은 결국 20년 이상을 인생 밑바닥에서 고생한 후에 애굽의 바로를 설득할 수 있는 지혜를 가지게 되었습니다.

그런 의미에서 우리가 교회 안에서 배우는 지식은 이론적인 지식입니다. 우리가 교회 안에서 배운 것을 가지고 직장에서 바로 써먹으려고 하면 믿지 않는 상사나 동료들은 우리가 미쳤다고 할 것입니다. 그러나 우리가 믿지 않는 사람들 가운데서도 이해가 되고 인정을 받게 될 때 이것이 실제적인 지혜인 것입니다.

> 3~4절 "왕 앞에서 물러가기를 급거히 말며 악한 것을 일삼지 말라 왕은 그 하고자 하는 것을 다 행함이니라 왕의 말은 권능이 있나니 누가 이르기를 왕께서 무엇을 하시나이까 할 수 있으랴"

여기에서 보면 왕에게 예의를 갖추라고 말씀하고 있습니다. 왕 앞에서 급히 물러나는 것은 무슨 불만이 있다는 의미가 될 수 있습니다.

그러니까 함부로 다른 사람 앞에서 내 생각이나 기분대로 행동했다가는 살아남지 못하게 되는 것입니다. 신하가 왕에게 등을 보이는 것은 '노!'의 의미가 있습니다. 왕은 자기에게 등을 돌리는 신하를 결코 용서하지 않을 것입니다. 결국 우리는 실권이 없고 왕이 권력을 다 쥐고 있기 때문에 이 세상에서 살아남으려면 무식한 왕의 마음을 상하게 하지 않으면서 설득할 수 있어야 합니다.

영화 〈쿼바디스〉를 보면 그렇게 변덕스러운 네로 앞에서 비위를 맞추기 위해서 세네카가 온갖 노력을 다하는 것을 볼 수 있습니다. 그러나 결국 세네카는 네로의 마음에 들지 않아서 자살을 해야만 했습니다.

신하는 함부로 왕에게 "왜 이렇게 하십니까?"라고 따져서는 안 됩니다. 왜냐하면 왕은 간섭을 당하지 않기 때문입니다. 그리고 왕은 우리 위에 절대적인 힘을 가지고 있기 때문입니다.

어린아이들은 모든 것을 자기 마음이나 뜻대로 하려고 합니다. 그래서 누구 앞에서나 자기 마음대로 안 되면 떼를 쓰게 됩니다. 그러나 부모는 어린 자식이 떼를 쓰는 것을 받아주지만 세상은 그런 것을 받아주지 않습니다. 결국 이 세상에는 내 기분이나 생각대로 되는 것이 아무것도 없습니다. 우리는 그런 가운데서 하나님의 뜻을 찾아야 하고 바른 길을 갈 수 있어야 하는 것입니다.

하나님께서는 자기 백성들의 고집과 교만을 이방의 왕이나 상전들을 통하여 다스리십니다. 그래서 우리는 기꺼이 다른 사람에게 굽힐 수 있어야 이 세상에서 살아남을 수가 있습니다.

> 5절 "무릇 명령을 지키는 자는 화를 모르리라 지혜자의 마음은 시기와 판단을 분변하나니"

결국 신하나 백성들은 왕의 명령이 죄짓게 하는 것이 아닌 이상 순종해야 살아남을 수 있습니다. 왕의 명령이 자기 마음에 들지 않는다고 괜히 사사건건 반대하고 물고 늘어지다가는 자신만 불신을 당하게 될 것입니다. 그래서 우리는 하나님의 말씀을 가지고 이 세상에 빠지지 않으면서도 바른 길을 갈 수 있는 세련된 지혜자가 되어야 하는 것입니다.

3. 인간 능력의 범위

지혜롭게 사는 방법 중의 하나가 자신의 능력의 한계를 벗어나지 않는 것입니다. 우리는 많은 기업들이 능력 밖의 투자를 했다가 도산하는 것을 보게 됩니다. 그 이유는 투자자의 생각으로는 잘될 줄 알았는데 실제로는 그렇게 되지 않아서 망하는 것입니다.

> 6절 "무론 무슨 일에든지 시기와 판단이 있으므로 사람에게 임하는 화가 심함이니라"

사람이 이 세상에서 성공을 하려면 두 가지를 잘 알아야 합니다. 그 하나는 시기를 분별하는 것이고, 다른 하나는 객관적인 자신의 능력입니다. 즉 이 세상일에는 모두 시기라는 것이 있습니다. 그런데 많은 사람들에게는 그런 시기가 잘 오지 않습니다. 그러나 하나님을 믿는 자들에게는 기회가 옵니다. 스스로는 시기를 만들어내지 못합니다. 그러나 하나님께서 기회를 주셨을 때 그것을 적극적으로 사용할 수 있는 믿음이 필요합니다. 그러면서도 우리는 자기 자신의 능력을 잘 알고 있어야 합니다. 기분 같아서는 모든 것을 다 잘할 수 있을 것 같지만 실제로 사람의 능력은 한계가 있습니다. 학생들이 자기 기분 같아서는 좋은 대학에 다 합격할 것 같지만 사람들 사이에 능력의 차이는 분명히 있습니다.

기회가 아닌데도 무리하게 투자를 하거나 일을 벌이다가 실패를 하게 되고, 아니면 자기 자신의 능력을 과대평가해서 감당할 수도 없는 일을 하려고 하기 때문에 망하는 것입니다.

세상의 시류의 파도를 타는 사람은 세상의 파도가 그칠 때 바다에 빠질 수밖에 없습니다. 사람의 평가도 사람마다 다르고 같은 사람이라도 시간에 따라서 그 평가가 달라지기 때문에 믿을 수가 없습니다. 우리는 하나님이 주시는 기회를 분별해야 합니다. 하나님께서 기회를 주실 때에는 움직여야 합니다. 우리는 어떤 때에는 과감하게 모험도 해야 합니다. 그러나 하나님께서 기회를 주시지 않으면 기다려야 합니다. 그것이 지혜입니다. 그리고 우리는 늘 하나님 앞에서 정직해야 합니다. 자기 자신을 과대평가하지 말고 늘 자신의 부족한 것에 대하여 솔직해야 합니다. 하나님의 평가는 부끄러움이 없는 깨끗한 양심입니다. 양심에 거리끼는 것이 없을 때 하나님 앞에서 늘 당당할 수 있습니다.

7절 "사람이 장래 일을 알지 못하나니 장래 일을 가르칠 자가 누구이랴"

또한 우리는 너무 미래의 환상에 빠져 있으면 안 됩니다. 미래에 너무 많은 기대를 거는 것은 좋지 않습니다. 우리는 하루하루 성실하게 행하는 것이 미래의 축복으로 나타난다는 것을 믿습니다. 그렇기 때문에 하루하루를 믿음으로 살아가는 것이 중요합니다. 우리는 미래에 대해 너무 염려할 필요가 없습니다. 왜냐하면 하나님께서 그때가 되면 또 도우시기 때문입니다. 우리는 하루하루 살지만 하나님은 우리 인생의 큰 밑그림을 가지고 계시기 때문에 우리 인생을 아름답게 완성시켜주십니다.

8절 "생기를 주장하여 생기로 머무르게 할 사람도 없고 죽는 날을 주장할 자도 없고 전쟁할 때에 모면할 자도 없으며 악이 행악자[개역개정:그의 주민들]를 건져낼 수도 없느니라"

결국 사람은 자신의 생명을 주장할 수 없습니다. 누구든지 사람은 주어진 기간 동안만 열심히 후회 없이 사는 수밖에 없습니다. 우리는 오래 살거나 빨리 죽는 것을 결정할 수 없습니다. 이것은 오직 하나님만이 결정할 수 있는 사항입니다. 마치 축구 선수들이 주어진 시간 안에서만 경기를 할 수 있는 것과 같습니다. 우리가 이 세상 사는 동안 갑자기 죽음이 찾아올 수도 있습니다. 그러나 얼마나 오래 사느냐는 것보다는 얼마나 하나님의 뜻에 맞게 사느냐 하는 것이 더 중요합니다. 우리는 하나님께서 언제든지 부르실 때 후회 없이 갈 준비가 되어 있어야 합니다. 성경에서 보면 아무도 전쟁을 모면할 수 없다고 말씀하고 있습니다. 즉 전쟁은 불가항력적으로 일어나게 되는 것입니다. 그리고 전쟁이 일어나면 죽을 사람은 죽게 되어 있습니다. 그러나 우리가 하나님 앞에 믿음으로 살면 하나님은 이런 것을 다 피할 수 있게 하십니다. 성경은 악이 행악자를 건져낼 수 없다고 합니다. 즉 사람이 아무리 요령이 좋아서 악한 방법으로 심판을 피하면서 살아왔다 하더라도 끝에 가서는 인간적인 방법이 통하지 않을 때가 옵니다. 아무리 재주를 부려도 하나님이 심판하시면 어쩔 수 없이 망하게 되어 있습니다. 그래서 결국 모든 것은 사람의 생각대로 되지 않고 하나님의 말씀대로 됩니다. 가장 지혜로운 자는 하나님의 말씀을 가지고 이 세상 현실 가운데서 바른 길을 찾아가는 사람입니다. 이런 사람이 지혜자이며 인생의 방향을 아는 사람입니다. 인생의 방향을 잃지 말고 하나님이 주시는 아름다운 인생을 만들어가시기를 바랍니다.

14 · 세상의 불의

|전 8:9-17|

요즘 일기예보는 인공위성으로 구름을 촬영하고 분석해서 예측하기 때문에 상당히 정확한 편입니다. 그래서 우리나라에 태풍이 불어올 때에도 기상청에서는 어느 정도 규모의 태풍이 밀려오고 있으며 태풍의 진로는 어느 방향이고 어떤 속도로 진행하고 있다는 것을 소상하게 알려줍니다. 이것은 옛날에 태풍이 올지도 모르고 있다가 정신없이 당하던 것과는 상당한 차이가 있습니다. 그럼에도 불구하고 우리 인생의 문제는 그 성공과 실패를 도저히 예측하지 못할 때가 많습니다.

그 대표적인 예로 『해리포터』의 저자인 조앤 롤링을 들 수 있습니다. 조앤 롤링이 상상 속에나 존재하는 마법 학교 아이들 이야기를 통해서 전 세계적으로 그렇게 성공할지는 아무도 예측하지 못했습니다. 조앤 롤링은 술을 마시고 폭력을 휘두르는 남편과 헤어지고, 아기의 우유 살 돈을 마련하기 위해서 카페에서 옛날에 자기가 알던 이야기를 중심으로 마법 학교 이야기를 썼는데 이것이 전 세계적으로 크게 히트하는 바람에 엄청난 부자가 되었습니다. 우리가 생각하기에는 말도 안 되는 마법 학교 이야기지만 아이들에게는 이런 상상력의 세계가 먹혀들어간 것입니다. 거기에 비해 어떤 사람은 나름대로는 의롭게 살려고 애를 많이 썼는데도 불구하고 시대를 잘못 만나는 바람에 빛을 보지 못하고 불행하게 죽는 사람도 있습니다. 독일 신학자 본회퍼는 산상수훈을 설교한 『제자도』라는 책을 쓴 아주 유명한 신학자였습니다. 그러나 그는 히틀러 치하에서 어떤 미친 사람이 운전을 해서 많은 사람을 다치거나 죽게 한다면 그 미친 운전자를 죽여야 한다는 논리로 히틀러 암살단에 가입을 했다가 체포되어 독일이 연합군에 패하기 직전에 교수형을 당하게 됩니다. 본회퍼는 의롭게 살려고 했는데 악한 나치에 의해서 억울하게 처형을 당하고 말았습니다.

과학자들은 이 세상의 자연 현상에 대하여 많은 법칙들을 발견해서 앞으로의 자연 현상에 대하여 예측할 수 있도록 했습니다. 그럼에도 불구하고 우리 인간 세상에 대해서는 사람들의 성공과 실패를 전혀 예측할 수가 없습니다. 그래서 어떤 사람은 이것을 '운'이라고 하기도 하고, 어떤 사람은 '팔자'라고 이야기하기도 합니다.

그러나 우리는 이 세상에 세 가지 법칙이 있는 것을 알 수 있습니다. 그 첫째는 자연의 순환 법칙입니다. 이 세상의 자연 현상은 순환 법칙의 지배를 받습니다. 즉 아침이 지나면 낮이 오고, 낮이 지나면 저녁이 오고, 밤이 오며 그다음에 다시 아침이 옵니다. 그것이 하루입니다. 계절도 봄이 지나면 여름이 오고, 여름이 지나면 가을과 겨울이 옵니다.

거기에 비하여 우리 인간은 성장의 법칙에 지배를 받습니다. 즉 사람은 누구든지 태어나면 자라게 되어 있고 다 자란 후에는 늙게 되어 있습니다. 사람은 누구든지 어린아이였다가 청소년이 되고 그 다음에 청년이 되고 장년이 된 후에 노인이 되어서 죽습니다. 사람은 누구든지 한 번 늙으면 다시 젊은 시절로 되돌아갈 수가 없습니다. 사람은 한 사람도 빼놓지 않고 자기가 원하든지 원하지 않든지 나이가 들면 자라게 되어 있고 아무리 노력을 해도 늙어가는 것을 막을 수가 없습니다. 그리고 때가 되면 죽게 되어 있습니다. 그래서 우리 인생은 마치 무대 위에서 단 한 번 연기를 하는 배우와 같습니다. 사람은 누구든지 자기에게 한 번 주어진 인생을 통해서 멋진 인생을 연기하고 무대에서 내려와야 하는 것입니다.

그런데 세 번째는 좀 다른 것입니다. 그것은 바로 우연의 법칙입니다. 예를 들면 사람이 이 세상을 살아가다 보면 전혀 예상치 못했던 일들이 닥치게 됩니다. 즉 사람들은 전혀 생각지도 못한 사람을 만나서 결혼을 하기도 하고 전혀 생각하지 못한 일에 의해서 인생의 방향이 바뀌기도 합니다. 또 어떤 사람들은 전혀 생각지도 못했던 사고로 목숨을 잃거나 장애를 입기도 합니다. 이것을 믿지 않는 사람들은 '운'이라고 말하지만 믿는 사람들은 '하나님의 간섭'이라고 말합니다. 즉 사람들이 생각하는 '운'에는 '좋은 운'도 있지만 '나쁜 운'도 있습니다. 세상을 살아가다 보면 생각하지도 못한 일에 대박이 나서 돈벼락을 맞는 사람이 있는가 하면 어떤 사람은 재수 없는 일에 걸려들어 재산을 다 날리고 알거지가 되는 사람도 있습니다. 그런데 우리는 이것을 '하나님의 축복'과 '하나님의 심판'이라고 말합니다. 즉 하나님께서는 축복하기를 원하는 자들을 얼마든지 축복하시고 심판하실 자들을 얼마든지 심판하십니다. 그런데 전도자는 그 기준을 모르겠다고 말합니다. 오늘 우리에게 궁금한 것은 왜 이 세상 일은 공평하지 않을까 하는 것입니다.

1. 하나님의 방관

가끔 놀이터 같은 데를 가보면 아이들이 무선 조종기로 작은 비행기나 자동차를 조종하는 것을 보게 됩니다. 이런 비행기나 자동차들은 조금 떨어진 곳에서 주인이 조종하는 그대로 움직이는 것을 볼 수 있습니다. 그러나 물고기를 키우거나 동물들을 자연 상태에서 방목할 때에는 로봇이나 기계처럼 움직이게 하지 않고 자기가 하고 싶은 대로 하면서 살도록 내버려둡니다. 그렇게 하는 이유는 동물들은 기계가 아니기 때문에 자기가 하고 싶은 대로 하도록 해줘야 가장 스트레스를 덜 받고 건강하게 잘 지낼 수 있기 때문입니다. 마찬가지로 하나님은 이 세상에 많은 사람이나 동물들을 지나치게 간섭하지 않고 내버려두시는 것을 볼 수 있습니다. 그것은 우리 인간들이 결코 로봇이나 기계가 아니기 때문입니다.

> 9~10절 "내가 이런 것들을 다 보고 마음을 다하여 해 아래서 행하는 모든 일을 살핀즉 사람이 사람을 주장하여 해롭게 하는 때가 있으며 내가 본즉 악인은 장사 지낸 바 되어 무덤에 들어갔고 선을 행한 자는 거룩한 곳에서 떠나 성읍 사람의 잊어버린 바 되었으니 이것도 헛되도다"

우리가 생각하기에 때때로 하나님께서는 이 세상을 너무 내버려두시는 것처럼 보일 때가 있습니다. 그래서 '사람이 사람을 주장하여 해롭게 하는데' 아무 일도 일어나지 않는 것입니다. 다시 말해서 '사람이 다른 사람을 주장'한다는 것은 다른 사람을 무력으로 지배하면서 온갖 못된 짓을 다 하는 것인데, 그렇게 해도 하나님의 심판이 임하지 않더라는 것입니다. '언젠가는 하나님의 심판이 임하겠지' 하면서 기다렸는데도 그 사람이 죽을 때까지 심판이 임하지 않아서 그 모든 것을 자식에게까지 물려주는 일도 있는 것입니다.

우리가 알고 있는 상식에 의하면 악한 사람은 언젠가는 망해야 정상인데 그렇지 않은 경우도 많습니다. 거기에 비하여 어떤 경우에는 상당히 바르게 살려고 애를 썼음에도 불구하고 억울한 누명을 뒤집어쓰고 거룩한 성에서 쫓겨나는 사람도 있습니다. 그런데 끝까지 그 사람의 억울한 누명이 풀어지지 않아서 결국 그 사람은 거룩한 성에 돌아오지 못하고 어디에선가 객사하더라는 것입니다.

역사를 보더라도 의리를 중요하게 생각하고 남의 말을 잘 믿는 사람은 모함에 빠져서 역적으로 몰려 죽고 오히려 좀 비정하고 기회를 잘 타는 사람이 크게 성공해서 높은 자리에 올라가는 경우가 많이 있는 것을 볼 수 있습니다. 그러나 냉정하게 생각을 해보면 비정하지만 현실을 잘 볼 수 있는 것도 하나의 실력이라면 실력인 것입니다. 그래서 결국 의리를 중요시하는 비현실적인 인물보다는 비정하지만 현실을 직시하는 자가 성공할 때가 많은 것입니다.

이런 것을 볼 때 하나님을 모르는 사람들은 저절로 힘이 정의라고 생각하게 됩니다. 즉 누구든지 힘이 있으면 옳은 것이고 힘이 없으면 나쁜 사람으로 몰려도 할 말이 없다는 것입니다. 그래서 하나님을 믿지 않는 사람들은 약한 사람들을 향해서 억울하면 너희들도 힘을 가지라고 말합니다. 그러나 하나님을 믿는 사람들에게는 이런 불의가 너무나도 심각한 것입니다. 분명히 온 세상을 하나님이 다스리시는데 왜 하나님은 불의를 그냥 두시며 의로운 자를 돌아보시지 않으시는가 하는 의문이 생기게 됩니다. 그때 우리 믿는 사람들 마음속에는 별의별 생각이 다 드는데 '혹시 내가 믿는 신앙이 잘못된 것이 아닌가? 아니면 내가 믿는 하나님이 능력이 없으신 것이 아닌가? 혹은 하나님은 이 세상을 너무 방관하시는 것이 아닌가' 하는 생각이 들게 됩니다.

그래서 한때 많은 젊은이들이 신앙을 버리고 세상으로 가면서 힘이 없는 진리보다는 힘을 가진 악이 더 낫다고 생각했습니다. 즉 우리 믿는 사람들 입장에서 보면 내가 성경 말씀을 붙들고 아무리 새 사람이 되고 변화되어봐야 알아주는 사람이 없고 세상은 고시에 합격하든지 부모로부터 기업을 상속받든지 하는 사람을 더 알아주는 것 같습니다.

여기서 우리는 하나님의 두 가지 기준을 생각해야 합니다.

첫째로 하나님께서는 믿지 않는 자들에 대하여 상당히 관대한 잣대를 가지고 계십니다. 하나님께서는 모든 사람의 마음에는 양심과 도덕이 있어서 누구든지 바르게 살려는 마음을 주셨습니다. 믿는 자들과 믿지 않는 자들 모두에게 공평하게 햇빛과 비를 내리십니다. 즉 하나님께서는 아무리 인간이 죄를 지었고 악한 마음을 가지고 있다 하더라도 일단 이 세상에 태어난 이상 인간들을 믿고 맡겨두시는 것입니다. 그래서 때로는 악한 자가 권력을 남용하거나 죄를 지어도 우리가 보기에는 하나님께서 계속 내버려두시는 것 같습니다. 하나님께서 그렇게 하시는 이유는 일단 죄를 지은 사람이 마음속으로 양심의 가책을 받고 자신의 존귀함을 잃어버리는 자체도 심판으로 보시기 때문입니다. 그래서 우리가 보기에는 하나님께서는 악한 자를 즉각적으로 심판하시지 않는 것 같지만 실제로는 이미 심판을 하신 것입니다. 즉 죄를 지은 사람의 마음속에는 기쁨과 평화가 없고 자신이 존귀하다는 생각을 절대로 가질 수가 없습니다. 즉 자기 자신도 스스로가 비열한 사람이라는 생각을 갖고 있는 것입니다.

그러나 하나님은 너무나도 자비로우셔서 비록 아무리 악한 짓을 한 사람이라 하더라도 양심의 가책을 받고 회개할 기회를 주십니다. 이것이 바로 악인들에 대한 하나님의 사랑입니다. 하나님께서는 악인이나 죄인에 대해서도 인격을 존중하십니다. 전 세계에서 죄인에 대하여 그렇게 인격을 존중하는 곳은 기독교밖에 없습니다. 예수님께서는 가룟 유다가 눈앞에서 예수님을 배반하고 악한 행위를 하는 것을 다 아시면서도 끝까지 가룟 유다의 정체를 폭로하지 않으셨습니다. 예수님은 마지막 순간까지 유다의 인격을 존중해주셨습니다. 그래서 가룟 유다는 너무 예수님에게 미안해서 다른 제자들은 팔아먹지 못하고 결국 자살을 하고 말았습니다. 사람은 죄를 지으면 지을수록 양심이 굳어지고 고집이 세어집니다. 그래서 죄인은 분명히 죄를 지었음에도 불구하고 결정적인 증거가 나오기 전까지 자기 죄를 인정하지 않으려고 합니다. 그래서 세상에서는 검사나 경찰이 죄인들을 더 비참하게 만들어서 결국 죄를 토해내게 만드는 것입니다. 그러나 하나님은 끝까지 죄인을 기다려주시고 사랑하심으로 죄인으로 하여금 죄를 뉘우치게 하시고 할 수만 있으면 새사람이 되게 하십니다. 우리가 악인에게 복수하는 방법은 악인을 망하게 하는 것이 아니라 새사람 되게 하는 것입니다. 이것이 최고로 멋진 복수입니다.

둘째로 하나님은 믿는 자들에게는 다른 원칙을 가지고 계십니다. 그것은 부모가 사랑하는 자녀들은 징계한다는 원칙입니다. 부모는 자기 자식이 잘못을 저지를 때에는 더 나쁜 사람이 되지 않게 하기 위해서 야단을 치고 때로는 매로 다스리기도 합니다.

"징계는 다 받는 것이거늘 너희에게 없으면 사생자요 참 아들이 아니니라"(히 12:8). 하나님께서 이 세상의 죄인들에 대해서는 그렇게 오래 참고 기다리시면서 우리 믿는 자들의 잘못에 대해서는 그때마다 즉시 징계를 하시는 것 같습니다. 그러나 실제로 하나님은 우리가 잘못한 일이 있다고 해서 즉각적으로 채찍질하시지는 않습니다. 그 대신 우리 믿는 자녀들을 위해서 고난의 프로그램을 준비해놓으십니다. 우리가 하나님의 사람이 되어서 하나님의 손에 붙들려 사용되기 위해서는 반드시 이 고난의 과정을 통과해야 합니다. 하나님께서는 우리 신앙이 어릴 때에는 적당히 봐주시다가 어느 정도 자라고 나면 고난의 프로그램에 집어넣으십니다. 이 고난의 과정은 마치 신병 훈련소와 같아서 세상의 학벌도 통하지도 않고 자기 열심이나 노력도 아무 소용이 없습니다. 하나님께서는 우리가 거의 굶어죽지 않을 정도로 만나나 혹은 까마귀를 통해서 먹고 살게 하십니다. 이때 믿음의 자녀들은 돈이 없으니까 사람을 만날 수도 없고 죄를 지을 수도 없습니다. 그 대신 매일 다량의 눈물을 흘리면서 하나님의 말씀을 먹습니다. 어떤 때는 자신의 모습이 너무 비참해서 울기도 하고, 어떤 때는 하나님의 말씀이 너무 좋아서 울기도 합니다. 그래서 시편 기자는 "주야로 눈물이 내 음식이 되었나이다"라고 고백하였습니다.

그러나 이 고난은 결코 심판이 아닙니다. 그리고 이 과정은 결코 인과응보가 아닙니다. 잘 하면 상 받고 못하면 벌 받는 것이 아닙니다. 하나님은 하나님의 때가 되었을 때 한꺼번에 고난을 겪게 하셔서 우리를 훈련시키시는 것입니다. 이때 교만이 죽고 오만이 죽고 자만이 죽습니다. 그러나 하나님께서 우리의 미래를 쥐고 계시기 때문에 우리는 미래에 대하여 두려워하거나 불안해할 이유가 없습니다. 하나님을 모르는 사람들은 '운'이니 '운명의 여신의 장난'이니 하지만 우리 믿는 자들은 하나님께서 모든 것을 결정하시기 때문에 미래에 대하여 두려워할 이유가 전혀 없습니다.

하나님의 훈련은 절대로 우리를 죽이기 위한 것이 아닙니다. 그러므로 고난이 와도 죽는다는 생각은 할 필요가 없습니다. 오히려 우리는 이 고난을 통해서 정금이 되어 가장 흠도 없고 티도 없는 모습으로 나오게 될 것입니다.

하나님께서는 비록 악인이라 할지라도 일단 주어진 한평생은 보장을 해주시려고 하십니다. 그래서 악인들 중에 한평생 건강하게 살다가 죽는 사람들도 많습니다. 악인들 중에는 권력까지 가져서 남을 학대하고 못살게 굴었는데도 끝까지 권력을 쥐고 죽는 사람도 있습니다. 세상 사람들의 눈에는 그런 사람들이 참으로 복 받은 사람으로 보일 것입니다. 그러나 하나님의 눈에 그런 사람들은 가장 불쌍하고 비참한 사람들입니다. 왜냐하면 하나님께서는 이미 그들을 영원히 버리시기로 작정하셨기 때문입니다. 버리기로 작정하셨기 때문에 그런 사람을 붙들고 변화시키기 위하여 씨름을 할 필요가 없는 것입니다. 그래서 이 세상에서 나쁜 짓을 마음껏 해도 심판을 받지 않는 사람은 잔칫집 돼지와 같습니다. 잔칫집 돼지는 할 수 있는 대로 스트레스를 주지 않고 키우다가 잔칫날에 잡아서 잔치 음식으로 사용됩니다 .

사도 바울은 귀한 그릇과 천한 그릇의 비유를 든 적이 있습니다. 천한 그릇은 하나님이 폐기용으로 만든 사람들입니다. 즉 하나님이 버리기로 작정하신 사람들은 이 세상에서 자기 정욕대로 실컷 살다가 멸망당하는 사람들입니다. 그러나 귀한 그릇은 하나님께서 연단하셔서 자기 마음대로 하지 못하고 하나님의 영광을 위해서 살게 되는 사람입니다.

모세는 이 세상에 대하여 죽고 하나님의 손에 붙들린 마른 막대기가 되었습니다. 그래서 그가 그 막대기를 휘두를 때마다 놀라운 기적이 일어났습니다. 그러나 애굽의 바로는 모든 것을 자기 마음대로 다 하다가 결국 홍해에 빠져서 물고기 밥이 되고 말았습니다. 하나님께서 나의 삶을 너무 간섭하셔서 세상에서 고난 받게 하시고 어려움 당하게 하시는 것은 오늘 이 시대에 하나님이 나를 붙잡고 쓰시려는 것입니다.

11절 "악한 일에 징벌이 속히 실행되지 않으므로 인생들이 악을 행하기에 마음이 담대하도다"

우리 믿는 자들에게 답답한 것은 악인들이 죄를 지어도 하나님이 가만히 계시니까 악인들이 죄를 짓는 데 있어 너무 담대해지는 것입니다. 만약 인간들이 죄를 지을 때마다 하나님이 벌을 주신다면 사람들이 함부로 죄를 짓지 못할 것입니다. 그런데 악한 사람들이 죄를 지어도 하나님이 가만히 계시니 사람들은 아예 하나님이 바보인 줄 알고 마음대로 죄를 짓는 것입니다.

하나님께서 이렇게 하시는 이유가 무엇일까요? 하나님은 우리 인간들을 로봇이나 기계로 만들지 않으셨기 때문입니다. 하나님께서는 우리 인간들에게 자유 의지를 주셨고 그것은 인정해주십니다.

하나님께서는 인간들이 스스로 알아서 죄를 버리기를 바라십니다. 우리 인간들이 강요받거나 처벌이 두려워서 죄를 못 짓게 하시지 않으십니다. 그 대신 인간들은 자신의 행동에 대해서는 책임을 져야 합니다.

그래서 누구든지 돈을 많이 준다고 스스로 포르노 배우가 된다든지 아니면 폭력 조직에 가담을 하는 것은 스스로 자기 인생을 망치는 것입니다.

2. 하나님의 간섭하심

하나님께서는 때때로 이 세상에 대해서 간섭하시지 않으시는 것 같다가 어느 때에는 갑자기 무섭게 간섭하시는 때가 있습니다.

> 12~13절 "죄인이 백번 악을 행하고도 장수하거니와 내가 정녕히 아노니 하나님을 경외하여 그 앞에서 경외하는 자가 잘될 것이요 악인은 잘되지 못하며 장수하지 못하고 그날이 그림자와 같으리니 이는 하나님 앞에 경외하지 아니함이니라"

죄인이 백번 악을 행하여도 장수한다는 것은 하나님께서 이 세상을 내버려두고 계신 것 같은 것을 말합니다. 그러나 결국 하나님을 경외하며 그 앞에서 경외하는 자가 잘될 것이라고 말씀하고 있습니다. 이것은 하나님께서 이 세상을 내버려두시는 것 같다가도 갑자기 개입하셔서 세상을 뒤집어엎으시는 것을 말합니다. 그래서 하나님은 의로운 자를 위험에서 건져내시고 그들을 축복하시는 것입니다.

우선 하나님께서는 언제 이 세상에 개입을 하실까요? 그것은 이 세상의 죄가 어느 수준 이상으로 올라갔을 때입니다. 예를 들어 소돔과 고모라같이 죄가 넘쳤을 때 하나님께서는 갑자기 하늘에서 불을 내리셔서 소돔과 고모라를 멸망하게 하셨습니다. 하나님은 갑자기 이 세상에 지진을 일으키거나, 전쟁을 일으키거나, 전염병을 돌게 해 많은 사람들을 죽게 하십니다. 이 세상이 만들어질 때 설계가 되기를 죄가 어느 수준 이상 올라가면 저절로 예고 없이 재앙이 터지도록 설계가 되어 있습니다. 이때에는 아무런 예고 없이 재앙을 일으키시기 때문에 갑자기 많은 사람들이 죽게 됩니다. 그래서 어느 사회든지 갑작스러운 멸망을 당하지 않으려면 죄가 어느 수준 이상 올라가지 못하도록 신경을 써야 합니다. 사람들의 죄가 어느 수준 이상 올라가면 전혀 예고 없이 심판을 내리게 됩니다. 결국 이런 예고 없는 재앙은 사람의 힘으로는 막을 수가 없습니다. 하나님이 내리시는 이런 재앙을 막을 수 있는 유일한 것이 부흥의 힘입니다. 강한 부흥이 일어나는 곳에는 이런 재앙들이 일어나지 않습니다.

　옛날에 청계천에 수표교라는 다리가 있었습니다. 이 다리는 다리 밑에 수표를 그어서 물이 어느 정도 차 올라왔는지 체크하는 수단이었습니다. 만약 강물이 어느 표시 이상 올라오면 사람들을 대피시켜야 합니다. 그렇지 않으면 갑자기 강이 범람하면서 집들이 물에 잠기게 되기 때문입니다. 마찬가지로 인간들은 자기가 속한 사회의 죄의 수준에 수표를 그어서 언제나 경계를 해야 합니다. 특히 사회의 음란은 가장 중요한 도덕성의 표시입니다. 동성연애가 급격하게 많아진다든지 불륜이 폭발적으로 퍼진다든지 혼외정사가 많아지거나 자살이 많아지면 조심해야 합니다. 집세가 너무 심하게 올라서 집세를 내지 못한 많은 사람들이 자살을 하거나 거리로 내어 쫓길 때도 조심해야 합니다. 그렇지 않으면 한순간에 재앙이 임할 수 있습니다.

　하나님의 백성들을 업신여기고 그들을 핍박하거나 멸망시키려는 사람들은 망하게 됩니다. 그래서 이 세상 사람들이 신앙을 가지기 싫으면 믿는 사람들을 건드리지 않는 것이 가장 좋습니다. 왜냐하면 이 사람들이 사회를 지키는 영적인 제사장들이기 때문입니다. 결국 하나님을 경외하는 자들이 복을 받습니다.

3. 인생의 소중한 것

세상에서 겉으로 보기에 성공하거나 잘 사는 것은 완전한 행복의 척도가 아닙니다. 왜냐하면 우리 인간들은 모두 이 세상에서 마치 시험을 준비하는 수험생들과 같기 때문입니다. 수험생들은 결국 채점하는 교수들의 평가가 나와야 합격하게 됩니다.

> 14절 "세상에 행하는 헛된 일이 있나니 곧 악인의 행위대로 받는 의인도 있고 의인의 행위대로 받는 악인도 있는 것이라 내가 이르노니 이것도 헛되도다"

우리가 세상에서 볼 때 웬만한 것들은 이 세상에서도 다 드러나게 되어 있어서 사람에 대하여 어느 정도 평가가 됩니다. 사실 이것도 하나님께서 하시는 것입니다. 그러나 이 세상에서 모든 비밀이 다 드러나는 것은 아닙니다. 또 하나님께서 이 세상에서 모든 것을 다 끝장내시지 않으십니다. 그 이유는 죽은 후에 진짜 심판이 있기 때문입니다. 인간의 판단은 예비적인 성격을 가지고 있는 것이지 결정적인 기준은 되지 못합니다. 유명한 사람이 죽고 난 후에 신문에서 영웅시하는 것도 사실은 그 사람에 대한 모든 것을 다 이야기하는 것은 아닙니다.

그러나 우리 모든 인간들은 하나님 앞에서는 자기가 한 말이나 행동에 대해서 전부 다 드러나게 되어 있습니다. 하나님 앞에서는 일체 비밀이라는 것이 없습니다. 우리 인간들의 모든 숨은 생각과 비밀이 다 드러나게 되어 있습니다. 그래서 가장 불쌍한 사람들이 이 세상에 살면서 죄 씻음을 받지 못한 사람입니다. 세상의 평가는 정확하지 않습니다. 악인의 행위대로 심판받는 의인도 있고, 의인의 행위대로 평가받는 악인도 있습니다. 이 세상에서 가장 행복한 사람은 예수님을 만나서 죄 용서를 받은 사람입니다. 우리는 이 세상에 살면서 분명히 죄를 많이 짓습니다. 그러나 하나님의 심판대 앞에 가면 모든 죄가 다 지워져 있을 것입니다.

> 16절 "내가 마음을 다하여 지혜를 알고자 하며 세상에서 하는 노고를 보고자 하는 동시에 (밤낮으로 자지 못하는 자도 있도다)"

어떤 사람이 밤낮으로 자지도 않고 자기 일을 합니다. 왜냐하면 자기 나름대로 기준이 있기 때문입니다. 그러나 그것은 어디까지나 자기 기준이지 하나님의 기준은 아닙니다. 그러면 이 세상에서 가장 중요한 것이 무엇입니까? 그것은 이 세상의 성공을 목표로 해서 사는 것이 아니라 매 순간 하나님을 의지하는 믿음으로 사는 것입니다. 이것이야말로 참으로 행복한 삶인 것입니다.

> 15절 "이에 내가 희락을 칭찬하노니 이는 사람이 먹고 마시고 즐거워하는 것보다 해 아래서 나은 것이 없음이라 하나님이 사람으로 해 아래서 살게 하신 날 동안 수고하는 중에 이것이 항상 함께 있을 것이니라"

왜 하나님을 의지해서 사는 것이 가장 아름답고 행복한 삶일까요? 그것은 하나님께서 우리에게 천국의 능력을 주셔서 살게 하시기 때문입니다. 우리가 이 세상에서 명품을 가지고 생활하면 기분이 좋은 것처럼 하나님은 우리에게 천국의 기쁨과 능력을 주셔서 살아가게 하십니다. 우리는 굳이 이 세상에서 최고가 되려고 할 필요가 없습니다. 물론 최고가 되었을 때 기분은 좋겠지만 그 후유증은 말로 표현할 수 없이 허무할 것입니다. 그러나 하나님이 주시는 은혜와 축복으로 살 때 우선 우리 자신이 보석처럼 가치가 있고 그다음에 우리가 사는 매 순간 순간이 그렇게 행복하고 아름다울 수가 없습니다. 왜냐하면 하나님께서 하늘의 기쁨으로 축복해주시기 때문입니다. 모든 믿는 자들에게는 하나님께서 주신 몫이 있습니다. 하나님께서 나에게 원하시는 그 작은 삶을 최선을 다해서 이루어드리고 하나님이 주시는 축복을 누리는 것이 최고의 삶입니다.

우리 인간에게는 무한한 잠재력이 있는 큰 재산이 하나 있는데 그것은 바로 우리 몸입니다. 우리 몸을 성령으로 길들이기만 하면 우리 몸에서 무한정의 하나님의 축복이 쏟아지게 됩니다. 그래서 참으로 복 있는 자는 경건의 훈련을 부단하게 해서 자기 몸을 하나님이 마음대로 쓰실 수 있는 도구가 되게 하는 것입니다.

우리 모두가 천사보다 나은 것은 몸을 가지고 있기 때문입니다. 이 몸을 사용해서 남을 섬길 때 천사의 축복이 나타나게 됩니다. 그런데 경건의 훈련이 되지 않은 사람은 섬김을 받으려고 합니다. 그래서 보통 사람들은 다른 사람들이 자기를 알아주기를 바라고 높여주기를 바랍니다. 예수님 자신이 이 세상에 오신 것은 섬김을 받으시기 위해서가 아니라 남을 섬기고 자신의 몸을 대속의 제물로 주시기 위해서라고 말씀하셨습니다.

봉사가 숙달이 되면 거의 예술의 경지까지 가게 됩니다. 그것이 바로 본문이 말씀하는 희락이나 만족입니다. 연주자들이 연습을 많이 했을 때 오히려 자유로움을 느낄 수 있고 자기가 하는 일을 즐길 수가 있습니다. 마찬가지로 우리가 경건에 숙달이 되면 하나님께서 주신 삶에서 자유로울 수 있고 그것을 즐길 수가 있는 것입니다. 내가 하는 일이 즐거워야지 다른 사람도 즐거울 수가 있습니다.

얼핏 보면 하나님은 이 세상을 방관하시는 것 같습니다. 그러나 하나님은 결코 이 세상을 방관하시지 않습니다. 단지 죄인들의 인격을 믿고 기다리시는 것뿐입니다. 하나님의 그 자비하심과 인자하심과 오래 참으심을 업신여기는 자는 긍휼 없는 심판을 받게 될 것입니다. 그런데 하나님께서 우리 믿는 자들을 쉴 새 없이 고난을 통과하게 하시고 연단하시는 것은 이 마지막 세대에 우리를 쓰시기 위하여 훈련을 시키시는 것입니다. 하나님께서 우리에게 주시는 작은 삶에 만족하고 작은 일에 최선을 다하는 것이 후회 없는 인생을 사는 비결입니다. 많은 훈련을 통해 버림받는 그릇이 되지 마시고 귀하게 사용되는 그릇이 되시기 바랍니다.

15 · 산 자의 유익

|전 9:1-10|

오늘 우리가 이렇게 살아 있다는 것이 얼마나 감사한지 모릅니다. 살아 있기 때문에 아름다운 하늘을 볼 수도 있고, 사랑하는 사람들을 마음껏 만날 수도 있습니다. 만일 우리가 죽었다면 아무도 찾아오지 않는 차가운 땅에 누워 있어야 할지도 모릅니다. 그러나 살아 있는 것도 중요하지만 그것 못지않게 중요한 것이 어떤 상태에서 살아 있느냐 하는 것입니다. 만약 우리가 살아 있다고 하지만 죄를 지어서 감옥에 갇혀 있다면 살아 있다는 기쁨은 별로 없을 것입니다. 때로는 살아 있다는 것이 엄청난 고통일 수도 있습니다. 예를 들어 의식이 전혀 없는 중환자로 살아 있다면 살아 있는 기쁨을 전혀 누리지 못할 것입니다.

어느 날 아침 밖에 나가서 운동을 하고 돌아오는데 아파트 앞 잔디밭에 사람들이 서서 웅성거리고 있었습니다. 사람들이 하는 말이 사람이 옥상에서 떨어졌는데 머리카락이 없는 사람이라는 것이었습니다. 나중에 보니 그는 암환자였습니다. 우리 아파트에 사는 분도 아니었습니다. 너무 고통스러우니까 절망이 되어서 가까운 아파트 고층으로 가서 투신자살을 한 것입니다. 저는 그 이야기를 듣고 얼마나 마음이 아팠는지 모릅니다. 사람에게 희망이 없다는 것은 삶을 고통스럽게 만듭니다. 사람들이 자살을 하는 이유는 미래에 대한 희망이 보이지 않기 때문이며, 더 이상 살아야 할 이유를 찾지 못하기 때문입니다. 최근에는 우울증 때문에 유명한 가수나 배우, 사업가 등 많은 사람들이 자살을 하고 있습니다. 그들이 자살을 하는 이유는 마음속에 오랜 불안이나 분노로 기쁨의 감정이 없어져서 더 이상 살아야 할 필요를 느끼지 못하기 때문입니다. 그리고 대개 사탄은 우울증이 심한 환자들에게 '너 한 사람 때문에 모든 가족이 불행해지니까 너만 죽으면 가족이 살 수 있다'는 식으로 충동질을 해서 자살을 선택하게 할 때가 많습니다. 대개 우울증에 걸리는 사람의 특징이 세상이나 가족의 문제가 모두 자기 책임이라고 생각하는 것입니다.

이 세상에 살아 있다는 것은 참 감사한 일인데 사실 우리는 그 기쁨을 누리지 못할 때가 너무나도 많습니다. 그 이유는 이 세상의 수많은 어려운 문제들이 우리의 가슴을 내리누르고 있기 때문입니다.

어떤 사람이 감옥에서 종신형을 살고 있는데 만일 법이 바뀌거나 세상이 변해서 그가 감옥에서 나갈 기회가 주어지게 된다면 그는 죽는 것보다 살아 있는 것이 훨씬 나을 것입니다. 마찬가지로 어떤 사람이 병원 중환자실에 의식 없이 몇 달을 있었는데 그 후에 기적적으로 의식이 돌아오게 되었다면 그는 죽는 것보다는 살아 있는 것이 좋을 것입니다.

2차대전 때 많은 유대인들이 독일군의 가스실에서 죽어갔습니다. 그런데 그중에서도 고된 노동과 지옥 같은 환경을 견디고 끝까지 살아남은 사람들은 나중에 연합군에 의해서 풀려나게 되어서 참으로 아름답고 가치 있는 삶을 살다가 죽었습니다. 그래서 지금은 아무리 고통 중에 있다 하더라도 앞으로 이 고통에서 풀려나서 아름다운 축복의 삶을 살 수 있다는 확신만 있다면 누구든지 고통을 참고 살아남으려고 할 것입니다. 우리 그리스도인들에게는 바로 이런 희망이 있습니다. 지금 당장은 우리가 아무리 고통스럽고 힘들다 하더라도 이 고통을 참고 견디면 언젠가는 반드시 축복의 시간이 오게 됩니다. 그래서 우리는 끝까지 살아남아야 할 이유가 있는 것입니다.

본문 말씀은 유명한 명언을 남기고 있습니다. 그것은 "산 개가 죽은 사자보다 낫다"는 것입니다. 이 세상이 아무리 고통과 무의미한 삶으로 가득 차 있다 하더라도 하나님을 믿을 때 반드시 축복된 삶을 살게 됩니다. 이것이 바로 우리가 지금 살아가고 있는 이유인 것입니다.

1. 인간의 선행

세상에는 아름다운 선행을 하는 사람들이 많습니다. 심지어 어떤 사람은 말하기를 자기는 종교를 믿지 않지만 다른 사람을 많이 도와주었기 때문에 천국에 갈 수 있다고 말합니다. 여기서 우리는 '과연 사람이 천국에 갈 수 있는 기준이 무엇일까' 하는 생각을 하게 됩니다. 즉 우리는 하나님을 믿어야 천국에 갈 수 있는가, 아니면 선행을 많이 해야 천국에 갈 수 있는가 하는 것입니다.

> 1절 "내가 마음을 다하여 이 모든 일을 궁구하며 살펴본즉 의인과 지혜자나 그들의 행하는 일이나 다 하나님의 손에 있으니 사랑을 받을는지 미움을 받을는지 사람이 알지 못하는 것은 모두 그 미래임이니라"

이 세상에서 사람들이 하는 일들 중에서 가치 있는 일들이 많이 있고 의로운 일들이 많이 있습니다. 그런데 중요한 것은 과연 인간들의 업적들이 하나님 앞에서 칭찬받을 수 있을까 하는 것입니다. 물론 우리가 보기에는 훌륭하고 아름다운 일이지만 하나님 앞에서는 칭찬받을 수 없는 것들이 너무나도 많습니다.

예를 들어 초등학교 선생님이 학생들에게 미술 숙제를 내어주었습니다. 그런데 어떤 아이는 그림을 아주 잘 그렸는데도 불구하고 선생님께서 야단을 치시는가 하면 어떤 아이는 그림을 잘 그리지 못했는데도 칭찬을 받습니다. 그 이유가 무엇입니까? 그림을 잘 그렸는데도 불구하고 야단을 맞은 학생은 그 그림을 자기가 그리지 않았기 때문입니다. 그 학생은 형이나 이모가 대신 그린 그림을 자기가 그린 것처럼 선생님에게 제출을 했는데 선생님은 그 그림이 다른 사람의 그림이라는 것을 금방 아는 것입니다. 거기에 비해서 그림을 못 그렸는데도 불구하고 칭찬받은 학생은 자기 수준에서 최선을 다해 그림을 그렸기 때문에 선생님이 그 가능성을 보고 칭찬을 하시는 것입니다.

세상일을 보면 의인이나 지혜자가 좋은 일을 하는데 세상적인 기준으로 보면 대단하지만 하나님 앞에서는 칭찬받을 수 없는 사람들이 많이 있습니다. 그 이유는 겉으로 보기에는 분명히 좋은 일이고 선한 일이지만 실제로 그들의 마음속의 동기를 살펴보면 그들이 그런 일을 할 때 진정으로 하고 싶어서 한 것이 아니라 어쩔 수 없는 상황에 이끌려서 하거나 혹은 자기 이름을 내기 위해서 그런 일을 했기 때문입니다.

발람이라는 선지자가 모압 왕 발락의 사주를 받아서 이스라엘 자손들을 저주하려고 하다가 결국 이스라엘 백성들을 축복했습니다. 즉 결과적으로 나타난 것을 보면 발람은 아주 아름다운 일을 했습니다. 왜냐하면 그는 하나님의 백성 이스라엘 백성들을 몇 번씩이나 축복했기 때문입니다. 그러나 발람은 하나님 앞에서 결코 칭찬받을 수 없었습니다. 왜냐하면 실제로 발람이 이스라엘 백성들을 축복하고 싶어서 축복한 것이 아니었기 때문입니다. 그는 모압 왕의 돈을 받고 이스라엘을 저주하게 되어 있었는데 하나님께서 강권적으로 그의 목을 잡아당기는 바람에 저주를 하지 못하고 축복을 했던 것입니다. 결국 발람은 나중에 이스라엘 백성들에게 미인계를 써서 많은 이스라엘 백성들이 모압 여인과 관계를 해서 하나님의 심판으로 죽게 만들었습니다.

이 세상에서 일어나는 의로운 일이나 선한 것의 본질을 살펴보면 정말 자기가 원해서 하는 것은 많지 않습니다. 어떤 사람은 세금의 추적을 피하기 위해 거금을 기부하기도 하고, 어떤 사람은 자신의 이름을 내기 위해 돈을 내어놓습니다. 물론 사람들이 보기에는 그런 식으로라도 부자들의 주머니에서 돈이 나오는 것이 다행스럽다고 생각할지 몰라도 이것은 자발적으로 하는 선행은 아닌 것입니다.

이 세상에서 일어나는 많은 선행들도 따지고 보면 하나님께서 사람들을 억지로 시키시는 것이며 그것은 사람의 선행이 아니고 하나님의 선행으로 보아야 한다는 것입니다. 진짜 선행이 되려면 하나님의 말씀을 소화해서 자발적인 마음과 선한 뜻으로 한 것이어야 합니다.

예를 들어 노예들이 주인이 시켜서 마지못해 어떤 일을 했다면 그 일은 그 노예가 한 것이 아니고 주인이 한 것입니다. 그런데 그 노예가 주인이 시키지도 않았는데 자기 나름대로 시간을 내고 정성을 기울여서 사랑을 실천했다면 그것은 바로 그 노예가 한 일입니다. 누구든지 진정한 사랑 없이 다른 사람의 칭찬을 받으려고 하는 선행은 사실은 억지로 시켜서 한 노예의 선행과 다름없습니다.

가끔 어린아이들이 인사를 잘 하지 않을 때 부모님은 아이들의 머리를 손으로 눌러서 억지로 인사하게 합니다. 그러나 이것은 결코 자발적으로 하는 인사가 아닙니다. 머리를 숙이는 것은 아이가 하지만 실제로는 부모가 인사하고 있는 것이나 마찬가지인 것입니다. 그래서 누군가 억지로 마지못해서 선행을 했을 때 겉으로는 사람들 앞에서 웃고 있지만 집에 가서는 배가 아파서 죽을 지경인 것입니다.

예수님은 이런 것을 "자기 상을 이미 받았다"고 말씀하셨습니다. 즉 이런 사람들은 이 세상에서 사람들의 칭찬을 받았기 때문에 하나님 앞에서 더 이상 받을 상이 없다는 것입니다.

하나님 앞에서 진정으로 칭찬 받는 사람은 자기가 어떤 선행을 했는지 기억하지 못합니다. 왜냐하면 자기가 한 행동은 모두 너무나도 당연히 해야 하는 일이며 그것이 너무 보잘것없는 일이라고 생각하기 때문입니다.

예수님께서는 세상 마지막 날에 이 세상 모든 사람들을 양과 염소로 나눌 것이라고 말씀하셨습니다(마 25:31-46절 참조). 그런데 영원한 천국에 들어가는 자격을 얻은 양의 특징은 자기가 선행을 했다는 것을 기억하지 못합니다. 예수님께서 그들에게 "내가 옥에 갇혔을 때 돌아보아 주었고 병들었을 때 찾아 주었으며 헐벗었을 때 입을 것을 주었다"고 하니까 그 사람들이 하는 말이 "우리가 언제 그렇게 했습니까?"라고 대답했습니다. 왜냐하면 그들은 자기가 한 선행들이 너무 당연하고 보잘것없는 것이라고 생각하기 때문입니다. 그러나 영원한 지옥에 들어갈 염소들은 자기들이 한 선행에 대해서 자랑이 너무나도 많았습니다. 이 사람들은 모든 일을 자기가 했다고 떠들었습니다. 가끔 보면 어떤 분들은 교회 일을 전부 자기가 했다고 자랑하는 것을 볼 수 있습니다. 그러나 그것은 염소의 자랑인 것입니다. 구원받는 사람의 특징은 자기가 선행을 한다는 의식이 없이 합니다. 왜냐하면 자기가 하는 것이 너무나도 부족하기 때문입니다. 그러나 남을 의식하고 선행을 하는 사람은 자기가 한 일에 대하여 대단히 만족해하고 이것을 떠들어댑니다. 그런 선행은 마치 그림 숙제를 하는데 자기가 그린 것이 아니고 형이나 이모가 대신 그린 그림을 낸 것과 같은 것입니다.

천국 상급의 모순점이 바로 여기에 있습니다. 자기가 많은 선행을 했다고 생각하는 사람은 축복을 하나도 받지 못합니다. 왜냐하면 이 세상에서 그 사람은 자기 상을 다 받았기 때문입니다. 반대로 모든 것을 하나님이 다 하셨고 자기는 아무것도 한 것이 없다고 생각하는 사람들은 하나님 앞에서 큰 상을 받습니다. 왜냐하면 그 사람은 자기 나름대로 하나님의 말씀을 소화해서 그 일을 했기 때문입니다.

> 2절 "모든 사람에게 임하는 모든 것이 일반이라 의인과 악인이며 선하고 깨끗한 자와 깨끗지 않은 자며 제사를 드리는 자와 제사를 드리지 아니하는 자의 결국이 일반이니 선인과 죄인이며 맹세하는 자와 맹세하기를 무서워하는 자가 일반이로다"

이 세상은 사람들 사이에 많은 구별을 하고 있습니다. 일류 대학과 지방대학, 상류층에 사는 사람과 그렇지 않은 사람 등등의 구별을 합니다. 본문에서 보면 세상에는 의인과 악인을 그리고 선하고 깨끗한 자와 깨끗하지 않은 자를 구별한다고 말합니다. 그러나 이것은 인간 스스로가 세워놓은 기준을 말합니다.

인간들이 그렇게 구별했다고 해서 반드시 하나님 앞에서 인정되는 것은 아닙니다. 예를 들어 비행기 안에는 1등석과 비즈니스 클래스와 이코노미 클래스의 구별이 있어 이코노미 클래스에 탄 사람이 비즈니스 클래스의 대우를 받을 수가 없습니다. 그러나 비행기가 추락할 때에도 비즈니스 클래스와 이코노미 클래스가 구별되는 것은 아닙니다. 배도 마찬가지입니다. 1등석이나 3등석은 엄격하게 구별되어 있고 서비스도 다릅니다. 그러나 배가 침몰할 때에는 1등석과 3등석의 구별이 없습니다. 사회에서는 박사나 그렇지 않은 사람의 차이가 있습니다. 특히 학자들 중에서 노벨상 수상자는 세계적으로 존경을 받습니다. 그러나 그런 차별들이 하나님 앞에서는 아무 소용이 없습니다. 어느 노벨 수상자가 말하기를 사람들은 노벨상을 받으면 모든 것을 다 아는 것처럼 권위를 인정하는데 사실은 그렇지 않다고 했습니다. 오히려 노벨상을 받으면 너무 유명해져서 사람들이 강연해달라고 불러대는 바람에 연구를 제대로 할 수가 없다고 실토했습니다.

병원에서 수술을 받을 때 환자가 박사라고 해서 덜 째는 것도 아니고 무식한 환자라고 더 많이 째는 것도 아닙니다. 또 환자가 미인이라고 해서 수술할 것을 하지 않고 치료해주는 것도 아닙니다. 병원에서 환자는 모두 다 똑같은 환자인 것입니다.

> 3절 "모든 사람의 결국이 일반인 그것은 해 아래서 모든 일 중에 악한 것이니 곧 인생의 마음에 악이 가득하여 평생에 미친 마음을 품다가 후에는 죽은 자에게로 돌아가는 것이라"

그러면 인간의 근본적인 문제가 무엇입니까? 인간의 문제는 유식하거나 무식한 것, 종교가 있느냐 없느냐의 문제가 아니라 마음이 부패한 것에 있습니다.

결국 인간의 문제는 두 가지로 요약될 수 있습니다. 하나는 인간의 마음속에는 항상 악이 솟구쳐 오른다는 것입니다. 사람의 문제는 의식되지 않는 본성에 있습니다. 사람은 본성이 부패했기 때문에 가만히 있어도 자동적으로 악한 생각이 흘러나오게 되어 있습니다. 사람의 마음은 마치 마음속에 하수구 뚜껑이 열린 것과 같습니다.

이 문제를 가지고 가장 많이 고민한 사람들이 불교인들입니다. 그들은 할 수 있는 대로 이 세상을 멀리하고 마음을 가라앉히면 세상의 욕망이 가라앉는다고 믿습니다. 그러나 이것은 흙탕물을 가라앉히는 것밖에 되지 않기 때문에 누군가가 작대기로 휘저으면 다시 혼탁한 흙탕물이 될 수밖에 없습니다. 그래서 성경은 인간이 생각하는 것이 항상 악하다고 말씀하고 있습니다.

흙탕물이 가라앉아 있어서 맑은 물처럼 보일 때에도 휘젓기만 하면 언제든지 다시 흙탕물이 되기 때문입니다.

또 하나는 광기입니다. 사람의 마음속에는 미친 짐승이 한 마리씩 앉아 있습니다. 누구든지 가만히 있을 때는 괜찮은데 어떤 자극을 받기만 하면 통제되지 않은 분노와 감정으로 미쳐 날뛰게 됩니다. 다른 사람이 우리의 아픈 부분을 건드리거나 자극을 주면 이성을 잃고 화가 나서 날뛰게 되는 것입니다. 사실 사람이 죄를 짓는 것은 바로 광기 때문입니다.

결국 인간이 멸망하는 것은 바로 이 두 가지 때문입니다. 이것이 인간들을 하나님으로부터 버림받게 했고, 죄의 올무에 채워서 영원한 멸망에 내던져지게 한 것입니다. 모든 인간들은 사회적인 신분이나 명예와 상관없이 부패한 본성이 있으며 속에 광기가 있는 죄인인 것입니다.

2. 살아 있는 자의 유익

인간은 이 세상에 태어나면서 바로 하나님의 저주 아래 있습니다. 그리고 죽으면서 동시에 영원한 지옥의 심판에 던져지게 됩니다. 우리 인간들은 비유로 표현하면 감옥에서 태어나서 한평생 감옥에서 살다가 나중에는 감옥에서 죽어야 할 죄수와 같습니다. 이 세상에 태어난 것 자체가 어떤 의미에서는 너무나도 재수가 없는 것입니다. 그럼에도 불구하고 우리 인생은 이 세상에서 분명히 살 가치가 있습니다. 그 이유는 우리에게는 하나의 가능성이 있기 때문입니다.

> 4절 "모든 산 자 중에 참예한 자가 소망이 있음은 산 개가 죽은 사자보다 나음이니라"

죽은 사자와 살아 있는 개가 있을 때 죽은 사자보다는 살아 있는 개가 훨씬 낫습니다. 죽은 사자는 아무리 사자라고 하지만 아무것도 할 수 없을뿐더러 다른 짐승들이 와서 뜯어먹거나 혹은 구더기가 생기겠지만, 살아 있는 개는 사자만큼 품위는 없지만 살아 있기 때문에 얼마든지 돌아다닐 수 있기 때문입니다. 아무리 인생이 허무하고 살 의미가 없다 하더라도 살아 있는 자는 죽은 자에 비해 엄청나게 유리한 점이 있습니다. 그것은 바로 죄에서 해방될 수 있는 기회를 만날 수 있다는 것입니다.

만일 우리가 이런 기회를 놓치지 않고 움켜쥘 수만 있다면 이 세상에서 아무리 못살고 헐벗어도 인생은 충분히 살 가치가 있습니다. 그 기회는 바로 복음을 듣고 하나님을 인격적으로 만나는 것입니다.

영화 〈쇼생크의 탈출〉을 보면 어떤 은행가가 자기 부인을 살해했다는 누명을 쓰고 종신형을 선고받고 쇼생크 감옥에 수감됩니다. 그 영화를 보면 죄수들 중에서 너무 오래 감옥에 있었기 때문에 가석방이 되어 세상에 나오는 것을 두려워하고 심지어는 가석방이 되어 나와서도 사회에 적응하지 못해 여관에서 자살을 하는 사람도 있습니다. 그러나 주인공은 10년 이상 감옥 벽에 구멍을 뚫어서 교도소의 대소변이 나가는 통을 통해 탈출에 성공해서 멕시코로 도망을 쳐서 자신의 꿈대로 보트를 사람들에게 빌려주는 일을 하면서 살아갑니다.

사람이 이 세상에서 복음을 듣고 하나님의 백성이 될 수 있는 기회만 가진다면 아무리 이 세상에서 가난하게 살고 노예로 살고 심한 장애인으로 살아간다 하더라도 그 모든 고생과 설움을 다 갚고도 남는 복을 받을 수 있습니다.

그러나 이 세상에서 하나님을 모르고 돈만 잔뜩 가지고 있는 사람은 죽은 사자입니다. 아무리 명예를 가지고 있고 학식이 많이 있어도 그 사람은 죽은 사자입니다. 돈을 많이 가진 사람이 죽으면 다른 사람들이 그의 돈을 다 뜯어먹습니다. 그리고 그는 이 세상에서 형체도 없이 사라지고 맙니다. 그러나 우리가 하나님의 말씀을 듣고 믿으면 우리는 살아 있는 개가 됩니다. 물론 개이기 때문에 돈도 없고 학벌도 없지만 중요한 것은 살아 있다는 것입니다. 우리는 우리의 인생을 참으로 아름답고 가치 있게 살 수 있는 자유를 가지고 있는 것입니다. 이 세상에 살아서 하나님의 말씀을 들을 수 있는 기회보다 더 큰 축복은 없습니다.

중요한 것은 우리가 하나님의 백성이며 살아 있다는 것입니다. 이것보다 더 감격스러운 것이 없습니다. 우리는 더 이상 죽은 사자가 아닙니다. 우리는 더 이상 껍데기만 남긴 호랑이가 아닙니다. 우리는 살아 있으며, 자유가 주어져 있으며, 사랑하는 사람을 얼마든지 만날 수 있고, 하고 싶은 것을 얼마든지 할 수 있습니다. 이것보다 더 귀한 축복은 없습니다.

그러나 사람이 죽으면 다시는 이런 기회가 주어지지 않습니다. 사람이 자기 운명을 바꿀 수 있는 시간은 이 세상에 살아 있는 동안에만 주어지게 됩니다. 그래서 지옥에서는 전도라는 것이 없습니다.

> 5~6절 "무릇 산 자는 죽을 줄을 알되 죽은 자는 아무것도 모르며 다시는 상도 받지 못하는 것은 그 이름이 잊어버린 바 됨이라 그 사랑함과 미워함과 시기함이 없어진 지 오래니 해 아래서 행하는 모든 일에 저희가 다시는 영영히 분복이 없느니라"

사람은 오직 살아 있는 동안에만 하나님을 알고 하나님의 뜻대로 살 기회가 있습니다. 죽으면 그 뒤에는 다시 기회가 없고 오직 영원한 절망과 저주밖에 없습니다. 지옥에서는 자살도 할 수 없습니다. 그래서 인간에게 가장 중요한 것은 살아 있는 동안에 자기 운명을 바꾸는 것입니다. 그것은 바로 하나님을 믿는 것입니다.

3. 하나님의 뜻대로 사는 인생

하나님을 믿기 전에는 이 세상에서 무엇을 하거나 혹은 어떤 상태에 있다고 해도 만족이 없습니다. 그 이유는 아직 나 자신을 찾지 못했기 때문입니다. 그러나 하나님을 만나고 난 후에는 마음속 깊은 곳에 만족감이 있습니다. 그 이유는 나 자신을 찾았기 때문입니다. 사람이 길을 잃으면 굉장히 당황하게 됩니다. 길을 잃은 사람은 이 길 저 길을 마구 뛰어다니게 됩니다. 그러나 길을 찾은 사람은 웃어가면서 차분하게 자기 길을 갈 수 있습니다.

> 7절 "너는 가서 기쁨으로 네 식물을 먹고 즐거운 마음으로 네 포도주를 마실지어다 이는 하나님이 너의 하는 일을 벌써 기쁘게 받으셨음이니라"

이 세상에서 가장 복된 것은 많은 부와 권력을 누리는 것이 아닙니다. 이 세상에서 가장 중요한 것은 나 자신을 찾는 것이고 나의 바른 인생의 목적을 찾는 것입니다. 하나님을 믿는 사람은 하나님께서 그의 모든 삶을 받으시기 때문에 이미 인생의 목표를 찾은 것입니다. 왜냐하면 하나님께서는 모든 것이 합력하여 선을 이루게 하시기 때문입니다. 그래서 자기 인생의 길을 찾은 사람들은 굳이 이 세상에서 최고가 되려고 하지도 않고 다른 사람의 인정을 받으려고 하지도 않습니다. 왜냐하면 그렇게 할 필요가 없기 때문입니다. 모든 것을 하나님께 맡기고 하루하루 착실하게 살아가기만 하면 하나님께서 최고로 아름다운 삶을 만들어주십니다.

집에 믿을 만한 청지기가 있는 사람은 골치 아프게 일일이 계산하지 않습니다. 버는 대로 청지기에게 주기만 하면 청지기가 다 계산을 해주기 때문입니다. 마찬가지로 하나님께 인생을 맡기면 하나님이 내 인생을 책임져주십니다. 우리는 이 세상에서 내 힘으로 최고가 되거나 남을 이기기 위해서 아옹다옹하면서 싸울 필요가 없습니다. 단지 하나님을 인정하고 하나님이 인도하시는 대로 따라가기만 하면 됩니다.

하나님을 믿는 자들은 축복을 갑자기 빼앗길 걱정은 하지 않아도 됩니다. 단지 죄만 짓지 않고 교만하지만 않으면 됩니다. 왜냐하면 이미 우리에게 주어질 축복은 확보되어 있기 때문입니다.

그래서 본문 말씀은 세 가지를 말씀하고 있습니다.

첫째로 깨끗한 생활을 하도록 노력해야 합니다.

> 8절 "네 의복을 항상 희게 하며 네 머리에 향 기름을 그치지 않게 할지니라"

의복을 희게 하라는 것은 행실을 깨끗케 하는 것을 의미합니다. 우리 성도들은 하나님이 주신 깨끗한 의의 옷을 입고 있습니다. 이 의의 옷을 더럽히면 안 됩니다. 여자들이 흰 드레스를 입으면 언제나 더러운 것이 묻을까 주의를 합니다. 그리스도인들은 하나님이 주신 의의 옷을 더럽히지 않게 해야 합니다. 하나님의 백성들은 얼마나 돈을 많이 벌고 유명해지느냐 하는 것보다 죄짓지 않는 것이 더 중요합니다. 우리는 신앙적으로 하나님을 멀리하게 되는 게 아닌가를 항상 주의해야 합니다. 그래서 성도는 언제나 향기를 내어야 합니다. 우리 몸에서 비릿한 냄새를 풍기면 안 됩니다.

그렇게 할 수 있는 방법은 언제나 성령 충만한 것밖에 없습니다. 성령 충만하면 죄를 밀어낼 수 있습니다.

둘째로 우리는 하나님이 주신 것으로 만족해야 합니다.

> 9절 "네 헛된 평생의 모든 날 곧 하나님이 해 아래서 네게 주신 모든 헛된 날에 사랑하는 아내와 함께 즐겁게 살지어다 이는 네가 일평생에 해 아래서 수고하고 얻은 분복이니라"

우리가 이 세상에서 누리는 것은 모두 하나님이 주신 선물입니다. 우리는 하나님으로부터 너무나도 많은 선물을 받았기 때문에 더 많은 것을 탐낼 필요가 없습니다. 특히 다른 사람의 것을 빼앗아서 내 것으로 만들 필요가 없습니다. 여기서 아내를 사랑한다는 것은 아내가 하나님이 주신 최고의 선물인 것을 깨닫는 것입니다. 우리는 자신에게 주어지지 않는 축복을 탐낼 이유가 없습니다. 아내가 있는데 다른 여자를 탐낼 이유가 없습니다. 그렇게 하는 것은 사악한 것입니다. 그런데 많은 사람들은 자기 아내로 만족하지 못합니다. 왜냐하면 인간의 욕심은 끝이 없기 때문입니다. 그러나 천국에 가고 싶으면 욕심을 죽여야 합니다. 우리는 늙어가는 아내로 만족하고 천국에 들어가든지 아니면 자기 정욕대로 행하고 지옥에 들어가든지 결정을 해야 할 것입니다. 사람이 자기 욕심을 죽이는 것이 바보처럼 보이지만 실제로는 그보다 현명한 사람이 없습니다. 사람이 끝없이 욕심부리면 그는 반드시 그 욕심과 함께 지옥에 들어가게 됩니다. 이미 하나님께서 우리에게 많은 것을 주셨습니다. 그리고 주어진 것에 감사하면 하나님이 더 주십니다.

마지막으로 할 수 있는 일을 열심히 해야 합니다.

10절 "무릇 네 손이 일을 당하는 대로 힘을 다하여 할지어다 네가 장차 들어갈 음부에는 일도 없고 계획도 없고 지식도 없고 지혜도 없음이니라"

하나님께서는 우리가 이 세상에서 할 수 있는 것만 최선을 다해서 하라고 하십니다. 왜냐하면 그것이 바로 나의 분복이기 때문입니다. 사람들은 대개 자기가 할 수 있는 것은 시시해서 하기가 싫고 내가 할 수 없는 일에 욕심을 냅니다. 그렇게 하기 때문에 아무것도 누릴 수가 없는 것입니다. 주어진 일이 작더라도 열심히 할 때 그것이 모여서 기적이 되고 큰 축복이 됩니다. 그래서 우리는 길이 열리지 않는데 죽어라고 할 필요가 없습니다. 오늘 내가 할 수 있는 것만 열심히 하면 미래는 하나님이 또 감당하게 해주실 것입니다. 하루하루를 알차게 살고 자기에게 주어진 작은 것으로 만족하는 사람보다 더 알찬 인생을 사는 사람은 없을 것입니다. 그러나 욕심은 우리의 눈을 어둡게 해서 하나님이 주시는 아름다운 삶을 보지 못하게 만들고 한평생 허영을 좇게 만듭니다. 욕심을 버려야 하나님이 주신 소중한 것을 볼 수 있습니다. 너무 큰 것에 욕심을 내지 말고 하나님이 주신 작은 것에 만족하고 최선을 다하시기 바랍니다.

16 · 사람을 살리는 지혜

|전 9:11-18|

　우리나라 스포츠 중에서 가장 놀라운 성과를 거두고 있는 종목 중 하나가 바로 쇼트 트랙입니다. 우리나라는 그동안 스케이트를 탈 수 있는 트랙조차 제대로 갖춰져 있지 않아서 빙상 쪽은 거의 선수가 없다시피 했습니다. 그러다 어느 순간부터 훌륭한 코치가 선수들을 지도하면서 세계 빙상 선수권 대회에서 우승을 하기 시작하더니 드디어 올림픽에서까지 금메달을 따게 되었습니다. 이것은 훌륭한 코치가 있었기 때문에 가능한 것이었습니다. 누군가가 운동선수나 음악가로 성공하기 위해서는 우선 소질이 있어야 하지만 더 중요한 것은 좋은 코치를 만나는 것입니다. 간혹 자기 혼자 열심히 연습을 해서 성공하는 경우도 있지만 성공하기 위해서는 기술을 가진 사람들의 가르침을 받는 것이 시간이나 노력을 절약하게 합니다. 그리고 나서는 죽도록 연습을 하고 훈련을 해야 하는 것입니다. 그러면 시기적으로 너무 늦지 않은 이상 성공할 수 있습니다.

마찬가지로 우리가 이 세상에서 성공하는 데에도 방법이 있습니다. 그것은 철저히 성공적인 원칙을 따르는 것입니다. 그리고 실제로 그런 삶을 산 분들을 직접 눈으로 보거나 혹은 책으로라도 깊은 영향을 받는 것이 중요합니다. 우리 주위에는 처음에는 사업에 실패를 해서 고생을 많이 하다가 나중에 하나님의 축복을 받아서 성공적인 길을 달리는 사람이 있는가 하면 처음에는 잘 되는 것 같다가 나중에 투자를 잘못하거나 혹은 사기를 당하는 바람에 몰락하는 사람들도 볼 수 있습니다. 그런데 그중에서 그래도 젊어서 고생을 한 사람들은 다시 일어설 수 있지만 너무 늦게 실패를 한 사람들은 좀처럼 일어서지 못하고 계속 그 실패의 후유증에서 벗어나지 못해 어렵게 살아가는 것을 보게 됩니다.

젊었을 때에는 좋은 대학을 다니고 좋은 직장에 취직하는 것이 아주 크게 보일 것입니다. 사실 젊었을 때 인생에 성공하는 것은 좋은 학교에 입학하거나 좋은 직장에 취직해서 다니는 것입니다. 옛날에는 우리가 세상을 살아가는 데 어느 정도 공식 같은 것이 통했습니다. 즉 학교에서 어느 정도 공부를 하고 또 좀 괜찮은 학교를 나오면 정년퇴직할 때까지는 직장 생활이 보장되었습니다. 그러나 요즘은 그런 공식이 통하지 않게 되었고, 앞으로는 그런 경향이 더 심하게 될 것입니다. 그렇다면 우리가 이 세상에서 실패하거나 비참한 꼴을 당하지 않고 아름답고 행복하게 살 수 있는 길은 없는 것일까요? 아무리 이 세상에 변수가 많다 하더라도 그 안을 자세히 보면 분명한 원리가 있습니다. 그 원리를 파악해야 지속적으로 축복된 삶을 살 수 있습니다.

1. 인간의 노력과 결과

우리는 흔히 '사람은 자기가 노력한 만큼 결과를 얻는다'고 생각합니다. 그러나 그것은 어디까지나 그럴 가능성이 많다는 것이지 꼭 그렇게 되는 것은 아닙니다.

> 11절 "내가 돌이켜 해 아래서 보니 빠른 경주자라고 선착하는 것이 아니며 유력자라고 전쟁에 승리하는 것이 아니며 지혜자라고 식물을 얻는 것이 아니며 명철자라고 재물을 얻는 것이 아니며 기능자라고 은총을 입는 것이 아니니 이는 시기와 우연이 이 모든 자에게 임함이라"

우리 주위에는 경기에서 우승을 하거나 성공할 가능성을 가진 사람들이 있습니다. 대부분의 사람들이 '이 사람은 꼭 성공할 것'이라고 예상한 사람이라도 막상 뚜껑을 열어 보면 모든 것이 사람들이 예측했던 대로 되는 것은 아닙니다.

이 말씀에서 보면 빠른 경주자라고 선착하는 것은 아니라고 했습니다. 우리는 대개 올림픽 경기를 하거나 세계 육상 선수권 대회를 할 때 우승 후보들을 예상해봅니다. 우승 후보들은 최근 경기에서 성적이 가장 좋은 사람들이며 모든 것이 정상적이라면 우승할 가능성이 높은 사람들입니다. 그런데 막상 경기가 열렸을 때 이런 우승 후보들이 메달을 목에 걸지 못할 때가 있습니다. 그 이유는 이들이 자신들의 컨디션 조절에 실패했기 때문입니다. 어떤 달리기 선수가 지금까지는 가장 성적이 좋았다 하더라도 경기를 앞두고 연습을 제대로 하지 못했으면 성적이 떨어질 수밖에 없습니다. 또한 이런 선수들에게 끊을 수 없는 유혹이 약물입니다. 약물을 복용하고 시합을 하면 우승하더라도 도핑 테스트에서 걸려 입상에서 제외될 뿐 아니라 선수 자격까지 박탈됩니다. 또한 아무리 컨디션이 좋다 하더라도 경기 중에 일어날 수 있는 돌발적인 변수가 있습니다. 예를 들어 이 선수가 잘 달리고 있는데 앞의 선수가 넘어지는 바람에 걸려서 같이 넘어지게 되었다면 경기를 망치게 되는 것입니다.

대개 유명한 선수들이 큰 경기에서 실력을 잘 발휘하지 못하고 무명의 선수들에게 지는 이유는 자만심 때문에 훈련을 철저히 하지 않았기 때문입니다. 선수가 경기에서 최고의 실력을 나타내려면 거의 노예처럼 힘들게 훈련을 해야 되는데 한 번 유명해지고 난 뒤에는 승리한 기분에 도취가 되어서 무명 시절처럼 열심히 훈련하지 않습니다. 즉 선수가 우승을 해서 유명해지고 난 뒤에도 과거의 무명 선수였을 때처럼 죽도록 훈련을 하면 그 실력이 유지되지만 텔레비전에 나오는 것을 좋아하고 술 마시고 노는 것을 좋아하게 되면 금방 다른 선수에게 밀리고 마는 것입니다. 여기서 중요한 것은 선수가 얼마나 자기 자신을 철저하게 관리하며 코치가 얼마나 철저하게 선수를 훈련시키느냐 하는 것입니다. 그렇지 않으면 사람은 누구나 다 놀게 되고 술 마시고 다른 사람들과 어울리게 됩니다. 그러면 도무지 실력이 나올 수 없는 것입니다.

이것은 신앙의 영역에 있어서도 마찬가지입니다. 삼손 같은 사람은 하나님이 쓰시는 귀한 사람이었습니다. 삼손은 성령의 능력이 힘으로 나타나는 사람이었는데 아무리 많은 군대가 몰려오고 밧줄로 삼손을 묶어도 힘으로는 삼손을 이길 수 있는 사람이 없었습니다. 삼손이 하나님이 주신 이 특별한 능력을 지키려면 철저하게 자기 자신을 보호했어야 합니다. 즉 삼손은 가장 위험한 것이 술이고 이방 여인이기 때문에 자기 자신을 그런 것에 노출되지 않도록 격리시켜야 하고 철저하게 하나님의 말씀을 붙드는 생활을 했어야 했습니다. 그러나 삼손은 어리석게도 자기 관리에 실패했습니다. 이방 여인들을 가까이 하고 술을 마시다 보니까 어느 순간 이방 여인을 믿고 자기 힘의 비밀을 털어놓아버렸습니다. 삼손이 이방 여인을 믿은 결과는 너무나도 처참했습니다. 삼손은 들릴라의 배반으로 머리털이 밀리고 눈알이 뽑혀서 블레셋 사람들의 노예로 끌려가게 되었습니다.

이스라엘 백성들은 애굽에서 나온 후에 광야에서 "사람이 떡으로만 사는 것이 아니요 하나님의 말씀으로 사는 것"을 훈련받았습니다. 이것을 훈련받았다는 것은 이 세상에서 얼마든지 성공할 수 있는 길을 찾은 것입니다. 더욱이 이스라엘 백성들은 광야 40년을 살아남은 자들이기 때문에 이 세상에서 겁날 것이 없었습니다. 그런데 이스라엘 백성들은 가나안 땅에 들어가고 난 후에 겁을 먹기 시작했습니다. 가나안 족속들이 너무나도 똑똑하고 유능했기 때문에 자기들의 힘으로는 도무지 이길 수 없을 것이라고 생각한 것입니다. 이스라엘 백성들이 가나안 땅에서 실패한 가장 중요한 이유는 자신들의 길이 이방인들의 길과 다르다는 것을 깨닫지 못했기 때문입니다. 이것은 오늘 우리들에게도 마찬가지입니다. 우리가 이 세상을 살아가는 길과 믿지 않는 자들이 살아가는 길은 다릅니다. 하나님을 믿지 않는 자들은 이 세상을 자기 실력과 경쟁으로 살아가고 우연에 의해서 망하기도 하고 성공하기도 합니다. 사실 이 세상에서 성공하는 사람은 1만 명에 한 명 있을까 말까 할 정도로 적습니다. 그러나 하나님의 백성들은 하나님의 말씀을 붙들 때 떡으로만 살지 않고 말씀으로 살아갈 수 있는 것입니다. 하나님의 말씀을 간절히 붙들면 영적인 부흥이 오는데 하나님은 우리에게 세상적인 복도 선물로 주십니다. 우리는 이 길을 가야 실패하지 않습니다.

여기에 또 다른 예가 나오는데 그것은 유력자라고 해서 전쟁에 승리하는 것이 아니라는 것입니다. 대개 전쟁은 군인이나 화력의 차이에 의해서 승패가 결정되기 쉽습니다. 그러나 막상 전쟁이 시작되고 난 후에는 지휘관의 판단과 결정에 의해서 전쟁의 승패가 좌우될 때가 너무 많습니다.

전쟁에서 중요한 것은 얼마만큼 효과적으로 군인들을 움직이고 전력을 집중적으로 사용하느냐 하는 것입니다. 전쟁에 이기기 위해서는 적의 약점을 알아내야 하고 거기에 우리의 힘을 다 쏟아부으면 반드시 이기게 되어 있습니다. 그리고 더 중요한 것이 전쟁에 하나님이 함께하셔야 합니다. 하나님이 함께하시지 않는 전쟁은 아무리 군인이 많고 무기가 우세해도 이길 수 없습니다.

　2차대전에서 히틀러의 군대는 모스크바를 공격하다가 추위가 찾아오는 바람에 엄청난 사상자를 내고 퇴각했습니다. 결국 히틀러는 모스크바의 추위를 생각하지 못했던 것입니다. 지난번 나토와 유고의 전쟁에서도 미군이 공습할 때 비가 계속 오는 바람에 공습이 실패하기도 했습니다.

　전쟁에서 이기기 위해서는 한 사람 한 사람이 적을 죽이는 것보다 중요한 것은 더 큰 것을 보는 것입니다. 그 대표적인 작전이 인천 상륙 작전입니다. 맥아더는 북한군이 낙동강까지 쳐내려왔지만 군수 보급선이 길다는 것을 알고는 북한의 허를 찔러서 인천 상륙 작전을 감행했습니다. 이 작전이 성공하니까 북한군들은 보급선이 끊어져 도망칠 수밖에 없었습니다.

　또 성경은 지혜자라고 해서 식물을 얻는 것이 아니라고 했습니다. 다시 말해서 공부를 잘하거나 머리가 좋다고 돈을 잘 버는 것은 아닙니다. 왜냐하면 돈을 잘 버는 재주는 따로 있기 때문입니다. 대개 공부를 잘하거나 머리가 좋은 사람은 머리로 하는 것은 잘하지만 대인 관계에서 사람을 사귀거나 설득하는 데는 약합니다. 그런데 장사하는 사람들을 보면 사람들과의 관계가 좋습니다. 장사는 자존심을 버려야 할 수가 있기 때문에 그런 과정에서 인간관계 훈련이 된 것입니다. 또한 장사를 하려면 돈을 계산하는 데 머리가 빨리 돌아가야 합니다. 그래서 공부만 잘한다고 해서 돈을 잘 버는 것은 아닌 것입니다. 그래서 요즘 외국 사람들은 한 가지만 잘 하려고 합니다. 즉 공부를 하는 사람은 공부만 하지 부자가 되려고 애쓰지 않습니다. 또 돈이 있는 사람은 그것으로 만족하지 정치를 하려고 하지 않습니다. 그러나 이 모든 것을 다 가지려고 하면 허점이 생기게 되어서 실패하게 됩니다. 즉 사람은 어느 한 가지만 잘하면 충분한 것입니다. 본문에 보면 "명철자라고 해서 재물을 얻는 것이 아니며"라고 했습니다. 여기서 명철자는 다른 사람이 돈을 벌도록 조언을 해주는 전문가들입니다. 예를 들어 어떤 사람은 다른 사람의 재산을 가지고 투자를 해주어서 돈을 벌게 해줍니다. 그런데 그 사람들 중 몇몇은 다른 사람의 돈은 불려주면서 자기가 투자한 것은 실패하는 경우가 많이 있습니다. 그 이유는 자기 돈에 대해서는 욕심이 들어가기 때문에 의사결정을 하는 것이 쉽지 않기 때문입니다. 이런 사람들은 다른 사람의 돈을 투자해주고 수수료를 받는 것으로 만족해야지 자기가 직접 나서서 투자를 하다가 결국 많은 사람들을 망하게 하는 것입니다. 그리고 "기능자라고 은총을 입는 것이 아니니"라고 했습니다. 우리가 보기에 실력이 있고 주관이 뚜렷한 사람이 상사의 인정을 받고 승진할 것 같은데 실제로 승진하는 사람을 보면 실력자가 아닌 경우가 있습니다. 부하가 아무리 실력이 있어도 고집이 너무 세다거나 주관이 강하면 상사가 불편하기 때문에 자기 마음에 맞는 다른 사람을 쓰게 되는 것입니다. 이 세상은 자기 마음대로 되는 것이 아니라 자신의 의지와는 상관없이 될 때가 많기 때문에 너무 자기 자신을 믿는 사람은 실패하기 쉽습니다. 우리는 항상 하나님 앞에서 겸허해야 하고 하나님이 나의 길을 인도하시도록 하고 나는 그 뒤를 따라가야 실패하지 않습니다. 왜냐하면 우리는 모든 것을 다 알 수 없기 때문입니다.

그래서 성경은 사람에게는 '시기와 우연'이 있다고 말하고 있습니다. 여기서 '시기'라고 하는 것은 일이 잘 될 때입니다. 그리고 '우연'이라고 하는 것은 자기 마음대로 되지 않는 시기를 말합니다. 즉 사람들은 누구든지 이 두 종류의 시기를 분별할 수 있어야 합니다. 그래서 우리는 시기가 좋지 못할 때에는 기도해야 합니다. 시기가 좋지 않은데 무리하게 어떤 일을 하려고 하면 결국 실패하게 됩니다. 상황이 좋지 못할 때 우리는 인내하면서 참고 기다려야 하고 특히 영적으로 성숙해야 합니다. 그리고 하나님께서 길을 열어주셔서 형통할 때에는 담대하게 나가서 우리가 배운 바를 믿음으로 실천해야 합니다. 하나님을 모르는 사람은 일이 잘 되면 가속페달을 밟습니다. 그러나 정신없이 일에 매달리다가 너무 과속을 하면 그때는 브레이크를 밟아도 차가 서지 않기 때문에 결국 큰 사고를 당하게 되는 것입니다. 신앙이 없는 사람은 일이 마음대로 되지 않는 어려운 시기를 만나면 자포자기해서 술이나 퍼마십니다. 그러나 하나님의 백성들은 어려울 때에는 말씀을 듣고 기도함으로 자기 속사람을 충실하게 합니다. 그리고 나면 하나님은 다시 우리에게 이 세상에서 일할 수 있는 기회를 주십니다. 그때 우리는 또 세상에 나가서 열심히 살면 되는 것입니다.

2. 어려운 함정에 빠졌을 때

야생동물에게 가장 위험한 순간은 덫에 걸렸거나 함정에 빠졌을 때입니다. 아무리 사자나 호랑이, 곰이라 하더라도 밀렵자들이 만들어놓은 올가미에 걸리면 빠져나오기가 어렵습니다. 마찬가지로 우리는 인생을 살아가면서 자기 힘으로는 도저히 빠져나올 수 없는 어려운 역경에 빠질 때가 있습니다. 이럴 때에는 누구든지 아무리 몸부림을 쳐도 그 어려움에서 빠져나오는 것이 쉽지 않습니다. 이때 우리가 어떻게 하느냐에 따라서 인생의 판도가 달라집니다.

> 12절 "대저 사람은 자기의 시기를 알지 못하나니 물고기가 재앙의 그물에 걸리고 새가 올무에 걸림같이 인생도 재앙의 날이 홀연히 임하면 거기 걸리느니라"

물고기에게 가장 위험한 것은 미끼가 있는 낚싯바늘을 모르고 삼켜버리는 것입니다. 물고기가 낚싯바늘에 걸리면 이내 낚싯줄에 끌려 따라 올라가 버립니다. 또 새가 사냥꾼의 그물에 걸렸다면 아무리 몸부림을 친다 해도 그물에서 벗어날 수가 없을 것입니다. 이런 경우 어떻게 해야 할까요? 물고기나 새는 죽을힘을 다해서 몸부림을 쳐야 할까요? 아니면 자포자기해야 할까요?

이때가 바로 믿음과 결단이 필요한 때인 것입니다.

여기서 가장 중요한 것은 어떤 종류의 그물에 걸렸느냐 하는 것입니다. 거기에 따라서 대처하는 방법이 완전히 달라집니다.

우리는 하나님의 연단의 그물에 걸려들 때가 있습니다. 이것은 하나님께서 나를 연단시키기 위하여 어려움 가운데 집어넣으신 것입니다. 이때 우리가 살 수 있는 방법은 하루빨리 세상 야망이나 욕심을 버리고 하나님의 말씀을 붙드는 것입니다. 그러면 하나님은 우리를 철저한 믿음의 사람으로 만들어 가십니다. 또한 우리가 알아야 할 것은 하나님의 고난은 반드시 마치는 때가 있다는 사실입니다. 물론 우리는 그때를 알 수 없습니다. 그리고 그 전에는 아무리 몸부림친다 해도 그 상황에서 빠져나올 수가 없습니다. 이때 조급하게 서두르다가는 다치거나 쉽게 지치기 때문에 장기전으로 들어가야 합니다. 하나님의 말씀을 가까이 해야 합니다. 역경 속에서 하나님이 나를 위하여 말씀하시는 것을 체험할 수 있습니다. 우리가 철저하게 믿음의 사람으로 만들어지면 다시 재기할 수 있습니다. 우리가 놀라게 되는 것은 철저하게 신앙의 연단을 받고 나면 고난의 기간이 끝나고 새로운 길이 열리게 된다는 점입니다. 그래서 하나님의 낚싯대에 걸렸을 때에는 발버둥치지 말고 그대로 따라가는 것이 사는 길입니다.

우리는 하나님의 연단이 아닌, 유혹의 올무에 걸려들 때도 있습니다. 예를 들어 나는 모르고 무슨 약속을 했는데 알고 보니까 상대방이 악한 사람이거나 혹은 잘못된 이성의 유혹에 빠지게 된 경우입니다. 이때 우리는 마치 물고기가 낚싯바늘에 걸려 있는 미끼를 문 것과 같습니다. 이 상황에서 물고기가 살 수 있는 방법은 그 미끼를 뱉어내는 것입니다. 만일 낚싯줄이 입에 걸렸으면 입을 잘라 내어야 하고, 새의 경우 날개가 그물에 걸렸으면 날개를 잘라버리고서라도 도망을 쳐야 합니다. 요셉은 보디발의 아내에게 걸려들었을 때 옷을 벗어던지고 밖으로 도망쳤습니다.

다윗이 우리아의 아내가 목욕하는 것을 보았을 때 빨리 옥상에서 내려왔어야 합니다. 그리고 다윗은 밧세바를 저녁 식사에 초대하지 말았어야 했습니다. 그러나 다윗은 남의 부인을 저녁 식사에 초대했다가 스스로 그물에 걸려들고 말았습니다.

삼손은 들릴라가 자꾸 자기 힘의 비밀을 알려고 졸라댔을 때 소리를 지르면서 하나님께 이 함정에서 빠져나오게 해달라고 기도를 해야 했습니다. 그러면 들릴라는 삼손이 미친 줄 알고 포기했을 것입니다.

혹시 누군가가 혼자서 죄에서 빠져나오지 못하면 옆에서 도와주어야 합니다. 가족이나 친구가 이단에 빠졌거나 혹은 좋지 않은 죄에 빠져들고 있을 때는 정식으로 대면을 해서 죄를 책망하고 꾸짖어야 합니다.

그리고 엄청난 악의 세력에 걸려들었을 때, 즉 법적인 싸움이 붙었거나 혹은 나의 힘으로 감당할 수 없는 상대로부터 협박을 당하게 되었을 때에는 이 세상에서 가장 추악한 전쟁이 시작된 것입니다. 이때 우리는 끝까지 정신을 차리고 기도하면서 하나님께서 주시는 기회를 노려야 합니다. 악한 자와 상대를 할 때에는 함부로 악한 자를 약을 올려서 화나게 해서는 안 됩니다. 그렇다고 해서 우리는 악한 자가 해달라는 대로 다 해주어도 안 됩니다. 끝까지 정신을 차리고 하나님께 기도로 매달리면 하나님께서 반드시 이기게 하십니다.

우리는 언제나 어려운 때를 대비해서 우리 자신을 훈련시켜야 합니다. 그것이 바로 하나님의 말씀을 듣고 깨어서 기도하는 것입니다.

일본인들이나 미국인들은 늘 재난에 대비하여 대피하는 훈련을 받습니다. 일본이나 미국은 유치원이나 초등학교에서도 비상 사이렌이 울리면 차례대로 건물을 빠져나가는 훈련을 시킵니다. 미국 뉴욕의 세계무역센터 빌딩에 비행기 테러가 일어났을 때 한 시간에 걸쳐서 수천 명의 사람들이 차례차례 비상구로 한 줄로 내려와 많은 사람들이 살 수 있었습니다. 우리나라 사람들같으면 먼저 내려가려고 하는 바람에 서로 엉키어서 한 시간 만에 그렇게 많은 사람들이 건물을 빠져나올 수는 없었을 것입니다.

가장 중요한 것은 우리가 이 세상에서 재난을 피할 방법이 있다는 것입니다. 그것은 바로 하나님의 말씀입니다. 하나님의 말씀을 가지고 자기 자신을 복종시키면 하나님이 우리를 사랑하셔서 재앙이 지나가게 하십니다. 이것이 우리가 작은 순종을 통해 큰 피해를 막는 비결입니다.

3. 지혜로 성을 살림

보통의 경우에는 어려운 역경에 처했을 때 힘을 모아야 어려움을 이길 수 있습니다. 그러나 하나님의 백성들은 지혜로 어려움을 이깁니다.

> 13~15절 "내가 또 해 아래서 지혜를 보고 크게 여긴 것이 이러하니 곧 어떤 작고 인구가 많지 않은 성읍에 큰 임금이 와서 에워싸고 큰 흉벽을 쌓고 치고자 할 때에 그 성읍 가운데 가난한 지혜자가 있어서 그 지혜로 성읍을 건진 것이라"

어느 작은 성에 큰 군대가 쳐들어와서 그 성을 함락시키려고 합니다. 성을 둘러 흉벽을 쌓고 모든 군인들을 다 모아서 공격을 하려는데 작은 성에 포위된 강경론자들은 모두 죽도록 싸워서 장렬하게 다 죽자고 했습니다. 그런데 그 성에 지혜로운 자가 한 사람이 있어서 도대체 무엇 때문에 이 왕이 공격을 하는지 알아보자고 했습니다. 이 사람의 말대로 알아보았더니 그 왕은 이 성 사람들이 미워서 그런 것이 아니고 반역자 한 사람 때문이라는 것이었습니다. 그래서 그 성에서 한 명만 제거하니까 그 큰 군대가 다 물러갔습니다. 즉 큰 나라 왕이 요구하는 것을 들어주자 굳이 전쟁을 할 필요가 없었던 것입니다. 그래서 손자병법에도 싸우지 않고 이기는 것이 가장 좋은 전법이라고 했습니다. 전쟁에서 가장 좋은 방법이 모든 사람을 다 죽이는 것은 아닙니다. 즉 상대방이 요구하는 핵심이 무엇인지 알아차리는 것입니다.

다윗 때 세바라는 사람이 반역을 일으켜서 어느 성으로 도망을 쳤습니다. 이때 요압이 그 성에 흙벽을 쌓고 전면 공격을 하려고 하자 한 지혜로운 여인이 요압에게 "우리가 반역을 하지 않았는데 왜 공격을 하느냐고" 하니까 요압이 세바 때문이라고 했습니다. 그래서 세바만 넘겨주면 그냥 돌아가겠느냐고 하니까 그렇다고 대답했습니다. 그 여인이 성 사람들을 설득해서 세바의 머리를 베어 성 밖에 던지니까 요압은 활 하나도 쏘지 않고 그냥 돌아갔습니다.

무조건 죽음을 각오하고 끝까지 싸우는 것이 좋은 것이 아닙니다. 우리는 때로 자존심만 조금 버리면 얼마든지 큰 희생을 줄일 수 있습니다. 중요한 것은 죽는 것보다 살아남는 것이고 특히 불필요한 감정싸움을 피하는 것입니다.

감정싸움 때문에 온 집안을 풍비박산이 되게 하는 사람들이 있습니다. 하나님의 백성들은 이런 식의 불필요한 감정싸움에 모든 것을 걸 필요가 없습니다. 가장 어리석은 사람이 부부 싸움에서 이기는 사람입니다. 부부 싸움에 이겼다고 해서 칭찬하거나 상 주는 사람은 아무도 없습니다. 부부 싸움에서는 지는 것이 이기는 것입니다. 또 바보 같은 사람들이 교회 안의 싸움에서 이깁니다. 교회 안에서는 모두가 신앙의 형제자매들이므로 지는 것이 바로 이기는 것입니다. 우리가 정치를 할 때 모든 것을 다 내 뜻대로 하려고 하니까 대결을 하게 되는 것입니다. 줄 것은 주고 받을 것을 받으면 모든 사람들이 다 이기게 되는데 괜히 속이 좁고 옹졸해서 끝까지 모든 것에서 다 이기려고 하다가 모든 것을 잃게 됩니다.

우리는 어려움이 왔을 때 다른 사람을 탓하기보다는 내 자신이 하나님의 말씀대로 살지 못한 것을 찾아서 회개해야 합니다. 그러면 하나님은 나의 대적들을 물러가게 하시든지 친구가 되게 하실 것입니다.

15절하 "이 가난한 자를 기억하는 사람이 없었도다"

그런데 어려운 위기를 이겨내려면 이 가난한 지혜자의 가르침을 믿어야 하는데 사람들이 그것을 믿지 않습니다.

그 이유가 무엇입니까? 믿음이 없는 사람들은 아무리 놀라운 말씀을 전해도 오히려 그 가치를 몰라서 싫어하고 배척하다가 결국 망하는 것입니다. 그런 사람들은 이미 마음이 교만해서 말씀을 빼앗기고 있는 것입니다.

하나님의 말씀이라면 완전히 그 말씀에 헌신을 해야 합니다. 요셉 때 애굽의 바로는 요셉의 지혜를 알았습니다. 그리고 바로는 요셉의 지혜에 전 애굽의 운명을 걸었습니다. 바로는 마음대로 하지 않고 요셉의 지시에 따라서 순종했습니다. 그렇게 했더니 애굽은 7년 대 흉년을 이길 수 있었습니다.

예루살렘이 망할 때 시드기야는 여러 번 예레미야를 불러서 하나님의 말씀을 들었습니다. 그런데 그는 예레미야의 말을 듣기는 했지만 그 말씀에 헌신을 하지 않았습니다. 왜냐하면 만일 시드기야가 예레미야의 항복하라는 말을 들으면 신하들 중에서 강경파가 자기를 죽일 것 같았기 때문입니다. 그래서 시드기야는 끝까지 강경파를 따라갔다가 결국 바벨론에 패해서 자기 아들들이 눈앞에서 죽는 것을 보고 자기는 눈알이 뽑히고 바벨론에 끌려가서 죽임을 당했습니다. 무조건 강경한 것이 좋은 것이 아닙니다. 오히려 진리에서 벗어나지 않는 이상 유연성을 가져야 부러지지 않습니다.

16절 "그러므로 내가 이르기를 지혜가 힘보다 낫다마는 가난한 자의 지혜가 멸시를 받고 그 말이 신청되지 아니한다 하였노라"

미련한 사람들은 자기가 하나님의 말씀보다 더 똑똑하다고 생각합니다. 왜냐하면 자기의 희망 사항이나 신념을 믿기 때문입니다. 그러나 희망 사항은 어디까지나 희망 사항에 불과합니다. 인간적인 생각을 믿는 사람들은 하나님의 지혜는 너무 부정적이고 소극적이라고 생각합니다. 그래서 이런 사람들은 구원의 길이 있음에도 불구하고 구원을 받지 못하게 됩니다. 지혜자가 있다고 해서 모든 사람들이 다 복을 받고 구원을 받는 것은 아닙니다. 그 말씀을 알아들을 수 있는 귀가 있어야 하고, 그 말씀의 가치를 알아야 합니다. 지혜의 가치를 아는 자에게 지혜는 힘을 발휘하기 시작합니다.

17~18절 "종용히 들리는 지혜자의 말이 우매자의 어른의 호령보다 나으니라 지혜가 병기보다 나으니라"

사람이 화가 나서 고래고래 소리지르는 것보다 조용한 하나님의 말씀이 더 위력이 있습니다. 왜냐하면 그대로 순종하면 이루어지기 때문입니다. 이것은 오히려 병거보다 낫습니다. 왜냐하면 모든 싸움을 다 병거로 하는 것은 아니기 때문입니다.

지혜는 마치 코치가 경기에서 지시하는 것과 같습니다. 사람은 혼자서는 경기의 흐름을 다 읽지 못합니다. 그런데 코치는 정확하게 읽고 지시를 해줍니다. 그대로 하면 반드시 이기게 되어 있습니다.

그러나 주의해야 할 것이 18절의 "한 죄인이 많은 선을 패궤케[개역개정: 무너지게] 하느니라"는 말씀처럼 아무리 많은 선을 행한다 하더라도 한 가지 죄가 있으면 그 선은 다 무가치하게 되고 그 죄 때문에 판단을 받거나 정죄를 당하게 된다는 사실입니다. 진정한 지혜는 여러 가지 일을 하는 것이 아니고 죄를 짓지 않는 것입니다. 죄를 물리치면 언제든지 하나님의 도우심을 받을 수 있습니다. 이 세상 살면서 죄의 함정에 빠지지 말고 끝까지 하나님의 말씀에 헌신하여 큰 축복의 사람들이 되시기 바랍니다.

17 · 지혜와 우매의 대결

|전 10:1-11|

우리는 사실에 근거하지 않은 주장 때문에 사회적으로 큰 혼란을 겪는 일들을 보게 됩니다. 이것을 성경에서는 우매라고 말하고 있습니다. 그 대표적인 예가 고속철도를 뚫게 되면 천성산에 사는 도롱뇽이 다 죽는다고 해서 단식투쟁을 한 어느 여승의 이야기입니다. 그 여승은 산 위에 있는 웅덩이에 사는 도롱뇽까지 사랑할 정도로 자비심이 많아서 도롱뇽을 지키기 위해서 목숨을 걸고 단식투쟁을 했지만 나중에 학자들이 조사한 결과에 의하면 고속철도가 전혀 도롱뇽의 생존에 지장을 주지 않고 오히려 산 웅덩이에 도롱뇽이 넘쳐나고 있다는 것이 발견되었다고 합니다. 결국 나라 전체가 한 우매한 자의 주장에 의해서 놀아난 것입니다. 이런 우매한 자를 설득할 수 있는 지혜를 가진 자가 없었던 것입니다. 그러나 우리는 처음에 과연 어느 것이 지혜이고 어느 것이 우매인지 분별이 되지 않을 때가 많습니다. 그러나 만일 지혜가 우매를 설득하거나 이기지 못한다면 사회 전체가 선동가

의 손에 놀아나거나 혹은 아무것도 하지 못하는 마비상태에 빠지고 마는 것입니다.

우리는 또 다른 우매를 볼 수 있는데 이것은 일본의 도요타 자동차 사태입니다. 도요타 자동차는 미국에서도 고장이 나지 않는 가장 정밀한 자동차로 인정을 받고 있었습니다. 그런데 원가 절감을 하려다가 결국 부품의 결손으로 엄청난 리콜 사태를 맞이하게 되었습니다. 작은 결함을 우습게 생각했다가 무려 1,000만 대가 넘는 자동차를 무상 수리해야 했고, 브랜드 이미지에 돈으로 환산할 수 없는 큰 손해를 입게 되었습니다. 이전까지만 해도 일본 도요타 자동차라고 하면 모든 사람들이 선망의 대상으로 보던 차였는데 리콜 사태 이후에는 별 수 없는 차로 전락하고 만 것입니다.

우리 몸의 암세포는 눈에 보이지 않을 정도로 작습니다. 그래서 처음에 암이 발생했을 때에는 거의 본인은 아무 증상도 느끼지 못할 때가 많습니다. 그러나 작은 암세포가 발생했음에도 불구하고 귀찮다고 해서 내버려두면 결국 그 암세포는 사람을 죽게 할 것입니다. 반대로 처음 암세포가 생겼을 때 이것을 심각하게 생각해서 더 커지기 전에 병원에서 수술을 받은 사람은 그 후에 쉽게 완치가 되어서 정상적인 삶을 살게 되는 것입니다. 우리는 이런 것을 보면서 결국 인간의 몸이나 인간이 하는 일은 완전하지 않다는 것을 깨닫게 됩니다. 그럼에도 불구하고 완전하지 않은 것을 완전하다고 우기고 고집을 부리는 것이 우매인데 이런 우매는 설득을 해서 바로잡아야 합니다. 그렇지 않고 우매가 하는 대로 내버려두면 결국 나라도 어려움을 당하고 개인도 아까운 목숨을 잃게 되는 것입니다.

1. 우매가 끼치는 영향

1절 "죽은 파리가 향기름으로 악취가 나게 하는 것같이 적은 우매가 지혜와 존귀로 패하게[개역개정:난처하게] 하느니라"

음식점에 식사하러 갔는데 주문한 음식 안에 파리가 한 마리 죽어 있다든지 혹은 머리카락이 빠져 있으면 손님은 그 음식을 먹지 않을 것입니다. 혹은 물을 마시려고 하는데 컵에서 립스틱 자국을 발견했다면 그 컵의 물을 마시지 않을 것입니다. 결국 음식점이 손님들을 만족시키려면 음식을 만드는 데만 신경을 쓸 것이 아니라 작은 위생에도 신경을 써서 깨끗한 상태를 유지해야 합니다. 그럼에도 불구하고 음식점 주인이 음식만 잘 만들면 되지 청결은 별 문제가 안 된다고 하여 위생 상태가 엉망이라면 결국 그 음식점은 문을 닫게 될 것입니다.

예를 들어 아주 좋은 참기름병이 있는데 그 기름병 안에 파리 한 마리가 들어가서 죽어 있다면 그 병 안에 있는 참기름 전체를 먹을 수 없게 됩니다. 왜냐하면 그 한 마리의 파리가 참기름 전체를 더럽혀버렸기 때문입니다. 죽은 파리만 꺼낸다고 해서 참기름이 다시 깨끗한 기름이 될 수 없습니다. 그래서 귀한 기름일수록 한 번 쓰고 난 다음에는 벌레나 파리가 들어가지 못하도록 꼭 뚜껑을 닫아서 보관해야 계속 쓸 수가 있는 것입니다.

성경 본문을 보면 아주 비슷한 예를 들어서 말씀하고 있습니다. 즉 어느 누구에겐가 아주 비싼 향유가 있었는데 실수로 그 안에 파리가 한 마리 들어가 썩는 바람에 그 향유 전체를 망치게 되었습니다. 그러면 아무리 그 향기름이 아까워도 모두 버릴 수밖에 없는 것입니다.

마찬가지로 성경은 "적은 우매가 지혜와 존귀로 패하게 한다"고 말씀하고 있습니다. 여기서 '우매'라고 하는 것은 어떤 단체나 사람에 대하여 누군가가 가지고 있는 부정적인 생각들을 말합니다. 대개 이런 불만을 가진 사람들은 주류에서 소외된 층의 사람들입니다. 이런 사람들은 자기들이 주류에서 소외되었기 때문에 어떻게 해서든지 주류층에 대하여 부정적인 이야기나 불만을 터트려서 흠집을 내거나 흔들어놓으려고 합니다. 왜냐하면 그렇게 해야 주류에 속한 사람들이 흔들리게 되고 더 심한 경우에는 그들이 자리에서 물러나면서 자신들이 주도권을 잡을 수 있게 되기 때문입니다. 그래서 어느 그룹이든지 야당적인 성향을 가진 사람들은 할 수 있는 대로 뒤에서 계속 비판하는 소리를 하면서 주도권을 가진 사람들에게 상처를 주고 흠집을 내려고 합니다.

어떤 사회나 집단 가운데 불만 세력이 입을 다물고 있으면 그것은 하나님의 축복이며 모든 것이 잘 운영되고 있다는 증거입니다. 그런데 그런 불만을 가진 자가 입을 벌려서 떠들기 시작하면 그때부터는 문제가 복잡해지게 되고 일들이 정상적으로 굴러가는 데 많은 어려움이 생기게 됩니다. 반대하는 입장에 있는 사람들은 할 수 있는 한 사사건건 물고 늘어집니다. 자신은 어차피 소외된 사람이기 때문에 이 집단이 무너져도 큰 손해 볼 것이 없다고 생각하기 때문입니다. 어느 곳에서든지 주류에서 소외된 자들이 있게 마련이고 그들이 정책을 반대하여 불만을 터트리는 것은 우리의 존재도 알아달라는 뜻일 때가 많습니다. 그런데 경험이 많지 못하거나 미련한 지도자는 그런 불만을 우습게 생각해서 눌러버리는데 나중에는 이것이 눈덩이같이 커져서 사회전체를 망하게 할 정도의 반발 세력이 되어버리는 것입니다.

사람은 좋은 이야기보다는 좋지 않은 이야기에 더 관심을 가지고 진실보다는 거짓된 루머를 더 좋아하는 경향이 있습니다. 그래서 어느 사회나 집단이든지 정책을 비판하고 문제를 꼬집는 주장은 생각보다 빨리 퍼지면서 어느 순간에 여론을 형성해버리게 됩니다.

성경은 "적은 우매가 지혜와 존귀로 패하게 하느니라"고 말씀하고 있습니다. 결국 아무리 좋은 정신이 있고 고상한 이념을 가지고 있더라도 이런 작은 내부적인 결함이나 반발 세력을 이기지 못하면 망하게 되는 것입니다.

그래서 결국 좋은 정책이나 계획이 진짜 지혜가 되려면 자기 혼자 똑똑해서는 안 되고 소수의 불만 세력을 잘 설득하고 다독거릴 수 있어야 하는 것입니다.

2절 "지혜자의 마음은 오른편에 있고 우매자의 마음은 왼편에 있느니라"

지혜자의 마음은 오른편에 있고 우매자의 마음은 왼편에 있다는 것은 원래는 지혜나 우매가 아주 가까이 있다는 뜻입니다.

예를 들어 나중에는 서로 원수처럼 되어서 죽이니 살리니 하는 사람들도 처음에는 아주 가까운 사이였고 서로 친한 적이 있었다는 것입니다. 그런데 그들이 서로 작은 이해관계나 생각의 차이를 양보하거나 타협하지 않고 끝까지 자기주장만 고집하게 되면 나중에는 도저히 회복할 수 없는 적대세력이 되어버립니다. 그래서 많은 경우에는 사람들이 서로 생각이 다르고 사상이 달라서 갈라진다고 하지만 사실은 이해관계나 감정 대립 때문에 원수가 될 때가 많습니다. 이때 지혜로운 사람이 한 발을 양보하면 서로 극단적인 대립까지 가지 않을 때가 많습니다.

대표적인 한 예가 솔로몬의 아들 르호보암 때 이스라엘이 남북으로 갈라지게 된 것입니다. 솔로몬은 하나님의 축복으로 영광스러운 통치를 하기는 했지만 몇 가지 점에서 무리가 있었습니다. 그 하나가 솔로몬의 식탁이 너무 소비적인 것이었습니다. 솔로몬은 하루에 소나 양이 수백 마리씩 드는 이 왕의 음식 비용을 열두 지파에게 할당을 시켰습니다. 하루에도 엄청나게 드는 이 비용이 한 달이 되고 일 년이 되면 너무나도 엄청난 것이었습니다. 결국 잔치라고 하는 것은 가끔씩 해야지 매일 하면 무리가 생기게 되는 것입니다. 또 솔로몬의 정책은 거의 다윗의 집안에 편중되어 있었습니다. 솔로몬은 무역이나 조공을 통해서 엄청난 수입을 거두었는데 그것이 모두 다윗의 집으로 흘러들어 가고 다른 지파에는 별로 이득이 없었습니다. 그때 다른 지파에서 불만이 터져 나오게 되었는데 이것이 솔로몬이 죽고 그 아들 르호보암이 왕이 되었을 때 결정적으로 터져 나오게 되었습니다. 르호보암이 솔로몬의 뒤를 이어서 이스라엘 왕이 되었을 때 이스라엘 대표들은 르호보암에게 아버지와 똑같이 자신들에게 세금을 과중하게 물릴 것인지 물었습니다. 이때 국가의 원로들은 솔로몬의 정책이 무리한 측면이 있었기 때문에 세금을 많이 줄여주겠다고 하라고 조언했습니다. 그러나 르호보암과 친했던 소장파들은 처음부터 그렇게 하면 백성들이 당신을 우습게 알고 당신의 말을 듣지 않을 테니까 더 강경하게 나가겠다고 대답을 하라고 했습니다. 르호보암은 원로들의 말을 듣지 않고 젊은 층의 이야기만 듣고 자기는 더 강하게 세금을 매기겠다고 하는 바람에 이스라엘 열 지파가 반발을 해서 나라가 쪼개지게 되었습니다.

사실 이스라엘 대표들이 이러한 질문을 던질 정도라면 이미 이 불만은 간단한 성질의 것이 아니었습니다. 즉 이스라엘 안에서 불만을 가진 자들이 수도 없이 모여서 회의도 했고 앞으로 어떻게 할 것인지 상당한 계획을 세운 상태였던 것입니다. 그런데 르호보암은 이것이 얼마나 심각한 상태인지 몰랐던 것입니다. 그가 조금이라도 지혜가 있는 사람이라면 그 질문이 나오게 된 배경을 조사해보았을 것이고, 그렇게 했더라면 그들이 이미 나라를 쪼갤 준비를 다 해놓고 그런 질문을 던졌다는 것을 알게 되었을 것입니다. 르호보암은 이 심각한 문제를 간단하게 왕의 권위로 누르면 될 줄 알았는데 그것이 그렇게 간단한 문제가 아니었던 것입니다. 우선 성경적으로 보면 이스라엘 여러 지파에서 나라를 쪼개려는 반발이 생긴 것은 식사 비용의 부담이나 노역 때문이 아니었습니다. 가장 중요한 원인은 솔로몬이 우상을 이스라엘 안에 끌어들인 것이었습니다. 그래서 이스라엘 지파의 반발은 하나님께서 르보호암의 의중을 떠보시는 것입니다. 즉 "너는 너의 아버지의 정치에 대하여 어떻게 생각하느냐?"는 것입니다. 이때 르호보암이 솔로몬같이 일천 번째 기도를 하든지 해서 하나님의 뜻을 깨닫고 하나님께 "아버지의 우상숭배는 틀렸으며 하나님께서 한 번만 더 기회를 주시면 하나님의 말씀대로 정치를 하겠습니다"라고 기도를 드리고 여로보암이나 다른 족장들에게 아버지처럼 하지 않겠다고 대답했더라면 이스라엘은 쪼개어지지 않았을 것입니다.

르호보암이 여로보암과 다른 족장들의 반대를 이길 수 있는 방법은 권위로 누르는 것이 아니고 하나님 앞에서 바른 신앙을 회복하고 진정한 겸손을 가지는 것이었습니다. 그런데 이것이 한 번 나눠지고 나면 다시는 하나가 되기 어렵습니다. 왜냐하면 사람은 감정의 동물이기 때문에 한 번 미워지면 점점 더 미워지게 되기 때문입니다.

여기서 우리가 알아야 할 것은 도대체 이 우매는 어디서 왔느냐 하는 것입니다. 우매라는 것은 결국 시기심과 자기를 주장하려고 하는 마음에서 나옵니다. 즉 주인공이 되지 못하고 소외된 자들의 시기심에서 나온 것입니다. 소외된 자들이 주류를 향해서 "왜 너희들만 다 해먹고 우리는 아무것도 아닌 것처럼 취급하느냐" 하는 반발인 것입니다. 비주류는 어차피 전체가 깨어져도 자기들은 손해 볼 것이 없다고 생각하기 때문에 극단적으로 모든 것을 파괴시키는 쪽으로 나갈 수 있습니다. 그래서 시기심이라는 것이 그토록 무서운 것입니다.

반대파가 세력을 얻지 못하게 하려면 결국 그들이 불평할 수 있는 여지를 줄여주는 수밖에 없습니다. 그들이 불평하는 것 중에서 일리 있는 것은 들어주고 모든 것을 정직하고 투명하게 운영하는 것입니다. 그리고 할 수 있으면 반대하는 사람도 끌어안아서 동반자로 같이 가는 것입니다. 결국 모든 일을 투명하게 하고 반대파가 트집을 잡을 만한 것을 하나씩 없애 간다면 시기하는 사람들의 목소리도 줄어들게 될 것입니다. 그러나 무조건 그들을 억누르고 강경 일변도로 나가게 되면 나중에는 더 큰 손해를 보게 될 것입니다.

사도행전에 보면 처음 교회에서 구제하는 문제로 불평이 생겼음을 알 수 있습니다. 구제를 받는 과부들 중에서 히브리파 사람들은 구제를 받고 헬라파 사람들은 구제를 받지 못하니까 헬라파에서 불평을 하게 된 것입니다. 이때 사도들은 헬라파를 향해서 "너희가 뭔데 사도들이 하는 것에 대해서 불평을 하고 떠드느냐"고 하지 않고 오히려 겸손하게 잘못을 시인했습니다. 즉 사도는 기도하는 것과 말씀을 증거하는 일에 전무해야 하는데 전공도 아닌 구제하는 일을 하느라고 실수가 있었다는 것을 시인하고 헬라파 사람들을 포함해서 일곱 명의 집사를 세워서 구제하는 일을 하게 하니까 결국 교회가 하나로 연합하게 되었습니다.

어떤 의미에서 '우매'는 필요악이라고 말할 수 있습니다. 책임을 맡은 자들이 일을 제대로 하지 못하고 겸손하지도 못하고 자기들끼리 모든 것을 다 하려고 할 때 결국 우매한 비판자들이 생기게 되는 것입니다. 그리고 그 비판 세력이 커지면 그 단체는 깨어지고 사회는 어수선해지게 됩니다. 그래서 맡은 자에게 구할 것은 충성이라고 했는데 늘 성경대로 하고 정직하게 하고 겸손하게 하기만 하면 단체나 사회가 정신적으로 건강하기 때문에 우매한 자의 저항이 줄어들게 되는 것입니다. 이것이 단체를 바르게 끌어가는 데 아주 중요한 지혜입니다.

2. 지혜자와 우매자

지혜가 바른 지혜가 되기 위해서는 전체 사람들에게 바른 비전을 제시할 수 있어야 합니다. 또 다른 사람을 잘 설득해서 함께 동참할 수 있도록 만들 수 있어야 합니다. 그러기 위해서는 책임을 맡은 자가 항상 부지런해야 합니다. 그러나 실제로는 자기 자리만 믿고 다른 사람에게 복종을 강요할 때가 많은데 그런 식으로 하면 실제적인 현실을 몰라서 실패할 가능성이 많습니다.

정책을 결정하는 사람들은 지혜의 입장에 서 있는 사람인데 이런 사람은 책상 위에 앉아서 머리로만 생각해서는 안 되고 현장을 발로 뛰어야 합니다. 요셉의 경영학은 감옥에서 배운 것으로 그는 모든 것을 발로 뛰면서 현장에서 보고 결정을 했습니다. 그러니까 요셉의 밑에 있는 사람들은 허위보고를 할 수가 없었고 요셉은 가장 현실성 있는 정책을 세울 수 있었던 것입니다.

우리는 여기서 두 가지 경우를 생각해볼 수 있습니다. 우선 내가 지혜의 입장에 서 있을 때입니다. 내가 지혜의 입장에 서 있다는 것은 중요한 정책을 내릴 수 있는 책임 있는 위치에 있는 것을 말합니다. 이때 물론 우리는 모든 것을 정의롭고 공평하게 해야 합니다. 그러나 이 세상의 일은 모든 것이 옳고 그른 것에 의해서만 결정되는 것은 아닙니다.

> 3절 "우매자는 길에 행할 때에도 지혜가 결핍하여 각 사람에게 자기의 우매한 것을 말하느니라"

여기서 우매자라고 하는 것은 주도권을 가지지 못한 사람을 말합니다. 어떤 정책에 대하여 반대하는 입장을 가진 사람일 수도 있습니다. 가끔씩 어떤 정책에 찬성하는 것보다는 반대하는 사람들이 더 부지런할 때가 있습니다. 어떤 중요한 회의를 하는데 주최 측보다 반대하는 사람들이 더 부지런하게 준비를 하는 것입니다. 이때는 그 집단이나 나라가 혼란스럽게 됩니다. 예를 들어 이사회나 어떤 중요한 회의가 있을 때 주최 측은 아무것도 모르고 있는데 반대파는 이미 다른 사람들을 설득해놓아서 자기편으로 다 만들어놓은 것입니다. 그래서 회의를 시작해보면 모든 것이 우매자의 뜻대로 되는 것입니다. 우매자는 너무나도 부지런하게 움직이기 때문에 책임자는 그가 활동하는 것을 다 파악하지 못합니다. 그래서 반대하는 사람은 어떤 건수가 하나 생기면 전화통에 불이 날 정도로 통화를 많이 합니다. 그렇다고 해서 지혜자가 다른 사람을 다 매수해놓고 회의를 할 수도 없습니다. 왜냐하면 그것은 불법이기 때문입니다. 지혜자는 불법이기 때문에 할 수 없는 것을 우매자는 숨어서 하기 때문에 이기기 어려운 것입니다.

그래서 경영의 책임을 지고 있을 때에는 평소에 사람들의 신임을 얻는 것이 중요합니다. 다른 사람들에게 경영의 원칙을 분명히 밝히고 그 원칙을 충실하게 따라서 좋은 결과를 얻고, 또 다른 사람들과 평소에 좋은 관계를 유지할 때 이런 생각지도 못한 반발을 막을 수 있는 것입니다.

만일 지도자가 신뢰를 잃어버린다면 우매는 독버섯처럼 퍼지게 될 것입니다. 마찬가지로 목회자는 교회가 시험에 들지 않도록 항상 바른 설교를 해서 교회에 은혜가 넘치게 해야 합니다. 그렇게 할 때 교회 안에 이단이나 거짓된 가르침이 들어오지 않고 교인들의 마음이 하나가 되어 부흥이 일어나게 됩니다. 목사가 언제나 살아 있고 감동적인 설교로 교인들에게 은혜를 끼치면 교인들의 마음속에 은혜가 충만하기 때문에 누군가가 불만을 토로하거나 거짓된 루머를 퍼트려도 별로 효력이 없게 됩니다. 교인들은 자기가 들은 하나님의 말씀을 붙들고 기도하면 기도가 응답이 되고 기적이 일어나는 것을 체험하게 됩니다. 그리고 오래 믿은 교인들이 은혜를 받으니까 더 교회가 하나가 됩니다. 보통 교회에서 분란이 생기는 이유는 오래 믿은 분들이 은혜 받지 못하고 소외되기 때문입니다. 그런데 오래 믿은 분들이 말씀으로 은혜를 받으니까 교회가 저절로 하나가 되는 것입니다.

또한 교회를 맡은 자들은 모든 재정의 사용을 투명하게 하고 정직하게 해야 합니다. 예수님은 재정 문제는 가룟 유다에게 맡기시고 일체 관여하지 않으셨습니다. 그리고 가룟 유다가 신앙이 없는 줄 알면서도 끝까지 믿어주셨습니다. 가룟 유다가 예수님을 배신한 후에 양심에 가책을 느껴서 목매달아 죽은 이유도 예수님이 가룟 유다에게 끝까지 잘 해주셨기 때문입니다. 예수님에게는 가룟 유다가 우매였습니다. 그러나 예수님은 이 우매에게 지지 않고 이기셨습니다.

지혜자는 우매자를 할 수 있는 한 포용하려고 노력하되 절대로 중요한 직책을 맡기면 안 됩니다. 비판적인 사람에게 너무 중요한 것을 맡기면 결국 모든 것을 자기 멋대로 해버리기 때문입니다. 그리고 지혜자는 많은 사람들의 마음속에는 언제나 우매한 생각이 있다는 것을 늘 인식하고 있어야 합니다. 사람들의 생각은 각기 다르고 나쁜 쪽으로만 생각하거나 보고 있는 사람도 있습니다. 그러나 하나님의 은혜가 넘치면 이런 부정적인 것이 전체적인 것을 이기지 못합니다.

교회나 직장에서 바른 생각을 가진 지도자를 만나는 것은 큰 축복입니다. 어떤 사회나 단체든지 위에 있는 사람의 생각이 건전하지 못하면 밑에 있는 사람이 위에 있는 사람이나 전체를 바로잡는다는 것은 대단히 어려운 일이기 때문입니다. 그런데 지도자가 아주 건전한 생각을 가진 사람일 때에는 모든 것이 저절로 잘되게 되어 있습니다. 마치 아모스 선지자가 예언한 것처럼 공의가 강물처럼 흐르게 되어 있습니다. 그래서 지도자 한 명이 바로 서는 것이 다른 사람 열 명이 목소리를 높이는 것보다 더 효과적입니다. 바른 지도자 한 사람을 키우는 것이 가장 희생을 줄이면서 사회나 단체를 바로잡는 방법입니다.

그런데 불행하게도 지도자가 우매자일 경우에는 조심해야 합니다. 우매자일수록 아첨하는 것만 좋아하지 자기를 바꾸려고 하는 소리를 좋아하지 않기 때문입니다. 내 위에 있는 사람이 우매한 사람인 경우에는 바로 그 사람을 이기려고 했다가는 완전히 미움만 당해서 자기만 가장 나쁜 사람으로 몰려서 쫓겨나게 됩니다. 이때는 우매한 자를 바로잡으려고 하기 이전에 먼저 우매한 자에게 겸손하게 대하는 것부터 배워야 합니다. 상사가 우매해도 상사를 상사로 인정하고 그를 존경하려고 노력을 해야 합니다. 그런데 우매자일수록 눈치는 그렇게 빠를 수가 없습니다. 우매한 지도자는 다른 것은 몰라도 밑에 있는 사람이 자기를 좋아하는지 싫어하는지는 귀신같이 알아냅니다. 그래서 비록 내 마음에 들지 않는 상사라도 겸손하게 공경하는 것을 배우면 먼저 자신의 인격에 큰 도움이 될 것입니다. 그리고 나중에 기회가 주어지면 그에게 바른 말을 할 수도 있을 것입니다.

> 4절 "주권자가 네게 분을 일으키거든 너는 네 자리를 떠나지 말라 공순[개역개정: 공손함]이 큰 허물을 경하게 하느니라"

우매한 지도자일수록 설득하기가 어렵습니다. 그는 지혜의 가치를 알지 못하기 때문에 무엇인가 바른 소리를 하면 자기를 무시한다고 생각하며 미워하게 됩니다. 그래서 이런 상사 앞에서는 공손한 것이 더 필요합니다.

우리의 지혜가 바른 지혜가 되기 위해서는 반대하는 사람을 끌어안을 수 있는 포용력이 있어야 할 뿐 아니라 공손할 수 있어야 합니다. **뻣뻣한 지혜는 자기 화를 자초할 뿐입니다.** 우리는 믿지 않는 부모님이나 사장님이나 왕 앞에서 고개를 숙일 수 있어야 합니다. 그런데 실제로는 지혜를 가진 사람들이 "내가 하나님을 상대하는데 너 같은 인간이 무슨 소용이 있느냐" 하는 식으로 고집을 부리다가 혼자 미움을 받게 됩니다. 신앙을 가진 사람이 공손하게 머리를 숙일 때 왕이나 상사는 그 사람의 겸손한 인격을 보고 신뢰하게 됩니다. 그래서 상사나 왕이 퉁명스럽게 대하더라도 우리는 공손하게 대할 수 있어야 합니다. 특히 믿는 아내들에게는 남편이 우매자인 경우가 많습니다. 남편들은 우매할수록 고집을 부리기 때문에 정면으로 부딪치지 않는 것이 중요합니다. 사랑하는 마음으로 말을 하면 안 듣는 것 같지만 듣게 되어 있습니다. 그래서 거만한 사람들에게 설득력 있는 진리는 겸손한 진리입니다. 겸손한 진리는 일단 누구든지 귀담아 듣게 되어 있는데 듣기만 하면 성공한 것입니다. 나머지는 하나님께서 알아서 하십니다.

3. 현실적인 오류

사실 사회나 단체가 바르게 운영되려면 사람을 적재적소에 사용해야 합니다. 그런데 실제로는 그렇게 되지 않는 경우가 많습니다. 거기에 앉지 말아야 하는 사람이 자리를 차지하고 있어서 오히려 방해가 되는 경우가 많이 있습니다.

> 5~6절 "내가 해 아래서 한 가지 폐단 곧 주권자에게서 나는 허물인 듯한 것을 보았노니 우매자가 크게 높은 지위를 얻고 부자가 낮은 지위에 앉는도다"

사람의 능력과 자리가 일치하면 좋습니다. 그러나 세상에는 우매한 자가 아첨이나 처세술로 높은 자리까지 올라가서 밑에 있는 사람을 괴롭히거나 자기 이익을 채우는 것을 많이 볼 수 있습니다.

이것을 성경은 우매한 자가 높은 자리를 차지하고 부자가 낮은 자리에 있다고 이야기하는 것입니다. 여기서 부자는 실력 있는 사람을 말합니다. 결국 실력 있는 사람은 어리석은 상사를 모시고 일을 할 수밖에 없는 것입니다.

하나님의 일을 할 때에는 모르는 사람들이 결정을 하는 것보다 하나님이 준비하신 사람을 찾아서 맡기는 것이 훨씬 효과적입니다. 왜냐하면 아마추어들이 아무리 연구를 한다고 해도 결국 전문가들을 따라갈 수 없기 때문입니다. 그러나 세상은 결코 이상적인 상태가 아닙니다. 우리는 그런 상황 속에서 인내하며 내가 할 수 있는 범위 안에서 최선을 다해서 살 수밖에 없습니다.

> 7절 "또 보았노니 종들은 말을 타고 방백[개역개정:고관]들은 종처럼 땅에 걸어 다니는도다"

마땅히 높은 사람이 말을 타고 종들은 걸어 다녀야 하는데 이 세상에서는 존귀한 사람이 바른 대접을 받을 수 없습니다. 그러면 어떻게 해야 합니까? 존귀한 자는 자기에게 맞는 대접을 해주지 않는다고 모든 것을 거부해야 할까요, 아니면 부당한 대접을 받으면서도 참고 기다려야 할까요? 우리에게 중요한 것은 하나님의 말씀을 붙드는 사람은 이미 축복의 길에 들어섰다는 사실입니다. 하나님의 말씀대로 가면 나중에 모든 복을 다 받게 되어 있습니다. 그래서 부당한 대우에 대하여 너무 불평할 필요가 없습니다. 오히려 우리는 이런 무명의 시절을 통해서 더 큰 그릇으로 준비가 됩니다.

우리 영혼을 풍성하게 하는 것이 복의 지름길입니다. 처음에는 세상이 불평등하게 보이지만 결국 10년 정도 지난 후에 보면 모든 것이 하나님의 말씀대로 다 이루어졌음을 깨닫게 됩니다. 그래서 지금 당장 인정을 못 받는다고 해서 세상을 거부할 필요는 없는 것입니다.

참고 기다리면 대개 길이 열리는 경우가 많습니다. 마음에 드는 자리는 아니더라도 우리 속담처럼 "첫술에 배부르랴"는 말대로 참고 있으면 몇 년 안에 자기가 원하는 일이 생길 때가 옵니다. 그러나 처음부터 길을 잘못 들었을 때에는 할 수 있는 대로 빨리 포기하고 원점에서 다시 시작하는 결단도 필요합니다. 지나친 욕심을 부리는 것이나 너무 높아지는 것은 피해야 합니다.

8절 "함정을 파는 자는 거기 빠질 것이요 담을 허는 자는 뱀에게 물리리라"

여기서 함정은 짐승을 잡는 함정일 수도 있고 다른 사람을 빠지게 할 목적의 함정이라고 생각할 수도 있습니다. 우리는 사회생활을 하면서 다른 사람에게 좋은 생각을 가지고 대해야 합니다. 다른 사람을 망하게 하려고 함정을 파다가는 결국 자신이 파놓은 함정에 자기가 빠지고 마는 것입니다. 다른 사람을 나쁘게 말하거나 안 좋게 대하는 사람은 그렇게 하는 것이 버릇이기 때문에 누구에게나 무례하게 대하고 이기적으로 대하게 됩니다. 그러다가 어느 날 다른 사람도 자기와 똑같은 생각을 가지고 함정을 파놓은 것을 모르고 그 함정에 빠져서 망하고 마는 것입니다.

또 담을 헐면 뱀에게 물린다고 했습니다. 담을 허는 이유는 옆에 있는 집을 사서 합치려는 것입니다. 그러면 그만큼 집이 넓어지게 됩니다. 누구든지 집이 넓어지는 것은 좋은 것입니다. 그러나 사람이 무리하게 집을 넓히면 생각지도 못한 일이 일어나게 되는데 독사가 들어와서 물게 되는 것입니다. 즉 사람은 독이 오르면 누구든지 독사가 될 수 있습니다. 특히 가난하고 자기보다 아랫사람이라고 해서 함부로 대해서는 안 됩니다. 그런 사람이 약이 오르고 화가 나면 그동안 감췄던 비밀을 다 폭로해버리게 되는 것입니다. 누구든지 하나님의 백성들은 남에게 피해를 주면서 행복하려고 해서는 안 됩니다.

9절 "돌을 떠내는 자는 그로 인하여 상할 것이요 나무를 쪼개는 자는 그로 인하여 위험을 당하리라"

사람이 돌을 떠내는 이유는 돌집을 지으려는 것입니다. 그리고 나무를 쪼개는 것은 큰 기둥이 들어가는 큰 집을 지으려는 것입니다. 그러니까 이 사람은 아주 멋있고 큰 집을 지으려는 것인데 이런 외형주의가 집을 짓는 과정에서 많은 사람을 다치게 할 수 있습니다. 그래서 무조건 집의 외형을 크게 키우는 것이 중요한 것이 아니라 지혜로 집을 세우는 것이 중요합니다.

10절 "무딘 철 연장 날을 갈지 아니하면 힘이 더 드느니라 오직 지혜는 성공하기에 유익하니라"

이 말씀은 우리에게 연장을 잘 갈아두라고 말씀하고 있습니다. 이것은 우리의 지성을 말씀으로 연단시키는 것입니다. 시기와 때를 잘 분별하면 하나님께서 나의 집을 지어주실 것입니다. 우리가 하나님의 말씀으로 지혜를 잘 준비하고 있으면 하나님은 반드시 우리가 성공할 수 있는 기회를 주십니다. 이때 준비했던 연장으로 좋은 솜씨를 발휘하면 됩니다. 그래서 우리는 아무도 알아주지 않는 무명의 시절에 열심히 기초를 닦아두어야 합니다.

11절 "방술을 베풀기 전에 뱀에게 물렸으면 술객은 무용하니라"

그런데 어떤 사람은 실력을 제대로 닦기도 전에 유명하게 되려고 합니다. 이 사람은 방술을 부려서 코브라로 재주를 부리는 사람인데 충분히 실력을 쌓기도 전에 성급하게 돈을 벌기 위해 시장에 나간 것입니다. 이 사람은 독사를 흥분시키는 기술이 부족해서 자기가 먼저 독사에 물려서 죽게 되었습니다. 그러면 이 사람의 장사는 아무 소용이 없는 것입니다. 재주를 부리기 전에 충분히 실력을 준비해서 하나님께서 기회를 주셨을 때 후회 없는 실력을 나타내는 분들이 다 되시기 바랍니다.

18 · 훈련된 지도자

| 전 10:12-20 |

　그림을 그리는 데 있어서 가장 기초가 되는 것은 밑그림입니다. 밑그림도 없이 바로 물감으로 그리려면 그림의 균형이 잘 맞지 않습니다. 색을 칠할 때에도 옅은 색부터 짙은 색 순으로 칠해나가야 그림이 됩니다. 마찬가지로 우리가 어떤 일을 할 때 전체적인 그림이나 안목을 가지고 하는 것과 그렇지 않고 부분적인 것에 집착해서 하는 것 사이에는 많은 차이가 있습니다. 그동안 우리나라 국민들은 정치에 관심이 많아지게 되었습니다. 옛날에는 정치는 정치인들이나 하는 것으로 생각했는데 이제는 누가 정권을 잡느냐에 따라서 나라 전체가 이쪽저쪽으로 왔다 갔다 하는 것을 경험했기 때문에 정치에 필사적이 되었습니다.
　공자의 말 중에 "세 사람이 있으면 그중에 선생이 있다"는 말이 있습니다. 이것을 다른 말로 표현하면 세 사람만 있어도 그중에는 리더가 있어서 의견을 조율할 수 있어야 한다는 뜻으로 생각할 수 있습니다. 예를 들어 교통이 번잡한 사거리에서 교통 신호가 고장나면 차들이 서로 얽히게 됩니다. 사람들은 핸들만 잡으면 바보가 되기 때문에 서로 먼저 가려고 하다가 결국에는 얽히고설켜서 도저히 차가 빠져나갈 수 없게 됩니다. 그런데 그중에 어떤 사람이 차에서 내려 차를 한대씩 보내면 결국 소통이 되기 시작하면서 모든 차들이 다 빠져나갈 수 있게 됩니다.

세상적인 리더십과 신앙적인 리더십은 그 근본정신에 있어서 많은 차이가 있습니다. 세상적인 리더십은 일단 자기가 높은 자리에 올라갔기 때문에 큰 소리를 치고 군림을 하려고 합니다. 그에 비해 신앙적인 리더십은 차에서 내려 다른 사람들과 의견을 조율해서 소통이 되게 하는 리더십입니다.

이스라엘의 왕이나 관리는 결코 위에서 군림하는 사람이 아니었습니다. 이스라엘의 지도자들은 두 가지 특징이 있었는데 그중 하나는 백성들의 목자였다는 사실입니다. 이스라엘 백성들은 모두 양이기 때문에 양은 어리석어서 어느 곳에 풀이 있고 맑은 물이 있는지 알지 못했습니다. 그래서 목자들은 양들을 풀이 있고 물이 있는 곳으로 안내하는 역할을 했습니다. 다른 나라 목자들은 양을 잡아먹어서 자기 배를 부르게 했는지 모르지만 이스라엘 목자들은 양을 자기 자식처럼 생각했고 절대로 잡아먹지 않았습니다. 단지 양의 털을 깎아서 주 수입원으로 삼았던 것입니다. 그리고 목자는 만약 사자나 곰이 양을 습격하면 자기가 다치는 한이 있어도 양의 생명과 안전을 지켜주었습니다.

그리고 두 번째 특징은 목자는 양에게 억지로 사료를 먹이지 않는다는 점이었습니다. 양들은 모두 자기가 알아서 풀을 먹고 맑은 물을 마셔서 튼튼해지고 새끼를 낳는 것이지 목자가 양에게 먹이를 강제로 먹이지 않았습니다. 한때 유럽에 광우병이 많이 퍼졌는데 그 원인은 풀을 먹어야 하는 소에게 동물의 뼈를 갈아서 만든 사료를 먹인 결과라는 것이 알려지게 되었습니다.

우리는 신앙적인 지도자가 한 사람이라도 더 만들어지는 것이 우리 사회를 얼마나 아름답게 만드는 길인지 알 필요가 있습니다. 그렇지 않으면 지도자라는 사람들이 부정이나 저지르고 말도 안 되는 정책을 밀어붙여서 나라나 사회를 구렁텅이에 빠지게 하는 일들이 비일비재하게 되는 것입니다. 본문 말씀은 참된 신앙적인 지도자가 어떤 사람인가 하는 것을 보여주고 있습니다.

1. 전체를 볼 수 있는 안목

사람들 개개인은 모든 사물을 볼 때 자기중심적으로 보기 때문에 전체적인 모습을 볼 수 없습니다. 예를 들어 어떤 사람이 큰 집을 지었는데 사람들이 전부 자기가 좋은 자리를 차지하려고 싸운다면 아무 일도 되지 않을 것입니다. 그런데 그 집 전체를 설계한 사람이 평면도를 보여주면서 원래 이 집을 만들 때 방들은 이런 용도로 설계되었다고 설명을 하면 사람들이 납득을 하고 받아들이게 될 것입니다. 어느 집단이든지 지도자의 중요한 자질은 전체를 볼 수 있는 거시적인 시각이 있어야 하고, 이것을 가지고 개개인을 설득할 수 있는 실력이 있어야 하는 것입니다.

> 12절 "지혜자의 입의 말은 은혜로우나 우매자의 입술은 자기를 삼키나니"

지혜자의 입이 은혜롭다는 것은 어떤 일에 대해 전체적인 이해를 하고 있기 때문에 이미 이 사람의 마음속에는 모든 지식이 정리되어 있음을 의미합니다. 전체를 이해하고 있는 사람은 굳이 불안해할 필요도, 화를 낼 필요도 없습니다. 누가 언제 무슨 질문을 하더라도 차분하게 설명을 할 수 있기 때문입니다. 그러나 대부분의 사람들은 전체가 이해가 되지 않기 때문에 자꾸 물어보게 되고 잘 모르기 때문에 불안해서 화를 내거나 소리를 지르게 되는 것입니다.

　요즘 우리는 어느 곳에 가더라도 회의를 하게 됩니다. 직장에서도 회의가 있고, 사회에서도 많은 회의가 있습니다. 회의라고 하는 것은 어떤 일에 대하여 사람들이 가지고 있는 다양한 의견을 조율해서 하나의 해결방안을 만들어내는 것입니다. 왜냐하면 사람들의 생각이 다 다른데 어떤 일을 하거나 물건을 만들어봐야 아무 소용이 없기 때문입니다. 그래서 많은 사람들이 다양한 의견을 가지고 주장할 때 누군가가 전체적인 시각을 가지고 의견들을 조율할 수 있으면 그 회의는 아주 생산적이 될 것입니다. 그 회의에 참석하는 사람들은 회의에 참석할 때마다 멋진 작품들이 하나씩 탄생되는 것을 보게 될 것이며, 그 집단의 발전에 대해 자부심을 느끼게 될 것입니다. 그러나 전체적으로 볼 수 있는 지혜를 가진 사람이 없을 때 사람들은 끝까지 자기의 좁은 소견을 가지고 떠들어대기 때문에 아무리 오래 회의를 하더라도 해결방안은 나오지 않고 시간만 소모하게 됩니다. 그런 중에 성격이 급한 사람은 자기 뜻대로 되지 않는다고 해서 소리를 지르거나 혹은 회의장을 박차고 나감으로써 회의 자체를 무산시키는 경우도 있습니다.

　그렇다면 우리가 어떻게 해야 전체를 이해할 수 있는 넓은 식견을 가질 수 있을까요? 바로 이것이 우리가 하나님의 말씀을 가지고 씨름해야 하는 이유입니다. 하나님의 말씀은 단순히 단편적인 지식으로 구성되어 있는 것이 아니라 하나님께서 이 세상을 계획하시면서부터 인간을 만드시고 우리 인간들에게 행하신 엄청난 일들을 보여주고 있습니다. 하나님의 말씀을 들으면 창세 전에서부터 시작해서 마지막 심판까지를 보게 되며 우리 자신이나 세상에 대해서도 넓은 안목을 가지게 됩니다. 그러나 이것만 가지고는 우리의 지식이 실제적이지 못할 수 있기 때문에 우리는 이 세상의 구체적인 상황 가운데서 하나님의 말씀을 가지고 실제로 부딪치면서 그 말씀을 내 것으로 소화할 수 있어야 합니다. 그런데 이런 시각을 갖추지 못한 사람은 결국 자기 이익을 위해서 모든 것을 보기 때문에 전체를 볼 능력이 없는 것입니다.

　이스라엘 백성들은 모세의 지도하에 애굽을 탈출했지만 그들은 하나님의 관점에서 자신들의 문제를 보지 못했습니다. 그래서 기회가 있을 때마다 모세의 지도력을 거부하고 애굽으로 다시 돌아가려고 했습니다. 어떤 의미에서 우리가 상식적으로 생각해볼 때 200만 명이나 되는 사람들을 물도 없고 양식도 없는 광야로 몰고 간다는 자체가 사실 정신 나간 짓처럼 보일 것입니다. 그러나 하나님은 광야의 체험을 통해서 이스라엘 백성들이 '하나님의 백성들은 떡으로 사는 것이 아니라 하나님의 말씀으로 산다는 것'을 체험하기를 원하셨습니다. 그러나 출애굽한 첫 세대 사람들은 끝까지 하나님의 말씀을 믿지 못하고 모세를 대적하는 바람에 40년 동안 앞으로 가지 못하고 제자리 걸음을 했습니다. 이때 자칫 잘못했으면 이스라엘 백성들이 하나님의 진노로 광야에서 몰살을 당할 뻔했는데 그때마다 모세는 이스라엘 백성들을 사랑으로 껴안아서 죽지 않게 지켰습니다. 모세는 자기를 대적하는 이스라엘 사람들과 다투거나 싸우지 않았습니다. 이스라엘 백성들이 반역하고 돌을 던져서 죽이려고 할 때에도 차라리 자기가 죽었으면 죽었지 절대로 이스라엘 백성들을 향하여 원망하거나 저주하지 않았습니다. 모세는 하나님께서 이스라엘 백성들을 모두 다 멸하시겠다고 하셨을 때 차라리 자기 이름을 생명책에서 지우시고 이 백성을 용서해달라고 기도했습니다. 결국 하나님께서는 지도자 한 사람을 보고 이스라엘 백성 전체를 살려주셨던 것입니다.

　우리 모든 인간들은 타락한 후로 우매하게 된 것이 사실입니다. 그래서 사람들은 모이면 불평하게 되어 있고, 남을 욕하고 험담하게 되어 있습니다. 그러나 다른 사람에 대하여 불평하고 원망해봐야 해결되는 것은 아무것도 없습니다. 이때 누군가가 사람들의 불평을 사랑으로 감싸주고 바른 방향을 제시해줄 때 사람들은 살게 되는 것입니다.

　우매를 이길 수 있는 것은 그들을 이해할 수 있는 넓은 마음이고 또 그들을 끝까지 사랑하는 것입니다. 그래서 성경적인 지도력을 가진 사람들의 특징은 항상 매사에 긍정적인 것입니다. 교회 안에는 신앙적으로 사업을 해서 성공한 분들이 많이 있습니다. 그런데 그분들과 만나면서 느끼는 것이 언제나 긍정적이라는 것입니다. 지도자는 절대로 낙심하거나 자포자기해서는 안 됩니다. 왜냐하면 전체를 볼 수 있는 사람이 자포자기하면 그때는 정말 희망이 없어지기 때문입니다.

사도 바울은 죄수의 신분으로 로마에 가게 되었습니다. 그는 전도 여행을 다니며 지중해를 여러 차례 건넌 경험이 있어서 태풍이 온다는 것을 알았습니다. 그러나 그 배에 탄 관리나 군인들은 죄수인 사도 바울의 말을 들어주지 않았습니다. 그러다가 엄청난 태풍이 몰려왔을 때 사람들이 보름 정도 햇빛을 보지 못하고 배가 파도에 밀려가니까 다 죽는다고 생각해서 절망하고 좌절했습니다. 그러나 사도 바울은 확신을 가지고 배에 탄 사람들에게 죽지 않을 것이니까 음식을 먹으라고 했습니다. 그리고 사공이 새벽에 몰래 도망치려고 할 때에는 작은 배를 끊어버려서 도망치지 못하게 했습니다. 또 배가 암초에 걸렸을 때에는 배를 버리고 모두 헤엄을 치도록 해서 모든 사람들이 살 수 있게 했습니다. 사도 바울의 지도력이 위기를 만난 모든 사람들을 살린 것입니다.

아무리 위급하고 어려운 상황을 만난다 하더라도 반드시 살 길이 있습니다. 특히 하나님의 백성들은 살 수 있는 길이 준비되어 있습니다. 그래서 어려움이 왔다고 해서 당황하거나 절망할 필요가 없습니다.

또한 놀라운 것은 복음이 선포될 때 성령께서 우리 안에 깊은 깨달음을 주셔서 우매한 사람들이 없어지게 된다는 것입니다. 한 사람 한 사람이 놀라운 지혜의 사람으로 만들어져서 그 전체가 하나님의 지혜로 하나가 됩니다. 여기서부터 폭발적인 부흥이 오게 되고 하나님의 축복이 임하게 됩니다. 그래서 축복의 시기는 하나님의 말씀으로 우매가 없어지는 순간입니다.

사람이 의욕과 자신감을 가진다는 것은 대단히 중요합니다. 아마도 감옥에 갇혀 있는 사람들에게서 무슨 의욕이나 자신감을 찾는다는 것은 어려울 것입니다. 그들은 주로 원망과 불평을 하면서 대부분의 시간을 보낼 것입니다. 이것은 바로 그들의 인생을 썩히는 것입니다. 그런데 놀라운 것은 우리나라의 많은 중고등학교 학생들이 하기도 싫은 공부를 억지로 하고 있다는 사실입니다. 이것은 앞으로 우리나라 전체가 거대한 우매자 집단이 되는 것을 보여주는 것입니다.

2. 하나님의 말씀이 없을 때

사람들이 빛이 없으면 모든 것을 더듬게 되고 일을 제대로 해낼 수가 없게 됩니다. 마찬가지로 하나님의 말씀이 없으면 결국 우리의 인생은 암흑 가운데서 헤매게 되고 다람쥐 쳇바퀴 돌리듯이 계속 제자리에서 맴돌게 됩니다. 이스라엘 백성들이 하나님의 말씀을 거부하고 자기 생각대로 고집을 부렸을 때 40년 내내 광야만 돌아다니고 한 발자국도 광야 밖으로 나갈 수가 없었습니다.

> 13절 "그 입의 말의 시작은 우매요 끝은 광패[개역개정:심히 미친 것]니라"

여기서 우매한 사람은 하나님의 지혜를 믿지 않고 인간적인 생각으로 하나님의 일을 하려는 사람입니다. 세상을 보면 정말 좋은 것들이 많이 있습니다. 그래서 하나님의 말씀의 능력을 믿지 못하는 자들은 자꾸 세상의 방법이나 인간적인 방법으로 축복이나 부흥을 만들어내려고 합니다. 그러나 그들은 이 세상의 축복이나 성공은 빨리 부패하기 때문에 오래가지 않는다는 것을 모릅니다. 우리가 교회 안에 세상적인 지혜나 방법을 가지고 들어오면 하나님의 은혜가 막혀버리게 됩니다. 그래서 사람들이 겉으로 보기에는 모든 것이 잘 되고 있는 것 같은데 속으로는 점점 더 고갈되어서 나중에는 미칠 것 같은 상태까지 빠지고 맙니다.

교회는 어떠한 사업을 많이 하는 곳이 아니고 이리를 양으로 변화시키는 곳입니다. 처음에는 야생의 본성을 가지고 있던 사람도 하나님의 말씀을 들으면 새로운 본성이 생기면서 양으로 변하게 됩니다. 그런데 교회로 모이기는 하지만 인간적인 교제가 중심이 되면 결국 겉으로는 양 같은데 속으로는 이리의 본성이 그대로 있기 때문에 나중에는 서로 물어뜯고 싸우게 되는 것입니다.

우매자는 처음에는 우매하게 말을 합니다. 왜냐하면 하나님의 뜻을 모르기 때문입니다. 그러다가 나중에는 자기 뜻대로 되지 않으니까 화를 폭발시키고 분노를 터트리게 됩니다. 결국 이런 사람들은 아무것도 하나님의 뜻을 이루어드릴 수가 없습니다. 하나님의 일은 마치 씨를 뿌려서 농사를 짓는 것처럼 믿음으로 해야 합니다. 우리가 하나님의 말씀을 심고 믿음으로 기다리면 반드시 하나님의 기적과 축복이 오게 되어 있습니다. 그러나 믿음이 없는 사람은 씨를 뿌린 후에 자꾸 땅을 파보고 줄기를 당기기 때문에 식물이 다 죽어버리게 됩니다.

> 14절 "우매자는 말을 많이 하거니와 사람이 장래 일을 알지 못하나니 신후사를 알게 할 자가 누구이냐"

우매자는 말이 많다고 했습니다. 이런 사람은 자신의 미래가 어떻게 될지 모르기 때문에 걱정을 많이 하고 그것을 이야기해야 직성이 풀립니다. 그리고 다른 사람에게 자신의 여과되지 않은 감정을 다 이야기합니다. 여과되지 않은 감정은 마치 구정물통과 같아서 그 말을 듣는 사람은 불쾌해지기가 쉽습니다. 그리고 이런 사람은 미래에 대한 이야기를 반복해서 합니다. 그러나 사람의 미래가 어떻게 될지는 아무도 알지 못합니다. 하나님의 지혜가 있는 자는 하나님의 말씀을 붙들고 묵묵히 나아가기만 하면 부흥이 오고 축복이 오고 좋은 결과가 오게 되어 있습니다. 결국 하나님의 말씀이 있는 사람은 말을 많이 할 필요가 없습니다. 왜냐하면 모든 것을 하시는 분은 하나님이시기 때문입니다.

> 15절 "우매자들의 수고는 제각기 곤하게 할 뿐이라 저희는 성읍에 들어갈 줄도 알지 못함이니라"

우매자는 가만히 있지 않고 자꾸 일을 벌입니다. 하나님이 일하시는 것을 믿지 못하기 때문입니다. 이런 사람은 자기만 피곤한 것이 아니라 다른 사람들도 피곤하게 하고 지치게 만듭니다. 그리고 그들은 성읍에 들어갈 시간이 되었는지도 모릅니다. 일을 하느라고 정신이 팔려 있어서 시간 가는 줄 모르기 때문입니다. 그러다가 이런 사람은 강도를 만나거나 산적을 만나서 죽습니다. 사람은 일단 안전한 곳에 있어야 합니다. 한번은 한강가의 자동차 전용도로에서 접촉사고가 났습니다. 두 운전자가 서로를 탓하며 길에서 서로 멱살을 잡고 싸우다가 뒤에 오는 차에 치여서 두 사람 모두 죽고 말았습니다. 아무리 잘잘못을 따진다 하더라도 일단 안전한 곳에 가서 따져야 하는데 자기 감정을 다스리지 못해서 쓸데없이 죽음을 당하고 만 것입니다. 하나님의 말씀이 없으면 결국 인생의 문제는 하나도 해결되는 것이 없습니다. 결국 세상이 발전하려면 하나님의 말씀으로 지혜자를 많이 만들어내는 수밖에 없습니다. 특히 나라나 단체 지도자들이 우매할 때에는 그 나라나 집단 전체를 썩게 만들기 때문에 사람들이 큰 어려움을 겪게 됩니다.

3. 훈련된 지도자

나라가 제대로 돌아가려면 지도자가 현명해야 하고 관리들이 부지런해야 합니다. 지도자가 무능하고 관리들이 게으르면 국민 전체가 바보가 될 수밖에 없습니다. 결국 연단을 받은 지도자들이 국민들을 바른 길로 이끌게 됩니다. 그렇지 않은 지도자들은 말만 번지르르하게 하지 실제로 백성들의 형편이 얼마나 어려운지 이해를 못 하기 때문에 도움이 되지 않습니다.

> 16절 "왕은 어리고 대신들은 아침에 연락[개역개정:잔치]하는 이 나라여 화가 있도다"

왕이 어리다는 것은 나이를 말하는 것이 아니라 경험도 없고 지도력도 없어 전혀 왕 구실을 하지 못하는 사람을 말합니다. 결국 이 사람은 무능한 지도자인 것입니다. 무능한 지도자를 가진 신하들은 대단히 어렵습니다. 왜냐하면 지혜로운 지도자는 모든 것을 꿰뚫어보기 때문에 한마디만 해도 모든 것을 다 알아차리게 됩니다. 그러나 무능한 지도자는 신하들이 일일이 설명을 하고 설득을 시켜도 잘 알아듣지 못하고 결정을 내리지 못합니다. 그런데 더 문제가 되는 것은 왕이 무능할수록 간사하거나 비위를 잘 맞추어주는 사람을 절대적으로 의지하려고 한다는 것입니다. 그래서 이런 무능한 지도자 밑에는 충신은 없어지고 간신들이 모이게 됩니다.

그래서 대신들은 아침부터 술을 마시고 잔치를 합니다. 그것은 대신들이 왕을 우습게 알아 일을 하지 않으려는 것을 의미합니다. 이 사람들은 자기 자리만 지키면 된다고 생각하기 때문에 할 수 있는 대로 먹고 놀려고 합니다.

우리 속담에 "사공이 많으면 배가 산 위로 올라간다"는 말이 있습니다. 이것은 지도력이 없는 상태에서 아무 결정권이 없는 사람들이 떠들어봐야 일이 안 된다는 뜻입니다. 가장 중요한 것은 책임을 지는 사람이 결정을 하고 그것을 실천에 옮겨야 일이 되는 것입니다. 지도자가 모든 것을 다 알 필요는 없습니다. 그러나 중요한 흐름은 반드시 파악하고 있어야 합니다. 지도자는 모든 사람들의 개성을 다 죽일 필요는 없지만 단체의 분위기를 깨뜨릴 정도의 사람이 있으면 실력으로 굴복시킬 수 있어야 합니다. 그렇지 않으면 그 한 사람 때문에 모든 일이 엉망이 되어버리기 때문입니다.

나라가 망하려면 무능한 사람이 왕이 되어서 그 밑에 있는 신하나 심지어는 내시들이 나라를 다 말아먹습니다. 왕은 항상 백성들의 입장에서 생각할 수 있어야 합니다. 그리고 대신들은 왕을 보필해서 백성들을 행복하게 해줄 수 있는 부지런한 사람이어야 합니다.

그렇게 하려면 왕이 될 자나 대신이 될 자들이 훈련을 통과해야 합니다. 그것은 바로 하나님의 고난의 학교입니다. 우리는 철저한 고독과 자기 부인의 훈련으로 사람을 무서워하지 않는 훈련을 받아야 합니다. 그런 훈련을 받고 준비가 된 지도자는 다른 사람들이 아무리 위협하고 공갈을 쳐도 두려워하지 않습니다. 왜냐하면 하나님께서 자기를 세우셨다는 것을 알기 때문입니다. 그리고 아무리 어려움이 와도 정신을 잃지 않습니다. 이런 경험을 많이 해보았기 때문입니다. 그리고 이런 지도자는 철저하게 자신의 야망을 위하여 통치하지 않고 백성들을 사랑하는 마음으로 통치합니다. 그러면 저절로 온 나라의 마음이 하나가 되고 심지어는 적들도 그 지도자의 실력을 인정하게 됩니다. 지도자는 온유해야 하지만 절대로 약하면 안 됩니다. 지도자는 겸손해야 하지만 사람에게 휘둘려서는 안 됩니다. 그리고 사람들이 아무리 똑똑하고 유능해도 두려워해서는 안 됩니다. 하나님의 지도자들은 상황이 좋지 않다고 해서 약한 모습을 보이거나 변명을 해서는 안 됩니다.

17절 "왕은 귀족의 아들이요 대신들은 취하려 함이 아니라 기력을 보하려고 마땅한 때에 먹는 이 나라여 복이 있도다"

왕이 귀족의 아들이라는 말은 충분한 훈련과 연단을 받은 사람을 말합니다. 옛날에는 귀족의 아들이 노예의 아들들보다 훨씬 훈련이 엄격했습니다. 지도자는 나라에서 철저하게 훈련을 받았고 대신들은 포도주를 마시더라도 취하려고 마시는 것이 아니라 기력을 보하려고 먹었습니다. 즉 나라의 관리들은 일반 국민들보다 더 자기 자신을 절제하고 깨끗한 생활을 할 수 있어야 합니다. 왜냐하면 권력이라고 하는 것은 한순간 사람을 타락시킬 뿐 아니라 한 번 타락하면 나라 전체를 썩게 만들기 때문입니다. 그래서 관리들은 철저한 사명감을 가진 자여야 하고 부지런해야 하며 일체 뇌물을 먹지 말아야 하고 술에 취해서 실수하지 않는 사람이어야 합니다.

18절 "게으른즉 석가래가 퇴락하고 손이 풀어진즉 집이 새느니라"

원래 옛날 집은 나무나 짚으로 지었기 때문에 계속 손을 보지 않으면 집이 금방 퇴락하게 되어 있습니다. 특히 집에서 서까래가 썩으면 집 자체가 무너질 수 있습니다. 집이나 단체는 반드시 수리가 필요하고 보완을 시켜야 합니다. 지도자는 자기가 맡은 일을 부지런히 살펴서 죄로 인하여 썩어 들어가는 곳이 없는지 파악해야 합니다. 그리고 그런 부분이 있으면 반드시 바로잡아야 합니다. 그렇지 않으면 집 전체가 부서지게 됩니다.

19절 "잔치는 희락을 위하여 베푸는 것이요 포도주는 생명을 기쁘게 하는 것이나 돈은 범사에 응용되느니라"

여기서 말하는 세 가지, 즉 잔치나 포도주나 돈은 다 좋은 것입니다. 그러나 이것들은 지나치게 되면 모두 다 해가 됩니다. 예를 들어 잔치를 매일 한다면 결국 재산은 바닥나게 될 것입니다. 또 포도주가 좋지만 많이 마시면 늘 취하게 될 것입니다. 돈은 필요하지만 너무 많이 가지려고 하면 결국 욕심의 노예가 될 것입니다. 사실 잔치를 너무 자주하면 정상적인 생활을 할 수가 없습니다. 왜냐하면 모든 것이 시시하게 보이기 때문입니다.

잔치를 이기고 포도주를 이기고 돈을 이기려면 결국 인생의 바른 목표가 있어야 합니다. 바른 목표가 없는 사람은 절대로 돈이나 포도주의 유혹을 이겨내기가 어렵습니다. 교회의 지도자는 교인들에게 바른 인생의 목표를 제시해주어야 합니다. 만약 그들의 목표가 돈을 많이 버는 것이라면 돈을 잃게 되었을 때 소망이 없을 것입니다. 남들처럼 행복하게 되는 것이 목적이라면 결혼이 늦어지거나 병이 들면 절망하게 될 것입니다. 그러나 우리는 하나님을 알아가는 것이 목적이고 천국의 소망이 있기 때문에 세상적인 가치관으로 스스로를 비참하게 생각할 필요가 없습니다.

> 20절 "심중에라도 왕을 저주하지 말며 침방에서라도 부자를 저주하지 말라 공중의 새가 그 소리를 전하고 날짐승이 그 일을 전파할 것임이니라"

우리 속담에도 이와 비슷한 말이 있습니다. 즉 "낮의 말을 새가 듣고 밤의 말은 쥐가 듣는다"는 것입니다. 사람들은 다른 사람은 모를 줄 알지만 생각하지도 못한 계기로 비밀이 샐 때가 있습니다. 그래서 할 수 있는 한 왕을 비난하거나 높은 지위에 있는 사람들을 헐뜯는 일은 하지 않는 것이 좋습니다. 왜냐하면 그런 말이 높은 자리에 있는 사람의 귀에 들어가게 되면 절대로 좋을 리가 없기 때문입니다.

그러나 우매자는 정당한 권위를 비난하고 훼방합니다. 본인은 왕이 모를 것이라고 생각합니다. 그러나 세상에는 비밀이 없기 때문에 다른 사람들 모르게 한 말이나 행동이라도 결국은 알려지게 되는 것입니다. 그래서 이렇게 미련한 사람은 자기가 한 말 때문에 왕의 미움을 받고 실력 있는 사람들의 도움을 받지 못하게 됩니다.

그리스도인들은 위의 권세를 잘 인정해야 합니다. 더욱이 우리는 현실을 현실로 인정해야 합니다. 왜냐하면 우리가 현실을 인정할 때 하나님이 우리를 통하여 역사하시기 때문입니다.

믿음이 있는 사람은 '오늘은 눈물로 씨를 뿌리지만 반드시 미래에 기쁨으로 단을 거둔다는 것'을 압니다. 특히 하나님의 백성들은 모두 심은 대로 거두게 되어 있습니다. 성도들 중에서 열심히 기도하고 말씀으로 성장한 사람이 비참하게 사는 것을 한 사람도 본 적이 없습니다. 그 대신에 성도들이 돈을 더 좋아하고 세상을 사랑하면 결국 비참하게 됩니다.

더욱 중요한 것은 지도자 자신이 엎드려 기도하는 사람이어야 합니다. 그것보다 더 중요한 것이 없습니다. 아무리 많은 사람들을 만나러 다닌다 하더라도 하나님께서 한 번 축복하시는 것이 훨씬 더 중요합니다.

결국 사회가 발전하려면 성경적인 지도자들이 교회에서 많이 배출되어야 하는 것입니다. 교회에서 시시한 인물들을 자꾸 만들어내면 세상도 망하고 교회도 욕을 얻어먹습니다. 우리는 철저하게 하나님을 두려워하는 교인들을 만들어야 하고 자기가 맡은 일은 말없이 해내는 사람들을 만들어내어야 합니다. 그런데 놀라운 것은 교회가 은혜로우면 교인들이 자기가 맡은 일을 백 배는 잘하게 된다는 것입니다. 그리고 하나님께서 세상까지 축복해주셔서 많은 일들이 순조롭게 이루어지게 되며 모든 것이 잘 되게 됩니다. 우리가 하나님의 말씀을 붙들고 나가면 시험 없이 지속적인 축복이 임하게 됩니다.

19 · 실패하지 않는 인생

|전 11:1-10|

축구 경기를 하는 감독이나 선수의 입장에서 경기를 처음부터 공격적으로 하느냐 수비적으로 하느냐 하는 것은 참으로 결정하기 어려운 문제입니다. 왜냐하면 어떤 때에는 공격이 최상의 수비라는 말대로 공격하다 보면 찬스가 생기기도 하지만 공격에만 치중하면 수비에 허점이 생겨 패하고, 또 어떤 때는 수비에만 치중하다가 제대로 경기다운 경기도 펼치지 못한 채 졸렬한 경기를 하다가 마치게 되기 때문입니다. 이것은 우리 인생을 살아가는 데도 마찬가지입니다. 우리는 세상을 살아가는 데 초반부터 온 힘을 다해서 노력해 좋은 학교를 나오고 좋은 성적을 거두어서 두각을 나타내는 것이 성공하는 비결인지, 아니면 초반에는 평범하게 지내면서 내실을 다진 후에 기회가 찾아왔을 때 힘을 집중시켜 능력을 나타내는 것이 성공하는 비결인지 알 수가 없습니다. 특히 이런 것은 우리 힘으로 할 수 있는 성질의 것도 아닙니다. 그러나 모든 사람의 인생이 한결같이 성공적이고 아름다운 것은 아니

라는 것을 알 필요가 있습니다. 어떤 사람은 초반에는 대단히 성공적인 삶을 살다가 후반에 실패하는 사람이 있는가 하면, 어떤 사람은 초반에는 평범하게 살다가 어느 순간부터 성공적인 삶을 사는 사람들도 있습니다.

우리는 모두 단 하나밖에 없는 소중한 인생을 살아가고 있습니다. 어느 누구도 단 하나밖에 없는 인생이 실패한 인생이 되는 것을 원치 않습니다. 그러나 우리 주위에는 실패한 인생으로 사는 사람들이 많이 있습니다. 거리의 노숙자들이나 걸인들, 혹은 교도소에 갇혀 있는 죄수들은 일단 실패한 인생으로 살아가고 있다고 보아야 할 것입니다.

성경 말씀을 보면 왜 어떤 사람들의 인생이 실패할 수밖에 없는지 그 이유를 말씀하고 있습니다. 즉 인생을 사는 데 실패한 사람들은 모두 좁은 범위 안에서는 유능했지만 더 넓은 세계를 보는 데 실패한 사람들입니다. 예를 들어 어떤 신하가 있는데 그가 아무리 유능하고 지식이 뛰어나다 하더라도 왕의 심중을 읽을 수 없고 자기 소리만 자꾸 낸다면 왕의 눈 밖에 나 그 자리에서 쫓겨나고 말 것입니다. 만약 어떤 신하가 왕의 의도를 정확하게 읽고 의도에 맞게 행동할 수 있으면 그는 성공할 것입니다. 그러나 신하가 왕의 의도만 잘 안다고 하면 아첨꾼이 되고 말 것입니다. 신하가 미래를 볼 수 있는 눈을 가지고 있어야 왕은 이 신하를 기꺼이 자신의 선생으로 삼을 것입니다.

우리가 성공적인 인생을 사는 것도 하나님의 의도를 바로 아는 것과 깊은 관계가 있습니다. 우리가 아무리 이 세상에서 날고 기는 재주가 있다고 하더라도 매사에 하나님의 뜻을 거스르면서 산다면 결코 성공적인 삶을 살 수 없습니다. 그래서 우리가 이 세상에서 후회함이 없는 멋진 삶을 살려고 하면 하나님의 의도를 정확하게 알아야 하고 특히 미래의 하나님의 뜻에 내 자신을 맞추어나가야 합니다.

많은 사람들이 미래의 불행에 대비해서 보험을 들어놓습니다. 자동차 사고에 대비해서 자동차 보험을 드는 것은 의무가 되었습니다. 마찬가지로 우리는 어려운 일을 당했을 때 하나님께서 나를 도우시도록 미리 예방 조치를 해놓아야 합니다. 그것은 우리가 현재 모든 것을 내 욕심대로 살지 않는 것입니다. 우리는 어떤 어려운 일을 당했을 때 하나님께서 어떤 사람의 기도는 잘 들어주시는데 어떤 사람의 기도는 잘 들어주시지 않는 것을 보게 됩니다. 하나님께서 도와주시는 사람은 하나님께서 그를 도우실 수밖에 없도록 그렇게 살아온 것입니다. 그러니까 하나님께서는 그런 사람을 어려움 가운데서 도와주시고 또 놀라운 능력으로 위기에서 건져주시는 것입니다.

1. 세상의 주인

파티나 어느 집에 초청되어 식사를 하거나 교제를 하게 되었을 때 좋은 시간을 보내려면 그 집이 어떤 집이며 내가 만나는 사람이 어떤 사람인지 알아야 합니다. 예를 들어 파티를 하는데 모두 정장을 입었는데 자기만 청바지나 반바지를 입었다면 너무 쑥스러워서 다른 사람들과 대화를 나누는 것조차 불편할 것입니다.

> 3절 "구름에 비가 가득하면 땅에 쏟아지며 나무가 남으로나 북으로나 쓰러지면 그 쓰러진 곳에 그냥 있으리라"

우리는 이 세상에서 두 가지 현상을 보게 됩니다. 하늘은 아무도 손대지 않았는데 구름에 수증기가 가득하면 저절로 비가 되어 땅으로 쏟아집니다. 즉 하늘은 사람의 손이 닿지도 않고 무슨 장치도 없는데 알아서 비가 쏟아집니다. 그에 비해 땅에 쓰러진 나무는 누가 손대지 않는 이상 쓰러진 그대로 몇 달 몇 년을 있으면서 썩어가는 것입니다. 즉 땅에 있는 것은 사람의 손이 닿아야 움직이는데 하늘에 있는 것은 사람의 의사와 상관없이 이루어집니다.

즉 우리가 이 넓은 세상을 보면 모든 것이 정지해 있는 것 같고 주인도 없는 것 같습니다. 하늘은 텅텅 비어 있고 나무는 쓰러진 채로 그대로 있으니까 내 마음대로 나무를 잘라서 얼마든지 땔감으로 쓸 수도 있을 것입니다. 이것이 바로 하나님을 믿지 않는 사람들의 인생관입니다. 하나님을 믿지 않는 사람들은 자기 머리와 능력만 믿고 이 세상에서 자기가 하고 싶은 대로 모든 것을 다 할 수 있다고 생각합니다. 그러나 이 세상에는 주인이 있습니다. 그 증거가 사람의 손이 닿지 않는 곳에서 구름이 일어나고 비가 내리는 것입니다. 다른 사람의 집에 가서 주인이 없다고 해서 냉장고 안에 있는 음식을 다 꺼내 먹어버린다면 주인이 나중에 왔을 때 화가 나서 그 사람을 쫓아버릴 것입니다. 우리는 다른 사람의 집에 들어와 있는 손님인 셈입니다. 이때 우리는 어떻게 행동해야 할까요? 너무 자기 멋대로 설치면 안 되고 또 주인의 허락 없이 이것저것을 만져도 안 되며 주인이 주는 것만 가지고 주인이 먹으라고 하는 것만 먹어야 그 집에서 주인의 사랑을 받게 될 것입니다.

그래서 하나님을 아는 사람과 모르는 사람은 이 세상을 대하는 태도에 근본적인 차이가 있습니다. 하나님을 모르는 사람은 욕심이 끝이 없습니다. 자기가 가지고 싶은 것은 다 가져보아야 하고, 하고 싶은 것은 다 해보아야 합니다. 그런데 하나님께서는 그렇게 하는 것에 대하여 대단히 불쾌하게 생각하십니다.

예를 들어 집에 두세 살 된 남자아이가 놀러오면 어떻게 될까요? 아마 그 아이는 집을 완전히 폐허로 만들어놓을 것입니다. 그 아이는 전화기나 화장대나 화분이나 책 같은 것들을 모두 다 꺼내서 만지고 엉망으로 흩어놓을 것입니다. 이런 일을 당하고 나면 그 아이가 다시 놀러온다는 말을 들어도 주인은 고개를 절레절레 흔들면서 오지 말라고 할 것입니다. 그런데 잘 교육받은 아이는 절대로 남의 물건에 손도 대지 않고 부모님의 말씀을 잘 듣습니다. 이런 아이들은 주인이 전혀 부담을 느끼지 않고 얼마든지 또 놀러오라고 할 것입니다.

하나님을 믿는 사람들은 하나님이 이 모든 것의 주인인 것을 알기 때문에 모든 것을 자기 멋대로 하지 않습니다. 예를 들어 나무가 쓰러져 있어도 내 것이 아니면 마음대로 잘라서 처분하지 않습니다. 그것은 나의 것이 아니고 하나님의 것이기 때문입니다. 하나님을 믿는 사람들은 하나님께서 나에게 주신 것만 가집니다. 하나님이 주시지 않은 것은 다른 사람이 아무리 가지라고 해도 절대로 가지지 않습니다. 왜냐하면 그것은 나의 것이 아니기 때문입니다. 결국 풍성한 삶을 살려면 하나님의 말씀 교육을 제대로 받아야 합니다. 부모님들도 아이들에게 절대로 죄짓지 말도록 가르쳐야 합니다. 여기서 죄라고 하는 것은 하나님께서 허락하시지 않은 것은 가지려고 하는 것을 말합니다.

우리가 생각하기에 이렇게 욕심도 없고 의욕도 없는 사람이 이 세상에서 살 수 있을까 하는 생각이 들 것입니다. 그러나 하나님은 이런 사람들을 너무나 좋아하셔서 자꾸 무엇인가를 주십니다. 그리고 나중에는 최고로 좋은 것을 주셔서 이들의 인생을 아름답게 하십니다.

세상에서 성공한 사람이 사실 하나님 앞에서는 성공한 사람이 아닐 수 있습니다. 하나님의 사랑을 받는 가장 좋은 방법이 자기 욕심대로 살지 않는 것입니다. 자기 욕심을 죽이면 세상은 바보처럼 생각할지 모르지만 하나님은 그 사람을 사랑하십니다. 그래서 하나님은 그 사람을 자꾸 축복의 길로 인도하십니다.

모든 중요한 결정은 하나님 앞에서 결정됩니다. 이 세상의 돌아가는 정치나 경제나 모든 것이 하나님 앞에서 결정됩니다. 그래서 하나님께서 한 번 "이렇게 해!"라고 하시면 그대로 되는 것입니다.

성도들 중에서 하나님의 말씀으로 양육된 사람들은 절대로 모든 것을 자기 마음대로 하지 않습니다. 이 사람들은 언제나 하나님의 뜻을 살피고 항상 조심하는 자세로 모든 것을 해나갑니다. 이런 사람들은 하나님 앞에서 너무나도 귀한 사람들이고 복 받은 사람들인 것입니다. 사람이 자기 욕심대로 행하면 하나님으로부터 두들겨 맞고 돌아오게 됩니다. 그러니까 누구든지 미리 하나님의 말씀으로 자신을 지키는 사람은 이런 불필요한 시간과 비용을 절약할 수 있는 것입니다.

우리가 알아야 할 것은 하나님의 백성들이 사는 인생은 하나님을 모르는 사람들과 길이 완전히 다르다는 것입니다. 하나님은 하나님을 모르는 사람들에게 이 세상에 있는 것들을 자기 욕심대로 실컷 가지게 하십니다. 물론 사람들 중에는 가지는 사람도 있고 가지지 못하는 사람들도 있지만 이 세상에서 실컷 욕심을 부리다가 죽는다는 것은 동일합니다. 그러나 하나님의 백성들에게는 절대로 이 세상에 있는 것을 다 주시지 않고 오히려 가지고 있는 것을 빼앗아서 하나님을 붙들게 하십니다. 물론 이 사람들은 자기 인생길을 찾는 데도 시간이 오래 걸립니다. 그러나 하나님은 이 사람들을 축복하셔서 영원히 후회하지 않는 인생을 살게 하십니다.

2. 세상의 상태

더 중요한 것은 이 세상이 어떤 상태에 있는가 하는 것입니다. 만약 어떤 환자가 진찰을 받았는데 의사가 "좋지 않은 상태입니다"라고 말했다면 환자는 무슨 결단을 해야 할 것입니다.

9절 후반부에 보면 "그러나 하나님이 이 모든 일로 인하여 너를 심판하실 줄 알라"고 했습니다. 이 세상은 하나님의 진노의 심판 아래 있습니다. 세상은 언젠가는 하나님의 진노의 심판으로 망하게 되어 있습니다.

세상은 서서히 침몰해가는 배와 같습니다. 마치 타이타닉 호와 같이 사람들은 배가 침몰할 줄 모르고 춤을 추고 즐거워하지만 결국 이 세상은 언젠가는 멸망하고 말 것입니다. 그런데 하나님께서는 이 세상이 망해가는 과정을 통하여 두 가지 일을 하십니다. 하나는 우리 성도들의 믿음을 훈련하십니다. 그래서 세상은 성도들이 온전히 훈련될 때까지는 세상이 존속하게 됩니다. 우리가 이 세상에서 가지고 갈 수 있는 것은 학벌이나 돈이 아닙니다. 오직 우리가 가지고 갈 수 있는 것은 금 같은 믿음밖에 없습니다. 세상에서 믿음으로 산 것만 상급으로 돌려받게 됩니다. 그래서 배에서 일등칸을 차지하고 가장 전망이 좋은 방을 차지한 사람들은 실컷 헛고생한 것과 같습니다.

하나님 앞에서 가장 중요한 사람은 말씀으로 변화되고 있는 사람입니다. 가장 많이 변한 사람이 하나님을 가장 기쁘시게 하는 것입니다. 또 우리가 이 세상에서 다른 사람들을 많이 사랑한 것은 상급으로 남게 됩니다.

불타는 빌딩에서 살 수 있는 유일한 길은 식당이나 욕실이나 창고나 다른 방으로 피하는 것이 아니고 다리가 부러지는 한이 있어도 창문으로 뛰어내리는 것입니다. 결국 창문 밖으로 뛰어내리는 것이 예수를 믿고 믿음으로 사는 것입니다. 예수를 믿으면 미래를 도저히 예측할 수가 없습니다. 왜냐하면 우리의 다리가 부러지기도 하고 팔이 부러지기도 하기 때문입니다. 그러나 결국 이렇게 해야지만 살 수 있습니다. 다른 방으로 도망치는 것은 불행을 약간 지연시켜줄 수 있을지 몰라도 근본적인 해결이 되지는 않습니다.

이 세상에서 실패하지 않으려면 자연환경을 잘 이용할 수 있어야 합니다. 만약 사람들이 자연환경을 무시하고 농사를 짓거나 장사를 한다면 절대로 성공할 수 없을 것입니다. 예를 들어 어느 농부가 겨울에 씨를 뿌리거나 여름에 추수를 한다면 절대로 성공할 수 없습니다. 그런데 자연환경을 잘 이용하는 것보다 더 중요한 것은 우리 인생을 향한 하나님의 뜻을 살피는 것입니다.

4~5절 "풍세를 살펴보는 자는 파종하지 아니할 것이요 구름을 바라보는 자는 거

두지 아니하리라 바람의 길이 어떠함과 아이 밴 자의 태에서 뼈가 어떻게 자라는 것을 네가 알지 못함같이 만사를 성취하시는 하나님의 일을 네가 알지 못하느니라"

우리가 이 세상을 살아가는 데 있어 확실한 것은 없습니다. 즉 우리가 아무리 자기 미래에 대하여 낙관적으로 생각한다고 하여도 그대로 된다는 보장이 없는 것입니다. 사업이 잘 될 것이라고 생각해서 가게를 빌리고 수억 원의 돈을 들여서 인테리어를 했지만 결국 손님이 오지 않아서 사업에 실패하는 경우도 많이 있습니다. 요즘 백화점을 보면서 놀라게 되는 것이 장사가 좀 안 되는 브랜드가 있으면 사정없이 빼버리고 다른 가게를 들여놓는 것입니다. 사람들은 미래의 불행에 대비하여 보험을 들기는 하지만 그것이 모든 것을 책임지지 못합니다. 우리가 아름다운 삶을 살려고 하면 하나님께서 미래를 책임지시게 해야 합니다.

본문 4절을 보면 바람을 보는 사람은 바람이 불 때 밭에 씨를 뿌리지 않습니다. 씨를 뿌려도 바람이 불고 비가 많이 오면 다 씻겨서 내려가버리기 때문입니다. 또 구름을 보는 자는 비가 내릴 때 추수하지 않습니다. 왜냐하면 추수해서 베어놓은 곡식에 비가 내리면 추수한 것이 썩어버리기 때문입니다. 그래서 지혜로운 사람은 자기가 하고 싶다고 모든 것을 하는 것이 아니라 자연환경에 맞추어서 행동을 합니다. 우리에게 중요한 것은 하나님의 말씀에 맞추어서 사는 것입니다.

본문 말씀을 보면 우리는 모르는 것이 너무 많다고 말씀하고 있습니다. 그 중에 우리는 바람의 길을 모릅니다. 즉 인간은 바람이 가는 방향을 모른다는 뜻입니다. 왜냐하면 바람의 방향은 수시로 바뀌기 때문입니다.

과학의 발달로 인간들은 많은 비밀을 알게 되었습니다. 그래서 기상청에서는 태풍의 진로를 예측해서 발표하는데 거의 맞을 때가 많습니다. 또한 병원에 가면 초음파로 엄마 배 속에서 아기들의 기관이 만들어지는 것을 알 수가 있습니다. 더욱이 요즘 인간의 게놈 지도가 완성이 되어서 몇 번 유전자에 이상이 생기면 어떤 병이 생기게 되는지도 거의 다 알게 되었습니다. 그럼에도 불구하고 우리 인간의 과학이나 의학이 인간의 불행을 다 막을 수는 없습니다.

그러나 우리가 미래의 모든 불확실성을 이기는 방법이 있습니다. 그것은 하나님의 말씀을 붙들고 살아가는 것입니다. 그러면 하나님께서 모든 것을 책임져주시겠다고 약속하셨습니다. 하나님의 말씀만 붙들고 살면 영웅적인 삶을 살 수 없고 내 욕심대로 할 수 있는 것이 아무것도 없습니다. 그러나 하나님께서는 모든 불확실한 것을 책임져주시겠다고 약속하셨습니다.

3. 후회 없는 인생

인생을 살면서 누구나 참으로 알차고 가치 있는 삶을 살기를 원합니다. 그러나 실제로 많은 사람들은 늙어서 자기 인생을 후회합니다. 후회 없는 인생을 살려고 하면 절대로 이기적으로 살아서는 안 됩니다. 다른 사람에게 베푸는 삶을 살아야 합니다.

> 1~2절 "너는 네 식물[개역개정:떡]을 물 위에 던지라 여러 날 후에 도로 찾으리라 일곱에게나 여덟에게 나눠줄지어다 무슨 재앙이 땅에 임할는지 네가 알지 못함이니라"

여기서 식물을 물위에 던진다는 것은 물에 음식을 버리라는 뜻이 아닙니다. 이것은 아마도 흐르는 물에 먹을 것을 떠내려보내라는 뜻인 것 같습니다. 즉 무엇인가를 줄 때 다른 사람으로부터 돌려받을 생각을 하지 말고 모르는 사람들을 위하여 가진 것을 나누어주라는 뜻으로 생각됩니다.

우리 문화에는 시냇물에 무엇인가를 떠내려보내는 풍습이 없습니다. 우리나라 사람들은 옛날에 시냇물에서 아낙네들이 빨래를 하면서 떠들었고 시냇물 가에서 양반들이 술상을 차려놓고 풍류를 읊었을지 몰라도 음식을 내려보내는 것은 생소합니다. 그러나 이스라엘 사회에서는 상류에서 과일 같은 것을 흘려보내면 하류에 사는 어려운 사람들이 그것을 주워서 요기를 했던 것 같습니다. 세상에 살면서 참으로 아름다운 것은 다른 사람을 위해서 무엇인가 봉사를 하는 것이고 사랑을 나누어주는 것입니다. 우리는 고급 레스토랑에서 맛있는 식사를 하면 기분이 좋습니다. 그러나 그 돈으로 다른 사람을 도와주어서 행복하게 하면 그 기쁨이 몇 배나 커집니다. 이것을 한 번 맛본 사람들은 그 후부터는 다른 사람의 행복을 위해서 봉사하는 삶을 살게 됩니다.

우리가 다른 사람에게 줄 수 있는 것은 참으로 많습니다. 예를 들어 의사의 경우에는 가난한 사람들을 치료해주면 보람을 느낄 것입니다. 장기려 박사는 가난한 사람들을 많이 치료해주고 병원에서 몰래 내보낸 것으로 유명했습니다. 또 돈으로 도와줄 수도 있고 몸으로 도와줄 수도 있을 것입니다. 그러나 가장 중요한 것은 다른 사람들로 하여금 자신의 가치를 되찾게 해주는 일일 것입니다. 그래서 우리가 다른 사람에게 하나님의 말씀을 주는 것이 그들을 가장 사랑하는 것입니다. 다른 사람을 사랑해줄 때 우리는 아무것도 두렵지 않습니다. 왜냐하면 사랑이 우리를 담대하게 하기 때문입니다. 그리고 우리가 다른 사람으로 하여금 자신의 가치를 찾게 해주면 하나님은 그 사람의 몫까지 우리에게 모두 상급으로 주십니다.

하나님의 백성들이 위기에 하나님의 응답을 받는 비결은 평소에 많은 사람들에게 사랑을 베푸는 것입니다. 그러면 내가 어려울 때 그 사람들은 잊어버릴지 몰라도 하나님께서 기억하시고 갚아주십니다. 특히 하나님의 백성들이 이 세상에 사는 목적이 바로 사랑을 베풀기 위해서입니다. 우리는 심판이나 정죄를 위해서 보냄을 받은 자들이 아닙니다. 할 수 있는 대로 사랑을 많이 하는 것이 우리의 임무입니다. 우리는 무엇으로 다른 사람을 사랑할 수 있을까요? 일단 우리가 가진 작은 것을 나누는 일부터 시작을 해야 합니다.

예수님은 한 소년의 보리떡 다섯 개와 물고기 두 마리를 축복하셔서 오천 명을 먹이셨습니다. 하나님은 우리의 작은 것을 축복하셔서 큰 것이 되게 하십니다. 그런데 만일 우리가 너무 크게 남을 도우려고 하면 부담이 되어서 돕지 못할 것입니다.

또한 욕심에 치우치거나 혹은 자기 생각만 너무 믿어서는 안 됩니다. 왜냐하면 우리는 모르는 것이 너무 많기 때문입니다.

> 6절 "너는 아침에 씨를 뿌리고 저녁에도 손을 거두지 말라 이것이 잘 될는지, 저것이 잘 될는지, 혹 둘이 다 잘 될는지 알지 못함이니라"

우리가 밭에서 씨를 뿌려서 농사를 지을 때 어느 밭이 잘 될지 알지 못합니다. 그래서 우리는 할 수 있는 한 내가 할 수 있는 모든 밭을 다 부지런히 갈아서 씨를 뿌려야 합니다. 그런데 어떤 농부가 자기 생각에 이쪽이 잘 되겠다고 생각해서 한쪽 밭만 돌보아주었는데 그곳에 싹이 나지 않으면 큰 손실을 보게 되는 것입니다. 자기 생각만 믿고 한쪽으로 치우쳐서 투자를 하게 되면 그것이 망했을 때 전부 다 날리게 되는 것입니다. 미련한 사람은 불확실한 것에 자기가 가진 모든 것을 다 걸었다가 뜻대로 안 되면 망해버립니다. 그렇게 극단적인 방법을 택하는 이유는 작은 것에 만족하지 못하고 큰돈을 한꺼번에 벌려고 욕심을 부려서 그런 것입니다.

축복은 열심히 노력하는 자에게 찾아오지 욕심을 부리는 자에게는 찾아오지 않는 법입니다. 그래서 우리는 남이 하는 말에 현혹되지 말고 자기 길을 찾아서 꾸준히 가야 합니다. 남들이 하는 방법을 흉내 내면 성공하기 어렵습니다.

다윗은 골리앗과 싸울 때 사울의 방식으로 싸우지 않았습니다. 사울의 칼과 갑옷을 입고 나갔더라면 다윗은 죽었을 것입니다. 다윗은 자기가 잘할 수 있는 물맷돌로 싸웠기 때문에 골리앗을 이길 수 있었습니다.

인간에게 주어진 것은 모두 다 한계가 있습니다. 우리는 결코 모든 것을 다 잘할 수는 없습니다. 우리는 하나님이 인도해주시는 것을 따라서 최선을 다해야 성공할 수 있습니다.

> 7~8절 "빛은 실로 아름다운 것이라 눈으로 해를 보는 것이 즐거운 일이로다 사람이 여러 해를 살면 항상 즐거워할지로다 그러나 캄캄한 날이 많으리니 그날을 생각할지로다 장래 일은 다 헛되도다"

사람에게 가장 소중한 것은 지금 내가 살아 있다는 것입니다. 우리는 지금 살아 있기 때문에 태양을 볼 수 있고 사랑하는 친구들을 만날 수 있습니다. 빛은 참으로 아름답다고 했습니다. 즉 색깔이라고 하는 것은 결국 빛이 부리는 마술인 것입니다. 이것은 지금 내가 살아 있기 때문에 누릴 수 있는 축복입니다. 그래서 우리는 지금 살아 있다는 것이 얼마나 큰 축복인지를 기억하고 사소한 복수심이라든지 욕심 같은 것이 내 마음을 어둡게 하지 못하게 해야 합니다. 우리는 지금 살아 있는 동안 모든 것을 아름답게 누릴 수 있어야 합니다.

이 세상에서 가장 귀한 것은 하나님을 믿는 사람으로 살아 있는 것입니다. 왜냐하면 우리는 얼마든지 열매를 맺으면서 살 수 있기 때문입니다. 사도 바울은 "육신으로 사는 이것이 내 일의 열매일진대"(빌 1:22)라고 했습니다. 사도 바울은 하루하루 사는 것 자체가 열매 맺는 것이라고 말했습니다. 우리는 살아 있는 것 자체가 기적입니다. 왜냐하면 하나님의 무한한 능력을 공급받아서 남들이 할 수 없는 일을 할 수 있기 때문입니다.

사도 바울은 인생을 농사짓는 것으로 비유했습니다. 즉 육체를 위하여 심는 자는 육체로부터 썩어질 것을 거두고 성령을 위해서 심는 자는 영생을 거둔다라고 말하였습니다(갈 6:8). 우리가 세상적인 것을 위해서 시간을 보내고 노력을 하면 세상적인 열매를 거두게 되어 있습니다. 그러나 세상의 열매는 아무리 맛있어 보이고 탐스러워 보여도 오래가지 않고 썩어버립니다. 중요한 것은 얼마나 하나님의 축복을 끌고 와서 사람들에게 나누어주느냐 하는 것입니다. 그러면 자꾸자꾸 열매가 맺히게 됩니다.

> 9~10절 "청년이여 네 어린 때를 즐거워하며 네 청년의 날을 마음에 기뻐하여 마음에 원하는 길과 네 눈이 보는 대로 좇아 행하라 그러나 하나님이 이 모든 일로 인하여 너를 심판하실 줄 알라 그런즉 근심으로 네 마음에서 떠나게 하며 악으로 네 몸에서 물러가게 하라 어릴 때와 청년의 때가 다 헛되니라"

청년의 때는 너무나도 아름답습니다. 일단 청년은 신체적으로 가장 아름답고 힘이 있습니다. 청년의 때에는 아름다운 미래가 열려 있어서 자기가 원하는 것은 무엇이든지 할 수 있습니다. 청년들은 공부도 할 수 있고 여행도 할 수 있고 마음대로 방황할 수도 있습니다. 그리고 사람에 따라서는 이 청년 시기를 실컷 놀면서 보낼 수도 있을 것입니다. 대개 청년기는 조금씩 미치는 시기인 것 같고 사람들은 대개 그런 것을 이해하려고 합니다. 왜냐하면 워낙 청년기는 에너지가 넘쳐서 주체할 수가 없는 시기이기 때문입니다. 그러나 사람들이 알지 못하는 것은 언젠가는 청년기가 끝나게 되어 있고 그때는 살벌한 겨울이 기다리고 있다는 사실입니다. 사람들은 청년의 때에 아름다운 자기 자신을 찾아야 하며 하나님의 진액을 받아서 열매 맺는 나무가 되어 있어야 합니다. 그러면서도 이 세상에 적응해서 살 수 있는 실력과 힘을 갖추어야 합니다. 그것이 되지 않고 청년기를 방황하면서 지낸 사람은 그 후에 살벌한 세상에서 아무것도 준비되어 있지 않은 자신을 발견하게 될 것이며 결국 하나님의 심판대 앞에서 실패한 인생으로 심판받게 될 것입니다.

우리는 하나님이 주신 기회로 우리 자신을 열매 맺는 나무로 만들어놓아야 합니다. 우리는 하나님이 주신 시간에 하나님의 축복을 가져올 수 있는 믿음을 준비해놓아야 합니다.

결국 이 세상에서 가장 아름다운 삶을 살아가는 사람은 하나님을 바로 알고 의지해서 하나님이 주시는 힘으로 살아가는 사람들입니다. 이런 사람들이 다른 사람의 눈에는 무능하고 소극적으로 보일지 몰라도 이 사람들만이 실패하지 않는 후회 없는 인생을 살게 될 것입니다.

20 · 창조주께 돌아오라

|전 12:1-14|

요즘은 자동차를 만들어서 무조건 팔기만 한다고 해서 끝나는 것이 아닙니다. 애프터서비스를 철저하게 해주는 것이 중요합니다. 소비자들은 자동차를 살 때 단순히 외모나 성능만 보고 사는 것이 아니라 중고값 시세라든지 무상 수리 기간 등 서비스와 관련해 여러 가지 것들을 다 따져본 후에 자동차를 삽니다.

한번은 제가 샀던 자동차에 결함이 있어서 정비공장에 가지고 갔는데 엔진에 결함이 있었던 것 같습니다. 그 회사는 제 자동차의 엔진을 무상으로 새 것으로 교체를 해주었습니다.

자신이 타던 자동차에 어떤 결함이 발견되었을 때 사람들은 여러 가지 반응을 보일 것입니다. 어떤 사람은 공장에 가서 수리하는 것이 귀찮기 때문에 그 결함을 무시하고 그냥 타고 다니는 사람들도 있을 것입니다. 그에 비해 어떤 사람은 자동차 안에 멋진 인형을 갖다 놓거나 혹은 시트커버 같은 것을 새롭게 깔아서 결함을 보완하려고 할 수도 있을 것입니다. 그러나 자동차에 결함이 생겼을 때 가장 좋은 방법은 역시 그 자동차를 만든 공장에 가서 문제가 있는 부품을 바꾸거나 수리해서 결함을 근본적으로 고치는 것입니다.

마찬가지로 우리 인간들은 태어나면서부터 어떤 결함을 가지고 태어나게 됩니다. 그것은 우리가 하나님을 알고 하나님의 능력을 공급받는 장치에 결함이 있는 것입니다. 그러나 대개 사람들은 이 결함을 무시하고 한평생 이 세상에 있는 것을 추구하면서 살아갑니다. 그러나 그것은 대단히 잘못된 방법입니다. 왜냐하면 인간이 가지고 있는 결함은 아주 중요한 결함이기 때문에 이것을 고치지 않고 살아간다고 하는 것은 인생 전체를 허비하는 것과 같기 때문입니다. 결국 복음이라고 하는 것은 우리 인간 전체를 리콜하고 있는 것입니다. 즉 하나님께서 우리 인간들의 고장 난 부분들을 무상으로 고쳐주시려고 하는 것입니다.

우리는 모두 하나밖에 없는 소중한 인생을 살아가고 있습니다. 우리가 이 하나밖에 없는 인생을 후회하지 않는 성공적인 인생으로 살려면 두 가지에서 성공을 해야 합니다. 그 하나가 하나님 앞에 섰을 때 우리 인생이 실패한 엉터리 인생이 아니라는 인정을 받을 수 있어야 합니다. 그리고 또 하나는 우리가 실제로 이 세상에 살면서 자신 스스로가 인생에 대하여 후회하지 않는 만족할 만한 삶을 살아야 하는 것입니다.

1. 하나님께 돌아오라

1절 "너는 청년의 때 곧 곤고한 날이 이르기 전, 나는 아무 낙이 없다고 할 해가 가깝기 전에 너의 창조자를 기억하라"

우리가 이 세상을 허무하게 살지 않으려면 가장 중요한 것이 너무 늦기 전에 하나님을 기억하고 하나님께 돌아가는 것입니다. 왜냐하면 우리 모든 인간들은 사실 하나님을 잃어버림으로 자기 자신을 상실한 채 살아가고 있기 때문입니다. 이 세상을 살아가면서 공부를 잘하는 것도 중요하고 좋은 배우자를 만나는 것도 중요하지만 가장 중요한 것은 자기 자신의 가치를 찾는 것입니다. 우리 인간들이 반드시 하나님을 만나야 하는 이유는 우리의 모든 설계도가 하나님께 있기 때문입니다. 우리는 하나님의 형상을 따라 만들어졌기 때문에 하나님께 가야 우리 자신의 설계도를 찾을 수 있고 고장 난 부분을 고칠 수 있는 것입니다.

옛날에는 벤츠 자동차가 고장이 나면 차를 싣고 독일에 있는 공장까지 가서 수리해야만 했습니다. 왜냐하면 벤츠의 모든 설계도면과 부속품은 벤츠 공장에만 있었기 때문입니다. 마찬가지로 우리 인간의 모든 설계도면은 하나님 앞에 있기 때문에 하나님을 만나야 나 자신을 찾을 수 있습니다.

그래서 우리 인생의 모든 답은 하나님께 있습니다. 하나님을 만나지 못한다면 우리는 이 세상에 살면서도 내가 누구인지 그리고 무엇 때문에 사는지 영원히 알 수가 없게 됩니다. 하나님을 만나지 못한 사람들의 인생은 그 자체가 '의문부호'로 가득 차 있을 것입니다. 즉 우리 인간들은 마치 어느 한 세상에 자기도 모르게 내동댕이쳐진 것과 같습니다. 우리는 왜 살아야 하며 나중에는 어떻게 되는지도 모르고 무조건 살아야 하는 처지와 같습니다. 바로 이것이 하나님께서 우리 인생들에게 던진 질문입니다. 하나님은 우리 인간들에게 스스로가 그 답을 찾아내라고 요구하십니다. 그러나 하나님을 만나지 못한 사람은 인생의 근본적인 문제는 풀지 못하고 내부 장식만 바꾸듯이 하루하루 육체적인 욕망을 채우면서 살아갑니다.

그러나 우리 인간들이 이 세상에서 욕망을 채우는 것은 마치 바람을 잡으려는 것과 같습니다. 인간의 욕망은 아무리 채워도 만족이 되지 않기 때문입니다.

한때 미국의 여성들은 성 해방을 부르짖었습니다. 그들은 결혼을 하지 않고 무분별한 성적 쾌락을 추구했고, 그 결과 죽고 싶을 정도의 허무함을 느끼게 되었다고 합니다. 사람은 욕망을 채우면 채울수록 마치 소금물을 마신 것처럼 마음이 허무해지기 때문입니다.

또 가난하게 살던 사람이 돈이 생기면 굉장한 만족감을 느끼게 됩니다. 그러나 돈이 아주 많아지게 되면 그때는 어떻게 해야 이 돈을 더 불릴 수 있을까 주야로 그 생각만 하게 됩니다. 이런 사람들은 돈을 버는 방법만 알지 쓰는 방법은 모르기 때문에 결국 돈을 가지고 사치를 하든지 하는 수밖에 없는 것입니다. 처음에는 돈으로 비싼 가방을 사고 차를 사고 옷을 사고 보석을 사는 것이 너무나도 행복한 것 같은데 자꾸 해보면 이것도 별것 아니고 시시해지게 됩니다. 그래서 결국 사람들이 권태를 이겨내고 재미있게 산다고 하는 것이 부정을 저지르거나 죄를 짓는 것밖에 없는 것입니다.

그러면 성경이 우리에게 제시하는 인생은 어떤 것입니까? 더 늦기 전에 우리 인생을 가장 잘 인도하실 수 있는 하나님께로 돌아오라는 것입니다.

결국 모든 인간들에게 주어진 일차적인 과제는 하나님을 찾는 것입니다. 인간은 마치 한평생 단 한 번 주어지는 영생의 기회를 위하여 사는 것과 같습니다. 우리 옆으로 영생에 이르는 열차가 달려갈 때에 모든 것을 포기하고서라도 영생에 이르는 열차로 올라타야 합니다. 그럴 용기가 없는 사람은 계속 넓은 길을 달리다가 나중에는 멸망으로 떨어지는 수밖에 없습니다. 사람이 하나님을 믿는다는 것은 엄청난 모험입니다. 그러나 인생에 한 번은 모험을 할 수 있는 용기가 있어야 합니다.

만약 나에게 그런 기회가 주어지지 않는다면 가만히 있어서는 안 되고 땅끝까지 가서라도 하나님을 만나야 합니다. 그 땅끝이 이 당시에는 바로 성전이 있는 예루살렘이었습니다. 이 당시 사람들은 하나님의 말씀을 듣고자 온 세상을 돌아다니다가 결국 예루살렘에서 하나님의 말씀을 듣고 자기 자신의 가치를 찾았습니다. 그리고 오늘 땅끝은 우리가 하나님의 말씀을 들을 수 있는 교회입니다.

어거스틴은 젊은 시절 많은 방황을 했습니다. 그는 조로아스터교에도 빠졌습니다. 그리고 플라톤의 철학에 빠지기도 했습니다. 도덕적으로 타락한 삶을 살기도 했습니다. 그는 사생아를 낳기도 했습니다. 그러나 어느 날 낙심하여 앉아 있는데 아이들이 놀면서 하는 소리가 "집어서 읽으라. 집어서 읽으라"는 말이었습니다. 그때 그의 옆에는 성경이 있어서 그것을 집어 펼쳤는데 로마서 13장 11절 이하의 말씀이었습니다.

"또한 너희가 이 시기를 알거니와 자다가 깰 때가 벌써 되었으니 이는 이제 우리의 구원이 처음 믿을 때보다 가까웠음이니라."

우리가 하나님의 말씀을 대하게 되는 것은 마치 물에 떠내려가던 사람이 밧줄을 잡는 것과 같습니다. 많은 사람들이 허우적거리면서 밧줄을 잡고 싶었지만 불행하게도 이 구원의 밧줄은 많은 사람들에게 주어지지 못했습니다. 그래서 거의 대부분의 사람들은 한평생을 살면서 고민만 하다가 죽는 것입니다. 그런데 이 복된 하나님의 말씀이 우리에게 주어졌습니다. 성경이 우리에게 말하는 것은 우리가 이 세상에 존재하는 이유는 내 욕망을 채우기 위한 것이 아니라 하나님의 손에 붙들리기 위해서라는 것입니다. 그래서 인간에게 있어서 최고로 복된 상태는 빨리 하나님의 말씀을 듣고 하나님께로 돌아오는 것입니다. 그러면 누구든지 새 피조물이 될 수 있습니다. 이것은 학벌이나 인물이나 돈과 아무 상관이 없습니다. 누구든지 하나님의 손에 붙들리기만 하면 바르게 사용됩니다.

2. 청년의 때에 돌아와야 하는 이유

본문 말씀은 우리가 하나님을 찾을 때는 다른 때가 아닌 바로 청년의 때라고 말씀하고 있습니다. 사람들 중에는 너무 빨리 하나님을 찾으면 안 되고 젊었을 때에는 세상에서 하고 싶은 대로 실컷 다 해보다가 늙어서 죽기 전에 하나님께 돌아오는 것이 손해를 보지 않는 방법이라고 말하기도 합니다. 그러나 성경 말씀은 아직 젊었을 때, 즉 곤고한 날이 오기 전에 인생이 의미 없다고 말하기 전에 하나님께로 돌아와야 한다고 말씀하고 있습니다.

우리가 청년의 때 하나님께로 돌아와야 하는 이유가 무엇입니까?

우선 청년의 때에는 하나님께 돌아오기가 쉽기 때문입니다. 만일 어떤 사람이 세상적으로 많이 성공해서 가지고 있는 부와 명예가 많다면 그는 하나님께로 돌아오기가 어려울 것입니다. 왜냐하면 그가 진정한 신앙을 가지려면 많은 것을 포기해야 하기 때문입니다. 만약 그가 세상으로 멀리 달려갔다면 달려간 만큼 돌아와야 하나님을 인격적으로 만날 수 있습니다.

한 번은 어떤 부자 청년이 예수님께 나아와서 영생에 대한 질문을 했습니다. 그때 예수님께서는 그에게 말씀하시기를 "모든 재산을 팔아서 가난한 사람에게 주고 나를 좇으라"고 하셨습니다. 이 청년에게는 재산이 많았기 때문에 그것을 포기할 수가 없었습니다. 그래서 그 청년은 근심하면서 돌아갔다고 말하고 있습니다.

청년기에 하나님께 돌아오기가 쉬운 이유는 이때는 아직 세상적으로 가진 것이 별로 없기 때문에 결단을 내리기가 쉽기 때문입니다. 목회를 해보면 신앙생활을 하는 데 있어서 어른들과 청년들은 그 태도에 많은 차이가 있는 것을 볼 수 있습니다. 일단 어른들은 세상에 살면서 고생도 많이 했고 힘들게 수고해서 지금의 상태까지 오게 되었기 때문에 자기 자신을 바꾸거나 자신의 성공이 부정되는 것을 싫어합니다. 설교를 들으면서도 자꾸 인정을 받으려 하고 칭찬을 들으려고 합니다. 어른들은 아무것도 포기하지 않고 신앙생활을 하려고 하기 때문에 성경적인 신앙보다는 인간 관계를 더 중요시할 때가 많습니다. 이것은 마치 아무것도 포기하지 않고 천국 문에 들어가려는 것과 같습니다. 그런데 젊은 사람들은 아직 가진 것이 많지 않기 때문에 어떻게 되든지 바른 진리를 듣고 싶어 합니다. 그리고 젊은이들은 자기가 들은 말씀이 옳다고 생각될 때에는 자기 생각이나 방향을 버리고 하나님의 말씀을 향해서 결단을 내리게 됩니다.

세상의 넓은 길로 달려간 사람은 자기가 간 만큼 돌아와서 다시 시작해야 좁은 길로 들어갈 수 있습니다. 그러므로 세상적으로 많은 것을 가진 사람은 결단을 내리는 것이 쉽지 않습니다.

또한 청년의 때는 아직 힘이 있고 시간이 있습니다. 물론 사람은 어느 때든지 하나님께 돌아올 수 있습니다. 그러나 너무 늦어서 하나님께 돌아오면 하나님을 위하여 살 수 있는 시간이 그만큼 줄어들게 됩니다. 그러나 젊었을 때 돌아오면 우리의 그 좋은 머리와 힘과 열정과 인생 전체를 하나님을 위해서 살 수가 있습니다.

다시 말해서 너무 늦어서 하나님께로 돌아오면 우리는 그 긴긴 세월을 마귀에게 속아서 허송세월하게 됩니다. 우리는 너무나도 많은 시간과 돈과 정력을 죄짓는 데 허비하는 것입니다. 그리고 우리는 그 타락한 생활을 하는 동안에 너무나도 하나님의 마음을 아프게 하고 하나님을 대적하면서 살게 됩니다. 즉 우리는 하나님께 돌아오기 전에 자유로운 것이 아니고 마귀에게 인질로 붙들려서 마귀의 종노릇을 하면서 살게 되는 것입니다.

우리 인간은 한 사람 한 사람 모두 무한한 잠재력을 가지고 있습니다. 그런데 우리 안에 성령님이 오시면 이 모든 잠재력들이 살아나게 됩니다. 이것이 바로 우리가 육신을 가진 천사가 되는 것입니다. 옛날에는 우리가 육체를 가지고 다른 사람을 공격하고 자기 욕심을 채우는 데 사용했다면 이제는 다른 사람을 살리고 축복하는 데 사용하게 되는 것입니다.

물론 젊었을 때 하나님께 돌아온다고 해서 전혀 문제가 없는 것은 아닙니다. 젊었을 때 하나님께 돌아오면 우리는 하나님의 세계와 세상 사이에서 엄청나게 고민을 하게 됩니다. 즉 우리가 보기에는 세상에도 가치 있는 것이 많고 하나님에게도 가치 있는 것이 많은데 도대체 어느 것을 먼저 해야 할지 알지 못하는 것입니다. 왜냐하면 우리가 하나님의 말씀을 가지고 몸부림을 치는 동안에 다른 사람들이 세상의 좋은 것을 다 차지하는 것처럼 보이기 때문입니다. 또 우리가 하나님을 믿는다고 해도 다 완전해지는 것은 아닙니다. 우리는 예수를 믿고 난 후에도 자주 넘어지기도 하고 실패하기도 합니다. 그러나 이런 과정을 통해서 점점 더 자라게 되고 신앙적으로 어른이 되어가게 됩니다. 결국 우리는 이 세상의 것이 아닌 하나님의 것으로 이 세상을 축복하는 사람이 되는 것입니다.

하나님 때문에 많이 낮아져 본 사람이 결국 하나님의 지혜의 보화를 캐내어 가질 수 있습니다. 그러나 젊은 시절에 목숨을 걸고 고민을 해보지 못한 사람은 진리의 그 오묘함과 섬세함을 절대로 알 수가 없습니다. 결국 진리에 있어서는 왕도가 없습니다. 젊었을 때 하나님의 뜻을 찾기 위해 고생하는 것이 바른길을 가는 것입니다.

3. 인간은 늙으면 약해진다

사람이 젊었을 때에는 모든 것이 아름답습니다. 왜냐하면 아직 주어진 시간이 많고 힘이 있고 미래의 다양한 가능성이 있기 때문입니다. 사람이 젊었을 때에는 마치 시냇물이 상류에서 시내로 졸졸 흐르는 것과 같습니다. 시냇물이 상류에 흐를 때에는 일단 그 소리 자체가 상쾌하고 오염이 되지 않아서 깨끗하고 변화가 무쌍해서 지겹지가 않습니다. 그러나 강물이 하류로 내려오게 되면 이미 강물 자체도 오염이 되어서 뿌옇고 너무 천천히 흐르기 때문에 변화가 없어서 지겨워지게 됩니다. 본문 말씀은 사람이 늙으면 어떻게 되는지 너무나도 솔직하게 말해주고 있습니다.

우리가 상식적으로 생각해봐도 사람이 늙으면 힘이 약해지기 때문에 모험은 하지 않으려고 하고 말로 모든 것을 때우려고 할 때가 많습니다. 그리고 어른들은 한 번 머릿속에 입력된 것은 절대로 바꾸려 하지 않습니다. 그러나 어렸을 때는 모든 것이 새롭고 변화무쌍하기 때문에 언제나 새롭습니다.

어린아이들은 엄마가 어디 가자고 하면 너무 기뻐서 팔짝팔짝 뜁니다. 그 이유는 모든 것이 새롭기 때문입니다. 그러나 늙으면 대부분이 다 해본 것이기 때문에 재미가 없고 잘 가려고 하지 않게 됩니다.

> 2~3절 "해와 빛과 달과 별들이 어둡기 전에, 비 뒤에 구름이 다시 일어나기 전에 그리하라 그런 날에는 집을 지키는 자들이 떨 것이며 힘 있는 자들이 구부러질 것이며 맷돌질하는 자들이 적으므로 그칠 것이며 창들로 내어다보는 자가 어두워질 것이며"

본문은 사람이 늙으면 어떻게 되는지 특히 인체 구조와 자연현상을 연결시켜서 설명하고 있습니다.

여기서 해와 빛과 달과 별이 어둡다는 것은 언제나 이 세상이 그에게 밝은 때만 있는 것이 아니라 어둡고 캄캄한 때도 온다는 것입니다. 즉 사람이 이 세상을 사는 동안에 늘 전성기만 있는 것이 아닙니다. 때때로 사업에 실패하거나 혹은 인생에 실패해서 어두운 때도 있습니다. 그런데 우리가 할 수만 있으면 실패는 젊었을 때 하는 것이 좋습니다. 왜냐하면 젊어서 실패하면 만회할 힘이나 시간이 있지만 너무 늙어서 실패하면 그 상태로 인생을 끝낼 가능성이 많기 때문입니다. 우리가 이 세상에 사는 동안에는 어두울 때도 있고 비가 올 때도 있습니다. 즉 우리가 열심히 일할 때가 있는가 하면 비가 와서 공칠 때가 있는 것입니다.

더욱이 날씨가 어두워져서 해와 빛과 달과 별이 어두워질 때가 있습니다. 이것은 사람이 나이가 들면서 머리에서 총기가 사라지는 것을 말합니다. 사람이 젊었을 때에는 머릿속에 총기가 반짝입니다. 그래서 청년들은 생각하는 것이 너무나도 기발하고 엉뚱합니다. 그런데 그런 엉뚱한 생각을 할 수 있다는 자체가 젊은 것입니다. 이것은 마치 우리 머릿속에서 해와 빛과 달과 별이 변화무쌍하게 움직이는 것 같습니다. 그러나 사람이 늙으면 머릿속에 입력된 것이 죽을 때까지 바뀌지 않습니다. 그래서 늙으면 누구든지 한 말을 또 하고 그다음에 또합니다. 이것은 누구나 어쩔 수 없는 것입니다. 그래서 사람이 늙으면 사고가 둔해져서 자꾸 서열에 신경을 쓰게 되고 남이 자기를 무시하는 것 같으면 너무나도 자존심이 상하게 됩니다. 이것이 늙어가고 있는 증거이며 무덤이 가까워지고 있는 표시인 것입니다.

그리고 본문에 '비가 온 후 구름이 일어난다' 고 말하고 있습니다. 이것은 우리 인생에 추운 겨울이 오는 징조입니다. 비가 오고 구름이 일어나면서, 겨울의 추위가 찾아오면 모든 것을 서리가 덮어버립니다. 그때 온 땅은 꽁꽁 얼어버리고 하늘은 눈에 뒤덮입니다. 이제는 체온이 자꾸 떨어지는 것입니다. 그리고 사람의 눈썹이나 머리는 서리를 맞은 것처럼 하얗게 변합니다. 그래서 사람은 나이가 들수록 뜨거운 온천 목욕을 좋아합니다. 왜냐하면 늙으면 이미 몸에서 열이 빠지고 있기 때문에 열을 보충해주는 것이 필요하기 때문입니다. 그래서 할아버지가 손자를 데리고 뜨거운 온천물에 몸을 담그고 "아, 시원하다"고 하면 손자는 이상하게 생각합니다. 왜냐하면 할아버지가 뜨거운 물속에 들어가서 시원하다고 하기 때문입니다.

그러나 성령님은 우리를 항상 신선하게 해서 봄이 되게 하십니다. 성령의 계절은 일 년 내내 겨울이 없습니다. 그래서 사도 바울은 "우리의 겉사람은 후패하나 속사람은 날로 새롭도다"(고후 4:16)라고 했습니다. 그러나 믿지 않는 사람의 마음은 언제나 겨울입니다. 그래서 신앙이 없는 사람들은 날이 갈수록 심술이 더 심해집니다. 특히 마음의 상처가 있는 사람은 이 겨울이 얼마나 심한지 모릅니다. 그들의 마음속에는 언제나 찬바람이 쌩쌩 붑니다.

3절 "맷돌질하는 자들이 적으므로 그칠 것이며"

여기서 이로 음식을 씹는 것을 맷돌질이라고 합니다. 늙으면 이가 시원찮기 때문에 질긴 것을 씹는 것을 아주 싫어합니다. 특히 고기나 갈비 같은 것을 틀니로는 씹기가 어렵습니다. 그래서 노인들은 밥을 물에 말아서 단번에 삼키는 것입니다. 식욕이 떨어지면 먹고 싶은 욕심도 사라집니다. 그래서 노인들은 맷돌을 돌리는 일이 적어집니다. 결국 나이가 들면 소화력에 자신이 없어지게 되고 활동에도 소극적이 될 수밖에 없습니다. 그러나 젊은 사람들은 저녁 시간에도 고기 같은 것을 구워서 얼마든지 먹고 그것을 다 소화시킵니다. 젊은이들은 맷돌이 얼마나 튼튼한지 입을 놀리지 않으면 심심해서 견디지 못합니다. 그래서 젊은 사람들은 쉴새없이 먹든지 아니면 지껄이든지 하는 것입니다.

3절에 "그런 날에는 집을 지키는 자들이 떨 것이며"라고 했습니다. 여기서 '집을 지키는 자'는 바로 입을 다물게 하는 아귀의 역할을 합니다. 늙으면 입도 제대로 다물지 못해서 벌어지게 되는 것입니다. 아무리 입을 다물려고 해도 입이 저절로 벌어지고 침이 흐르게 됩니다.

여기에 "힘 있는 자들이 구부러질 것이며"라고 했는데 이것은 사람의 허리가 굽어지는 것입니다. 사람들이 젊었을 때는 쌀을 가마니로 이고 다니고 황소를 때려잡았다고 하지만 늙으면 결국 허리가 굽어지게 되는 것입니다.

이것을 보면 젊음이 얼마나 아름다운 것인지 알 수 있습니다. 나이든 사람이 아무리 비싼 자전거를 타고 다녀도 젊은 사람이 싼 자전거를 타고 달리는 것이 더 빠릅니다. 젊은이들은 얼굴이 봄처럼 피어나고 머리카락은 새카맣고 입은 꽉 다물어져서 의욕에 가득 차 있습니다. 젊었을 때 식욕은 먹어도 먹어도 채워지지 않습니다.

> 4~5절 "길거리 문들이 닫혀질 것이며 맷돌 소리가 적어질 것이며 새의 소리를 인하여 일어날 것이며 음악하는 여자들은 다 쇠하여질 것이며 그런 자들은 높은 곳을 두려워할 것이며 길에서는 놀랄 것이며 살구나무가 꽃이 필 것이며 메뚜기도 짐이 될 것이며 원욕이 그치리니 이는 사람이 자기 영원한 집으로 돌아가고 조문자들이 거리로 왕래하게 됨이라"

길거리에 문이 닫힌다는 것은 시력이 어두워져서 앞이 보이지 않는 것입니다. 나이가 들면 자꾸 눈앞이 흐려져서 제대로 보이지 않습니다. 이런 분들도 옛날에는 시력 하나는 좋다고 큰소리를 쳤는데 나이가 들면서 노안이 온 것입니다. "새의 소리를 인하여 일어난다"는 것은 밤에 잠이 오지 않음을 뜻합니다. 젊었을 때에는 한 번 잠이 들면 새소리 같은 것은 들리지도 않고 기차가 지나가더라도 잠이 깨지 않는데 늙으면 잠이 잘 오지 않게 됩니다.

"음악하는 자들은 쇠한다"는 것은 목소리도 죽는 것을 의미합니다. 늙으면 목소리가 자꾸 변하게 됩니다. 유명한 소프라노도 전성기가 지나면 소리가 죽습니다. 나이가 들면 높은 곳에는 기력이 없어서 올라가지 못합니다. 그러니까 나이가 들면 모험을 할 수가 없습니다. 모험이라는 것은 젊었을 때 하는 것이지 늙으면 마음이 약해지고 두려움이 많아지기 때문에 할 수가 없습니다. 그리고 노인들은 길을 가면서도 힘이 없으니까 누가 덤벼들어서 칠까봐 깜짝깜짝 놀랍니다. 노인들은 다른 사람의 도전을 두려워합니다. 왜냐하면 이제는 더 이상 새로운 것이 없기 때문입니다. 그런데 교수 사회에서 비정한 것이 젊은 교수들은 자꾸 새로운 것을 배워 와서 자신의 지식을 자꾸 구닥다리로 만들어놓습니다. 또한 "살구나무가 꽃이 필 것이며"라고 했습니다. 늙으면 얼굴에는 죽음의 버섯이 생기는 것입니다. 나중에는 의지도 약해지고 판단력도 흐려져서 자식들이나 부인에게 휘둘리면서 살게 됩니다. 결국 나이가 든 사람에게 가장 의지할 수 있는 것은 돈밖에 없는데 사실 돈이라고 하는 것도 사용해야 다른 사람이 좋아하지 가지고만 있으면 구두쇠라고 해서 미움을 받게 됩니다. 결국 하나님을 모르는 사람들은 죽는 순간까지 돈을 붙들고 한순간이라도 생명을 연장시키기 위해서 병원을 의지하면서 살다가 결국 기력이 떨어지면 죽게 됩니다. 사람이 젊었을 때에는 무엇인가 대단한 것을 할 것 같지만 늙으면 누구나 기력이 떨어져서 겨우 생명이나 연장하다가 조물주가 부르면 가야 하는 것입니다.

> 6절 "은줄이 풀리고 금 그릇이 깨어지고 항아리가 샘 곁에서 깨어지고 바퀴가 우물 위에서 깨어지고"

여기서 은줄이 풀리고 금 그릇이 깨어지는 것은 사람의 목숨이 끝나는 것을 나타냅니다. 이것은 사람이 죽을 때 마지막 숨을 거두면서 고개를 떨구는 것을 말합니다. 항아리가 샘 곁에서 깨어진다는 것은 샘에서 항아리로 물을 자꾸 길어야 피가 돌 수 있습니다. 그런데 죽으면 심장의 박동이 멈추면서 더 이상 호흡을 하지 않고 피가 돌지 않습니다. '바퀴'라고 하는 것은 피를 돌게 하는 심장박동을 말하는 것입니다. 사람은 심장이 멎어버리면 결국 죽습니다. 그리고 사람이 죽으면 그 뒤에는 부패하기 시작하기 때문에 도저히 더 이상 그대로 둘 수가 없고 땅 속에 파묻어야 합니다. 사람이 죽고 나면 더 이상 그에게는 총기도 없고 능력도 없고 썩어가는 하나의 흙덩이에 불과한 것입니다. 그래서 셰익스피어는 『햄릿』에서 사람이 아무리 위대하다 하더라도 죽으면 구더기 먹이밖에 되지 않는다고 했습니다.

그러나 예수 믿는 사람에게는 죽는 것이 없습니다. 물론 우리 육체는 죽지만 믿는 자들은 죽으면서 바로 영생에 연결되게 됩니다. 특히 믿는 사람들이 늙어서 충성하는 것은 마치 야구에서 9회 말 투 아웃에서 안타를 치는 것과 같습니다. 노인이 되어서 예수를 믿는 것도 귀하고 특히 청년기와 장년기를 이어서 하나님께 충성한 그 흰머리는 가장 존경스러운 머리인 것입니다. 그래서 성경이 말하는 것은 늙은 것이 좋지 않다는 것이 아니라 너무 늙어서 믿으려고 하면 좋은 시절을 마귀에게 다 빼앗기게 되니까 아깝다는 것입니다.

> 7절 "흙은 여전히 땅으로 돌아가고 신은 그 주신 하나님께로 돌아가기 전에 기억하라"

사람이 죽으면 모든 것이 끝납니다. 사람이 죽으면 물론 그의 지위나 재산에 따라서 장례식이 달라질 것입니다. 가난한 자의 장례식은 사람도 별로 오지 않고 조촐하게 이루어질 것이며 부자나 높은 지위에 있는 사람이 죽으면 수많은 사람이 몰려들 것입니다. 그러나 어느 누구든지 죽으면 공통된 것이 육체는 썩어서 땅에 묻히고 영혼은 하나님 앞에 가서 심판을 받게 된다는 것입니다. 그때는 다시 무엇인가 바꿀 시간이 없기 때문에 사람은 아직 죽기 전에 자신의 태도를 결정해야 하는 것입니다.

어떻게 생각하면 우리 인간의 한평생이 긴 것 같지만 사실은 그렇게 길지 않습니다. 사람이 어렸을 때에는 아는 것이 아무것도 없기 때문에 배우고 준비하느라 정신이 없습니다. 그러다가 세상의 맛을 조금 알고 나면 세상에서 성공하느라 정신을 차리지 못합니다. 인생의 가을이 와서 정신을 차리려고 하면 이미 나이가 들어서 다음 세대가 앞 세대를 밀어내기 시작하는 것입니다. 그래서 무엇인가 좀 알 만하면 우리는 이미 나이가 들어서 무대에서 내려올 때가 됩니다. 그러니까 우리가 제대로 하나님을 알고 하나님의 손에 붙들려서 사용될 수 있는 시간은 너무나도 짧은 것입니다. 우리는 엉뚱한 짓을 하면서 낭비할 시간이 없습니다.

8절 "전도자가 가로되 헛되고 헛되도다 모든 것이 헛되도다"

하나님을 모르고 산 인생은 자기 나름대로 실컷 달렸지만 아무것도 건진 것이 없습니다. 왜냐하면 하나님이 던진 질문에는 아무 답도 하지 못했기 때문입니다.

성경이 우리 인생에 대하여 깊이 연구한 후 내린 결론은 사람이 이 세상에 태어나서 바른 인도를 받는 것보다 더 중요한 것은 없다는 것입니다. 우리에게 바른 인도자가 없으면 실컷 노력을 해도 엉뚱한 길로 가게 되어 헛된 일이 되고 맙니다. 즉 우리는 잘못하면 절벽에서 떨어지든지 아니면 암초에 부딪치게 됩니다.

만약 비행기가 관제탑의 유도를 받지 않고 자기 마음대로 착륙하려고 하면 대형사고가 나게 되어 있습니다. 그래서 다른 사람을 가장 사랑하는 것은 그들에게 돈을 주거나 양식을 주는 것이 아니라 하나님의 진리를 가르쳐주는 것입니다.

9~10절 "전도자가 지혜로움으로 여전히 백성에게 지식을 가르쳤고 또 묵상하고 궁구하여 잠언을 많이 지었으며 전도자가 힘써 아름다운 말을 구하였나니 기록한 것은 정직하여 진리의 말씀이니라"

전도자가 지혜롭다는 것은 단순히 머리가 좋다는 것이 아니라 하나님의 말씀을 많이 받았다는 것입니다. 그래서 전도자는 사람들에게 열심히 하나님의 말씀을 가르쳤습니다. 왜냐하면 그는 이것이야말로 그들을 진정으로 돕는 길이라고 믿었기 때문입니다.

사람들은 이 세상 살면서 매순간 고통 없이 사는 것을 행복이라고 생각합니다. 사람들은 흔히 자기도취에 빠지는 것을 좋아합니다. 그러나 그것은 자기 앞에 무엇이 있는지 모르면서 자기 혼자 기분 좋아하는 것과 같습니다. 진리는 밖에서 들어와야 하며 누군가가 가르쳐주어야 합니다.

11절 "지혜자의 말씀은 찌르는 채찍같고 회중의 스승의 말씀은 잘 박힌 못 같으니 다 한 목자의 주신 바니라"

하나님의 말씀은 우리가 잘못된 길로 나아갈 때 등을 후려치는 채찍과 같습니다. 그런데 그 말씀을 잘 들으면 잘 박힌 못과 같아서 흔들리지 않습니다. 하나님의 말씀은 마치 구원의 밧줄과 같아서 절대로 절벽으로 떨어지지 않습니다. 잘 박힌 못을 구경하려면 암벽을 타는 전문가들을 보면 됩니다. 그들은 팩 하나에 온몸을 싣고 바위에 매달려 있습니다. 그래도 밧줄에 매달린 사람은 못이 바위에 단단히 박혀 있기 때문에 안전합니다. 그러나 그 못이 뽑히면 매달린 사람은 천길 낭떠러지에 떨어져 죽습니다.

12절 "내 아들아 또 경계를 받으라 여러 책을 짓는 것은 끝이 없고 많이 공부하는 것은 몸을 피곤케 하느니라"

여기서 여러 책이라는 것은 세상의 지식을 모은 것을 말합니다. 우리가 이 세상의 지식을 아무리 많이 모아도 그것은 끝이 없고 사실 지식의 쓰레기를 모으는 것이나 다를 바가 없습니다. 이 세상에는 쓸데없는 공부가 너무나도 많습니다. 진짜 중요한 것은 하나님을 아는 것이며 하나님의 말씀을 가지는 것입니다.

> 13~14절 "일의 결국을 다 들었으니 하나님을 경외하고 그 명령을 지킬지어다 이 것이 사람의 본분이니라 하나님은 모든 행위와 모든 은밀한 일을 선악간에 심판하시리라"

하나님을 아는 지식은 이 세상의 모든 지식을 연결시킬 수 있는 고리가 됩니다. 그래서 우리가 하나님을 두려워해야 모든 지식을 바로 쓸 수 있습니다. 이 세상에서 후회 없는 삶을 살아가려면 가장 중요한 것이 구원의 진리를 붙잡는 것입니다. 예수님을 통하여 하나님을 바로 믿기만 한다면 그 사람은 자기 인생을 건진 것입니다. 그리고 나서 중요한 것이 할 수 있는 대로 젊었을 때 하나님의 말씀으로 많은 연단을 받아서 하나님의 지혜를 얻는 것입니다. 그리고 우리가 하나씩 하나님의 말씀에 순종해서 사는 것입니다. 처음에는 이것이 별것 아닌 것 같아도 한평생 쌓으면 어마어마한 인생이 되는 것입니다. 결국 사람이 후회 없는 성공적인 인생을 살려면 자기 길을 찾아서 꾸준히 가야 합니다. 우리는 다른 사람의 길을 갈 필요가 없습니다. 우리가 우리의 길을 끝까지 갈 때 이것 자체가 기적의 삶으로 나타나게 될 것입니다.

우리에게 주어진 인생을 허비하지 말고 이 세상과 오는 세상 모두에서 결코 후회 없는 복되고 풍성한 삶을 사시기 바랍니다.